A LA MÉMOIRE DE MA MÈRE

A MON PÈRE

UNIVERSITÉ DE FRANCE

FACULTÉ DE DROIT DE PARIS

DE L'INTERRUPTION
DE LA
PRESCRIPTION
EN MATIÈRE CIVILE

EN DROIT ROMAIN ET EN DROIT FRANÇAIS

THÈSE POUR LE DOCTORAT

PRÉSENTÉE ET SOUTENUE

Le vendredi 25 mai 1883, à 1 heure 1/2

PAR

Maurice COLIN

AVOCAT A LA COUR D'APPEL DE PARIS

Président : M. LABBÉ, *professeur.*

Suffragants : { MM. VUATRIN, DUVERGER, } *professeurs.* { CASSIN, LÉON MICHEL, } *agrégés.*

Le Candidat répondra, en outre, aux questions qui lui seront faites sur les autres matières de l'enseignement

PARIS

ALPHONSE DERENNE

52, Boulevard Saint-Michel, 52

1883

PRÉLIMINAIRES

De toutes les nécessités qui s'imposent au législateur chargé d'assurer à la société une existence qui répond à une loi fondamentale, à un besoin irrésistible de notre nature, une des plus impérieuses, une des plus absolues est, sans contredit, celle d'assurer aux droits de chacun, un caractère de certitude et de fixité, qui nous paraît la condition essentielle du fonctionnement durable et régulier du corps social, où ils ont à être exercés. Or, c'est là un caractère qu'il est impossible de leur imprimer, si leur affirmation même peut, à toute époque, être révoquée en doute et faire l'objet d'une contestation. De là pour la société le droit incontestable, et, je dirai plus, le devoir de tarir une pareille source d'incertitudes et de troubles, en limitant la période dans laquelle se pourront produire les conflits, auxquels sont susceptibles de donner lieu l'affirmation et l'exercice des droits privés. C'est là le but de la prescription, qui, d'une part, en ne permettant plus de mettre en question l'existence de certains droits par cela seul qu'ils se sont affirmés par un exercice prolongé, arrive, après un certain temps, à donner à ces droits, un caractère de certitude inébranlable ; qui, d'autre part, en limitant à une période déterminée, la possibilité d'obtenir la réparation des empiétements et des lésions auxquels tout patrimoine est exposé, prévient de la façon la plus énergique les dangers qui résulteraient pour l'ordre social, de ce fait que l'étendue, l'existence même d'un patrimoine, et partant la condition sociale de son chef, pourraient indéfiniment être mises en question par l'allégation inattendue, mais toujours possible, de prétendues lésions, autrefois commises, qu'il faudrait maintenant réparer.

Étant donné le double rôle de la prescription, il est facile de voir qu'elle peut arriver parfois à consacrer soit l'injuste usurpation d'un possesseur, soit la persistance coupable d'un débiteur à méconnaître ses engagements et, comme jamais la violation des droits de l'individu ne saurait devenir légitime, de quelque manière qu'on y arrive, de quelque prétexte qu'on la couvre, ce seraient bien là des résultats de nature à faire condamner sans appel l'institution qui les rend possibles, si le législateur ne l'organisait de telle sorte qu'ils ne se puissent produire que là où ils ne constituent vraiment qu'une déchéance méritée.

Si d'une part, en effet, elle n'accorde à la longue possession toute l'autorité du droit que lorsque, en fait, cette autorité lui est vraiment acquise par ses caractères et sa durée, que lorsque le véritable propriétaire, si tant est que la possession actuelle ne soit que la lésion du droit d'un autre, a, pour ainsi dire, sanctionné par son silence l'usurpation qui le dépouille, est-il bien vrai que l'équité proteste et qu'on se trouve en présence d'une odieuse spoliation, quand, au nom du droit de tous, la société le déclare déchu du droit de faire cesser un état de fait, qui, s'il pouvait indéfiniment se prolonger comme tel, aurait bientôt pour résultat de faire planer sur toutes les propriétés une incertitude absolue, qui en serait la négation même.

Si, d'autre part, elle ne peut consacrer l'extinction d'un droit, qu'au préjudice de celui dont le long silence et la constante inaction, ne peuvent guère s'expliquer que par une libération survenue, le titulaire du droit éteint peut-il vraiment se plaindre d'une injuste violation de son droit et protester au nom de l'équité, quand, pour prévenir les incertitudes et les troubles qui résulteraient du principe de la perpétuité des droits, la société rend irréfragable une présomption qu'il a lui-même fondée puisque c'était à lui seul de s'élever contre elle. Dans ces conditions, alors qu'elle permet de ne plus tenir compte de l'affirmation tardive d'un droit par cela seul qu'il a été longtemps usurpé ou constamment méconnu, la prescription ne saurait être regardée comme une odieuse spoliation ; ce n'est alors qu'une déchéance, rigoureuse sans doute, mais qui s'explique et se légitime par les nécessités sociales que nous indiquions tout à l'heure, nécessités au nom desquelles il est non moins incontestablement permis d'imposer des limites aux droits de l'individu qu'il serait impossible par elles d'en justifier la violation.

Il n'est donc, on le voit, nullement impossible de mettre la prescription à l'abri de tout reproche d'iniquité, et ce but, que se doit proposer toute législation soucieuse de donner à ses décisions l'autorité si puissante de la justice et de l'équité, on ne saurait plus sûrement l'atteindre qu'en arrêtant le cours de la prescription, partout où elle pourrait consolider une possession, qui, par suite des oppositions qu'elle rencontre en fait ou des contradictions qu'elle soulève, semble bien plutôt une usurpation que l'expression d'un droit, partout où elle pourrait consacrer l'extinction d'un droit, en dépit d'actes qui, légalement, en affirment ou en reconnaissent l'existence.

L'interruption de prescription apparaît donc comme la sauvegarde des droits privés en face du droit de la société ; c'est le moyen le plus efficace de prévenir les résultats, parfois bien rigoureux, que peut consacrer la prescription, et, dans tous les cas, de ne les rendre possibles qu'au préjudice de ceux qui s'y exposent par leur négligence et leur inaction. Elle est, dès lors, le complément indispensable et nécessaire de cette institution, qui cesserait d'être légitime si elle arrivait à sacrifier trop facilement les droits privés même aux nécessités sociales, si elle pouvait notamment rendre définitive une usurpation ou une lésion, avant qu'il soit vraiment permis, sans que l'équité proteste, de ne plus tenir compte de l'affirmation du droit qui la subit, et, par suite, sans que le titulaire de ce droit ait eu le moyen de prévenir la déchéance qui le frappe. Mais, si l'interruption de prescription s'impose au nom de l'équité, le droit de la société, qu'en pareille matière on ne saurait oublier, impose, en même temps, une réglementation sage et prudente de cette institution, puisque, trop largement admise, elle arriverait à anéantir les bienfaits de la prescription, et conduirait ainsi à méconnaître le droit de tous, alors qu'elle ne lui doit donner que de justes limites. Il importe donc que le législateur lui-même, sans trop les multiplier comme aussi sans en exagérer les effets, indique et précise avec soin les causes d'interruption d'une prescription en voie de s'accomplir, en un mot, trace nettement la ligne au-delà de laquelle tout le respect dû aux droits privés ne saurait prévaloir sur les intérêts et les droits supérieurs de la société auxquels répond la prescription.

C'est à la détermination des actes et des faits anxquels le droit romain et, plus tard, le droit français ont reconnu la puissance d'interrompre le cours de la prescription, c'est à l'étude des effets qu'ils peuvent produire que nous consacrerons les développements qui suivent, n'aspirant qu'à reproduire avec ordre et méthode les enseignements que de savants maîtres nous ont transmis.

DROIT ROMAIN

INTRODUCTION

S'il est un droit dont il importe, avant tout, d'assurer la certitude et la fixité, c'est sans contredit le droit de propriété ; l'existence de la société n'est possible qu'à ce prix. Aussi voyons-nous, de bonne heure, les Romains se préoccuper de lui imprimer ce caractère sans lequel il ne saurait être ; c'est cette préoccupation qu'affirme la création successive de deux institutions, qui, l'une et l'autre, ont pour but d'y répondre, en limitant la période pendant laquelle le droit du possesseur actuel pourra être victorieusement contesté : je veux parler de l'*usucapio* et de la *prescriptio longi temporis*.

Si le but de ces deux institutions est le même, tout autres sont leur cercle d'applications, leurs conditions et leurs effets. D'une part l'usucapion, mode d'acquisition appartenant au *jus civile*, c'est-à-dire fondant le domaine quiritaire et supposant par suite soit une chose susceptible de ce domaine, soit un possesseur capable de l'acquérir, assurait la sécurité absolue, qui résulte d'une propriété désormais certaine et incontestable, à quiconque, ayant une *Justa causa possidendi*, était resté en possession pendant deux ans, s'il s'agissait d'un immeuble, pendant un an seulement s'il s'agissait d'un meuble.

D'autre part la *prœscriptio longi temporis* qui fut, sans doute, à l'origine, introduite dans le seul but de protéger la possession des fonds provinciaux mais qui, par la suite, fut étendue à toutes les hypothèses où il pouvait s'agir de consolider une possession, quand l'usucapion était impossible soit parce que le possesseur ne jouissait pas du *commercium*, soit parce que la chose était insusceptible du domaine quiritaire. Comme l'usucapion, elle ne protège que le possesseur qui a une *justa causa possidendi*, mais pour qu'elle consolide sa possession, celle-ci doit être prolongée pendant un laps de temps variant de dix à vingt ans, et, au lieu de lui procurer la sûreté absolue, résultant d'une propriété désormais incontestable, elle ne fait naître à son profit qu'un simple moyen de défense, une *præscriptio*, qui permet au possesseur de repousser l'action du propriétaire. Si d'ailleurs, tel fut, à l'origine, le seul effet de la *præscriptio longi temporis*, il n'est pas douteux que l'équité si puissante, à Rome, dans les mains du préteur, autorisé du reste par l'analogie frappante de l'usucapion, devait conduire et conduisit en effet à faire de cette institution un véritable mode prétorien d'acquérir. Nous avons sur ce point le témoignage formel de Justinien, qui, en donnant à la *longi temporis præscriptio* le même effet qu'à l'usucapion, déclare qu'il ne fait que consacrer un résultat déjà implicitement reconnu par les lois anciennes :

Hoc enim et veteres leges (si quis eas recte inspexerit) sanciebant (l. 8, C. de Pr. XXX vel. XL an. VII, 39).

Ce sont ces deux institutions parallèles, que Justinien fond en une seule en décidant, dans la loi unic (C. De Us. Trans. VII, 31), que désormais la propriété demeurera acquise à tout possesseur qui, ayant une *justa causa possidendi*, pourra se prévaloir d'une possession continue de trois ans, s'il s'agit d'un meuble, de dix à vingt ans, s'il s'agit d'un immeuble.

C'est la même préoccupation, si nettement affirmée par ces deux institutions, qui amena le droit romain à créer des institutions analogues en matière de servitudes réelles et personnelles, d'autant plus qu'on pouvait leur donner une base de même nature, l'exertice de ces droits donnant lieu à des actes matériels tout aussi bien que le droit de propriété. De là la *quasi possessio longi temporis*, le non usage et l'*usucapio libertatis*, qui contribuent à assurer aux démembrements de la propriété et, par suite, à l'intégrité et à la plénitude de la propriété elle-même, le caractère de certitude et de fixité que, d'autre part, tendent à établir l'usucapion et la *longi temporis præscriptio*.

De ces explications, il résulte qu'il y avait, à Rome, toute une catégorie de possessions, qui restaient en dehors du domaine de ces deux institutions, je veux parler des possessions exercées par ceux qui n'avaient pas une *justa causa possidendi*. Le droit romain n'y voyait qu'une usurpation que le propriétaire était toujours en droit de faire cesser, conséquence d'ailleurs logique du principe de la perpétuité des droits. C'est qu'en effet, à Rome, les droits une fois nés ne pouvaient être éteints par aucun laps de temps. Sans doute il y avait bien des exceptions à ce principe, exceptions résultant surtout de ce que le préteur, en même temps qu'il créait un droit, fixait un délai dans lequel il devait être exercé. Mais ce n'était là que des dérogations toutes spéciales.

La première exception générale apportée au principe de la perpétuité des droits, fut la *longi temporis præscriptio*, qui d'ailleurs, ayant pour seul but de combler les lacunes de l'usucapion, ne s'inspirait nullement des motifs qui doivent faire repousser ce principe.

C'est seulement en 424, que Théodose II le proscrit définitivement, en décidant qu'on ne pourrait plus faire valoir les droits après un délai de 30 et exceptionnellement de 40 ans, courant du jour où, pour la première fois, ils auraient pu être exercés (l. 1 C. Th. De Act. c. t. fin. IV, 14, reproduite au C. Just. l. 3. De pr. XXX vel XL an. VII, 39).

On ne peut que s'étonner à bon droit de voir la législation romaine n'arriver que si tard à bannir un principe qu'elle eût dû rejeter du jour où elle cessa d'être la législation d'un peuple agricole et sédentaire, chez lequel, par conséquent, les transactions étaient aussi rares que peu compliquées. Il y a, en effet, dans le principe de la perpétuité des droits un véritable danger pour l'ordre social et, par suite, pour l'existence même de la société. Avec un pareil principe quel est l'individu, quelle est la famille à l'abri d'une action, par laquelle sa position sociale peut être remise en question? Aussi le législateur me semble avoir non-seulement le droit mais le devoir de tarir une pareille source d'incertitudes et de troubles, en fixant une limite à l'exercice des droits, sans que l'individu, déchu d'un droit par prescription, puisse se plaindre d'une règle qui, par ailleurs, le met à l'abri d'une foule d'obligations que, de son propre chef ou du chef de ses ancêtres, on serait en droit d'exiger de lui et qui, du reste, ne saurait l'atteindre que lorsqu'il se rend coupable d'une longue négligence. Rien donc de plus légitime et j'ajoute de plus nécessaire que la règle que nous ne voyons pourtant apparaître que dans la dernière période du droit romain. C'est, par suite, à ce moment seulement que la prescription, et je prends ce mot dans son acception la plus large, se présente avec la double fonction que lui reconnaît notre droit actuel : consolider les possessions, mettre un terme à l'exercice des droits.

Dans son double rôle, il est facile de voir que la prescription ne fait jamais, en définitive, que sanctionner soit la permanence du fait, soit la persistance de l'inaction qu'elle suppose; il en résulte que, pour une cause ou l'autre, ce fait ou cette inaction venant à cesser, il ne peut évidemment pas plus s'agir de consolider l'un que de rendre l'autre définitive.

Et d'abord, a-t-elle pour objet de consolider la possession? Il est d'évidence qu'elle ne peut continuer à courir quand vient à cesser cette possession : *usucapio sine possessione contingere non potest.* C'est là ce qu'on a appelé l'interruption naturelle, car elle résulte de la nature même des choses. Elle n'est pas d'ailleurs, en droit romain, limitée à l'*usucapio* et à la *præscriptio longi temporis* ; car elle s'impose partout où la possession sert de base à l'acquisition ou à l'extinction d'un droit par prescription. C'est ainsi que nous la rencontrons dans la prescription qui, depuis la réforme de Théodose II, enlève au propriétaire le droit de faire cesser l'usurpation de celui qui, *sine justa causa possidendi* et même sans bonne foi, s'est maintenu, depuis trente ans, en possession, comme aussi nous la trouvons, en matière de servitudes réelles et personnelles, arrêtant les délais du non usage et de l'*usucapio libertatis* ainsi que le cours de la *quasi possessio longi temporis* (1).

S'agit-il de la prescription extinctive, fondée sur le non exercice des droits, il est aussi de toute évidence que le cours doit en être arrêté en même temps que cessent l'inaction et la négligence qui la légitiment et lui servent de fondement. C'est l'interruption appelée civile, par opposition à l'interruption naturelle dont nous venons de parler. Elle est dite civile, car, tandis que l'interruption naturelle est la conséquence d'un simple fait matériel, elle résulte au contraire d'un fait juridique, acte judiciaire ou convention.

A l'inverse de l'interruption naturelle, dont le domaine est nécessairement limité aux prescriptions qui supposent une possession, un état de fait qu'il s'agit de consolider, le do-

---

1. Il est un cas d'interruption naturelle qui appartient à un ordre d'idées toutes spéciales et essentiellement romaines. Quand la femme ne se trouvait pas, par le fait du mariage, soumise à la *manus* du mari, celui-ci pouvait acquérir *ex post facto* cette puissance par une cohabitation continue d'une année ; c'était un cas d'application de l'usucapion. La femme prévenait ce résultat en découchant trois nuits de suite dans la même année ; il y avait alors interruption naturelle de l'usucapion commencée (*usurpatio*), et le mari devait en commencer une nouvelle. Telles étaient les dispositions de la loi des XII Tables (Gaïus, I, 111. Aulu-Gelle, III, 2), dispositions qui, déjà à l'époque de Gaïus, n'étaient plus qu'un souvenir historique.

maine de l'interruption civile est aussi vaste que celui de la prescription même, en d'autres termes elle se conçoit tout aussi bien
dans la prescription acquisitive que dans la prescription purement
extinctive. Et en effet, si l'interruption civile laisse subsister la
possession, qui, nous l'avons dit, est la base essentielle de la prescription acquisitive, il ne faut pas oublier que cette possession, là où
elle peut fonder une prescription n'est en somme que la lésion du
droit d'un autre, lésion que la prescription, sous peine de constituer
une véritable spoliation, ne saurait rendre définitive qu'au préjudice d'un propriétaire qui la légitime et, pour ainsi dire,
la sanctionne par son inaction. Si, comme nous le verrons, il
n'en était point ainsi, à Rome, en matière d'usucapion, c'est que
les effets de la *litis contestatio* prévenaient l'iniquité qu'il y
aurait eu à ce que le cours de la prescription pût s'achever en dépit
de l'action du propriétaire.

Ces notions préliminaires données je puis, dès à présent, préciser
et diviser l'objet des explications que je me propose de donner sur
l'interruption de la prescription dans le droit romain. Dans une
première partie, je rechercherai de quels faits peut résulter l'interruption naturelle et quels sont ses effets sur le cours de la prescription, puis je déterminerai, dans une seconde partie, quels sont
les actes qui entraînent l'interruption civile et quels effets peut produire cette interruption.

PREMIÈRE PARTIE

DE L'INTERRUPTION NATURELLE

Il résulte, des notions que nous venons de donner sur l'interruption naturelle, qu'elle ne se conçoit que là où la prescription arrive à donner l'autorité du droit à un simple état de fait, l'exercice d'une propriété qui appartient à un autre, d'une servitude qui n'a jamais été légalement constituée, d'une propriété pleine et entière alors qu'elle est en réalité démembrée, en un mot quand elle repose sur l'exercice d'un droit, sur une possession, qui, se manifestant par des actes matériels ou une situation extérieure de nature spéciale, est par là même exposée à des troubles de fait. Mais alors cette possession en est la condition nécessaire et essentielle, et, dès à présent, nous pouvons le dire, c'est toujours en une perte de cette possession, qui, si elle avait été continuée, aurait fondé une prescription, que s'analyse l'interruption naturelle. Partout aussi, nous le verrons, ses effets découlent de cette même idée que, pour fonder une prescription quelconque, la possession doit être continue ; parfois, sans doute, il semble bien qu'elle produise des effets qu'on ne saurait rattacher à cette idée, mais, en réalité, ils ne résultent qu'indirectement de l'interruption et ne sont que la conséquence de ce fait que l'ex-possesseur doit commencer une nouvelle possession.

Nous l'étudierons d'abord dans les prescriptions auxquelles peut donner lieu la possession proprement dite, l'exercice du droit de propriété ; nous examinerons ensuite quel est son rôle dans les prescriptions qui reposent sur la possession spéciale, la *quasi possessio*, à laquelle se prêtent les servitudes.

CHAPITRE I

DE L'INTERRUPTION NATURELLE DES PRESCRIPTIONS QUI REPOSENT SUR L'EXERCICE DU DROIT DE PROPRIÉTÉ

Les développements que nous avons à présenter sur l'interruption naturelle des prescriptions auxquelles peut donner lieu l'exercice du droit de propriété, se divisent d'eux-mêmes : déterminer les faits interruptifs, en préciser les effets, tel sera l'objet des deux sections que nous consacrerons à cette partie de notre sujet.

Section I

Des faits interruptifs.

Si, d'une part, l'interruption naturelle s'analyse toujours en cessation de l'état de fait, auquel la prescription a pour but de donner l'autorité du droit, et que, d'autre part, cet état de fait consiste ici dans l'exercice du droit de propriété, dans la possession, nous devons en conclure que tout acte ou tout fait, qui dépouille le possesseur d'une possession, de nature à fonder une prescription quelconque, doit être un fait interruptif. C'est là une conclusion qu'un droit, chez lequel nous voyons, au moins à l'origine, s'affirmer des tendances ouvertement matérialistes, devait appliquer avec la dernière rigueur et dont nous trouvons l'affirmation éclatante et décisive dans tous les textes qui ont trait à l'interruption naturelle de l'usucapion ou de la *longi temporis præscriptio*. Dès qu'une possession de nature à fonder l'une ou l'autre de ces institutions vient à être perdue, ne fût-ce qu'un instant, il y a interruption naturelle ; les textes sont formels sur ce point.

Et d'abord, en ce qui concerne l'usucapion, ils établissent la corrélation la plus étroite entre l'interruption de son cours et la perte de la possession. C'est notamment ce que fait Julien dans la loi 33, 5 (*De Us. et Usurp.*, XLI, 3) :

« *Si rem tuam cum bona fide possiderem, pignori tibi dedi ignoranti tuam esse, desino usucapere.* »

Ce texte suppose qu'étant *in via usucapiendi*, je donne en gage à son propriétaire même, la chose que je possède *ad usucapionem*. Le contrat de gage ne peut évidemment se former, *quia*, ajoute le texte, *non intelligitur quis suæ rei pignus contrahere*. Mais, comme, d'une part, le contrat, que nous avons voulu former, suppose la remise de la chose, je n'en cesse pas moins de posséder par moi-même, et comme, d'autre part, l'*accipiens* n'a pu acquérir la qualité en vertu de laquelle il eût possédé en mon nom, il en résulte que j'ai perdu ma possession : *Desino usucapere*, en conclut le texte.

Le même jurisconsulte dans la loi 29, *de pign.* XIII, 7, donne une solution analogue :

« *Si rem alienam bona fide emeris et mihi pignori dederis ac precario rogaveris, deinde me heredem dominus instituit, desinit pignus esse, et sola precarii rogatio supererit : idcirco usucapio tua interpellatitur.* »

Voici l'hypothèse : j'ai donné en gage une chose que j'étais *in via usucapiendi*, seulement, afin que je ne demeure pas privé de l'usage de cette chose, mon créancier gagiste me l'a concédée à titre de précaire, de telle sorte que, comme précariste, je possède pour le *rogatus*, qui, lui-même, en qualité de gagiste possède pour moi. Sur ces entrefaites, le créancier gagiste devient, par succession, propriétaire de l'objet par lui reçu en gage : celui-ci ne peut dès lors subsister, et le propriétaire ne peut comme gagiste continuer à posséder pour moi : *idcirco usucapio interpellatitur.*

Julien, dans loi 39 (*de acq. vel amit. Pos.* XLI, 2), reproduit encore la même idée que Scevola dans la loi 5 (*Pro donato,* XLI, 6), met vivement en relief :

Qui pro donato cœperat usucapere manumittendo nihil egit, quia nec dominium nanctus fuerit, quæsitum est an usucapere desierit ? Respondit eum, de quo queritur, omisisse videri possessionem et ideo usucapionem interruptam,

et que nous trouvons encore nettement exprimée par Tryphoninus dans la loi 12, 2 (*de capt.* XLIX, 15) :

Ideo eorum quæ usucapiebat per semetipsum possidens, qui postea nanctus est, interrumpitur usucapio, quia certum est eum possidere desisse.

De tous ces textes, il résulte manifestement que l'usucapion est interrompue, dès que l'*usucapiens* vient à perdre la possession.

Javolenus, dans la loi 21 (*de usuc. et us.* XLI, 3), montre qu'il en était de même dans la *prœscriptio longi temporis* :

Sequitur ergo ut ne possessionem quidem locator retinebit ideoque longi temporis prœscriptio non durobit.

Ce point n'est pas plus douteux pour la prescription, qui, depuis Théodose II, éteint le droit du propriétaire qui a, pendant 30 ans, laissé se prolonger la possession qu'un tiers exerce à son préjudice : dès que vient à cesser la lésion que subit son droit, c'est-à-dire la possession de l'usurpateur, il ne peut plus évidemment s'agir de la rendre définitive.

Donc, et c'est la conclusion qui ressort de tous ces textes, en déterminant les faits qui entraînent la perte de la possession, nous aurons déterminé par là même les faits auxquels nous devrons reconnaître l'effet d'interrompre naturellement le cours de la prescription. Nous sommes ainsi amenés à examiner d'après quelles règles la possession se perd, et, comme ces règles diffèrent, suivant que nous possédons par nous-mêmes ou par l'intermédiaire d'un représentant, nous étudierons séparément les deux hypothèses.

Sous-Section I. — *Perte de la possession que nous exerçons par nous-mêmes.*

L'idée de la conservation et celle de la perte de la possession sont corrélatives : car il est d'évidence, et la réciproque s'impose, que tant qu'elle est conservée la possession ne saurait être perdue.

Nous le savons, quant au fait de tenir une chose à notre disposition vient se joindre la volonté de se comporter en propriétaire de cette chose, la possession nous est acquise, et elle se conserve par la persistance des deux éléments qui ont suffi à la constituer. Mais ce serait une erreur que d'entendre cette persistance dans un sens rigoureux et absolu : sinon il faudrait en arriver à exiger soit une succession non interrompue dans les actes matériels qui manifestent l'exercice du pouvoir physique, soit une continuité absolue dans l'acte de volonté. Or c'est ce que les textes, d'accord avec la raison et la nature même des choses, repoussent de la façon la plus formelle aussi bien pour l'élément matériel que pour l'élément intellectuel que suppose toute possession.

Nous voyons, dans la loi 3, 13. (*De acq. vel Am. Pos.* XLI, 2), Paul le constater nettement pour le *corpus* :

Nerva filius res mobiles, excepto homine, quatenus sub custodia nostra sint, hactenus possideri : id est, quatenus si velimus, naturalem possessionem nancisci possimus ;

Et, pour l'*animus*, la même doctrine ressort de la loi 29, au même titre, puisque, dans ce texte, Ulpien nous dit que le pupille ne peut perdre *animo* la possession sans l'*auctoritas* de son tuteur, ce qui suppose, bien entendu, que le pupille peut conserver la possession, supposition, qui, au moins pour le pupille *infans*, ne se conçoit que si on n'entend pas la persistance de l'*animus* dans un sens rigoureux et absolu.

Ainsi donc celui chez lequel se sont, à un moment donné, rencontrés les deux éléments de la possession possède et continue à posséder, tant qu'un acte contraire au moins à l'un de ces deux éléments ne sera pas venu constater la cessation de leur coexistence.

On conçoit donc, et cela résulte de la notion même de la possession, qu'elle puisse se perdre *corpore, animo, vel corpore simul et animo.*

Mais ici nous nous trouvons en présence de deux textes qui semblent tout d'abord en contradiction flagrante avec nos conclusions.

C'est d'abord la loi 153, (*De reg. jur.*, L, 17) :

« Fere quibuscumque modis obligamur, iisdem in contrarium
« actis liberamur : cum quibus modis adquirimus, iisdem in con-
« trarium actis amittimus. Ut igitur nulla possessio adquiri, nisi
« animo et corpore, potest : ita nulla amittitur, nisi in qua
« utrumque in contrarium actum est. »

C'est ensuite la loi 8, (*De acq. vel Am. Pos.* XLI, 2), qui ne fait, du reste, que reproduire la partie finale du texte précédent:

« Quemadmodum nulla possessio adquiri nisi animo et corpore
« potest : ita nulla amittitur, nisi in qua utrumque in contrarium
« actum est. »

Dans ces deux textes, Paul paraît nous dire que, de même que la possession ne peut être acquise que là où se trouvent réunis les deux éléments qui la constituent, de même elle ne se perd que lorsque ces deux éléments, *utrumque,* viennent à cesser, c'est-à-dire qu'elle ne peut se perdre que *corpore simul et animo.*

Or, le même jurisconsulte décide formellement ailleurs que la possession peut être perdue *corpore vel solo animo.* C'est ainsi que dans la loi 3, 6 (*De acq. vel Am. Pos.*, XLI, 2), il nous dit : *Igitur amitti et animo solo potest quamvis adquiri non potest, et,* dans le paragraphe 13 de la même loi, il décide que la possession est perdue alors qu'un seul des éléments de la possession, le *corpus*, n'existe plus.

C'est la même règle que nous trouvons reproduite par Ulpien, dans la loi 17 au même titre :

« Possessio autem recedit, ut quisque constituit nolle possi-
« dere »,

et par Papinien dans le fragment 44, 2 :

« Nam ejus quidem quod corpore nostro teneremus possessio-
« nem amitti vel animo, vel etiam corpore. »

Mais alors comment expliquer les deux lois de Paul ?

L'explication la plus ancienne, celle de Cujas, que nous trouvons aussi dans la glose, consiste à dire que nos deux textes n'ont trait qu'à la possession immobilière. C'est en effet, à l'époque classique, une règle certaine que la possession des immeubles ne peut être perdue d'une façon clandestine, et que, par suite, la seule cessation du *corpus* ne peut suffire à nous faire perdre la possession.

Cette explication ne saurait être acceptée.

Il est en effet manifeste que, soit dans la loi 153, (*de reg. juris*), soit dans la loi 8 (*de ac. vel amit. pos.*), le jurisconsulte veut établir une règle générale, applicable à toute possession. Le mot « *fere* », sur lequel s'appuie surtout Cujas, ne se trouve que dans l'un de nos deux textes, la loi 153. D'ailleurs, il ne me paraîtrait nullement autoriser à n'entendre que de la possession immobilière ce que Paul dit de toute possession, d'autant plus que la possession immobilière peut se perdre *animo solo* et que, par suite, même restreints à la possession immobilière, nos textes n'auraient point une portée générale.

On a proposé de corriger le mot « *utrumque* » et la correction la plus admissible est celle qui consiste à lire « *utcumque* ». Mais cette correction, quelque vraisemblable qu'elle soit, a contre elle, comme d'ailleurs toute autre correction proposée, ce fait que le mot *utrumque* se trouve dans nos deux textes, et qu'il faut, par suite, supposer dans chacun la répétition de la même erreur, ce qui devient plus que hasardeux.

D'ailleurs, sans risquer aucune correction, je crois qu'il est possible de donner de nos textes une explication fort plausible. La difficulté vient en effet de ce que nous avons traduit *utrumque* par l'un et l'autre : or, *uterque* n'a pas un sens grammatical rigoureux et exclusif. Sans doute, et c'est là son sens propre, il exprime le plus souvent un rapport conjonctif, mais il ne l'exprime pas nécessairement et toujours. Ce point me semble établi par nombre de textes, où nous rencontrons « *uterque* » fonctionnant comme synonyme de « *alteruter* », c'est-à-dire exprimant non pas un rapport conjonctif mais un rapport disjonctif ; bien plus souvent encore nous le trouvons servant à exprimer un rapport indéterminé, c'est-à-dire indiquant un rapport, mais sans nullement préciser s'il est conjonctif ou disjonctif. En un mot les Latins faisaient ce que nous faisons nous-mêmes, et ce qu'on fait dans toutes les langues où la plupart des mots n'ont pas un sens rigoureux et absolu : ils employaient *alteruter* pour *uterque*, de même qu'il nous arrive d'employer l'un et l'autre pour l'un ou l'autre.

C'est ainsi que Cicéron nous dit (*De officiis*, III, 15) :

« Uterque si ad eloquendum venerit, non plus quam semel « eloquetur, » et il est bien évident qu'ici nous rendons aussi bien sa pensée en lisant l'un et l'autre qu'en traduisant l'un ou l'autre.

C'est ce qui apparaît bien plus nettement encore dans les textes où nous trouvons *uterque* pris successivement dans les différentes exceptions, dont nous le prétendons susceptible.

Ainsi dans la loi 16 (*De leg.* XXXI), Celsus, après avoir employé *uterque* pour exprimer un rapport conjonctif, s'en sert pour désigner un rapport disjonctif :

« Si Titio aut Seio, utri heres vellet, legatum relictum est,

« heres alteri dando ab utroqne liberatur : si neutri dat, uterque
« perinde petere potest, atque si ipsi soli legatum foret. »

C'est aussi ce double sens que revêt successivement *uterque* dans
un texte de Paul lui-même (l. 10, 13 *De grad.* XXXVIII, 10) :

« Frater quoque per utrumque parentem accipitur, id est aut
« per matrem tantum, aut per patrem, aut per utrumque, id est,
« ex utroque parente cödem. »

Enfin nous voyons Justinien l'employer comme synonyme de
alteruter dans la loi 8, 5 (*De bon. quæ lib.* VI, 61) :

« Ipsum autem filium, vel filiam et deinceps alere patri ne-
« cesse est, non propter hereditates sed propter ipsam naturam,
« et leges, quæ et a parentibus alendos esse liberos imperaverunt
« et ab ipsis liberis parentes, si inopia ex utraque parte ver-
« titur. »

Si tel peut être le sens du mot *uterque*, nos deux textes n'ont
plus rien qui puisse nous embarrasser et il devient facile de les
mettre en harmonie avec les textes qu'ils semblaient contredire.
Paul, dans la loi 153 (*De regulis juris*), étend aux modes d'acquisition de la propriété et de la possession, le principe qui domine,
à Rome, toute la matière des obligations : *Quæ jure contrahun-
tur, contrario jure pereunt ;* et il montre que ce principe reste
vrai en matière de possession : *Ut igitur nulla possessio adquiri nisi animo et corpore potest ita nulla amittitur nisi
in qua utrumque in contrarium actum est,* c'est-à-dire, de
même que nulle possession ne peut être acquise autrement que
par la réunion du *corpus* et de l'*animus*, de même nulle possession ne se perd à moins que cette réunion ne vienne à cesser et il
va de soi que, pour que cette réunion n'existe plus, il suffit de la
perte soit du *corpus*, soit de l'*animus*, c'est-à-dire de l'un quelconque, *utrumque*, des deux éléments constitutifs de la possession.

Ayant écarté ces deux textes, il reste acquis que la possession
peut se perdre *corpore, animo, vel corpore simul et animo.*

La possession peut être perdue *corpore.*

La possession est perdue *corpore*, dès qu'il y a pour le possesseur impossibilité d'exercer sur la chose le pouvoir physique qui constitue l'élément matériel de la possession. Jusque-là, c'est-à-dire tant que l'exercice de ce pouvoir reste possible, nous conservons la possession, alors que nous n'aurions pas actuellement la chose à notre disposition. C'est ce que nous dit Paul dans le fragment 3, 13 (*De acq. vel am. pos.* XLI, 2) :

« Nerva filius res mobiles, excepto homine, quatenus sub cus-
« todia nostra sint, hactenus possideri ; id est (1), quatenus, si
« velimus, naturalem nancisci possessionem possimus. »

Cette impossibilité peut résulter de trois ordres de faits : les uns se produisent dans la personne du possesseur lui-même, les autres affectent la chose même possédée, d'autres enfin résultent de l'intervention d'un tiers.

Et d'abord ces faits peuvent se produire dans la personne du possesseur lui-même.

Ainsi la mort du possesseur met fin à sa possession, alors qu'il laisse des héritiers, car la fiction légale, qui crée des héritiers continuateurs de la personne du défunt, ne peut avoir pour effet de leur donner une possession, qui suppose un pouvoir physique, si en réalité ils n'ont pas ce pouvoir.

C'est ce que nous disent et Javolenus, dans la loi 23 (*de acq. vel am. post*, XLI, 2) :

« Cum heredes insituti sumus, adita hereditate, omnia quidam
« jura ad nos transeunt : possessio tamen, nisi naturaliter com-
« prehensa, ad nos non pertinet, »

______

1. M. de Savigny, contrairement à la leçon des Florentines, lit *idem* : d'autres manuscrits portent *item*. Peu importe d'ailleurs. Toutes ces leçons présentent un sens exact, qui, en définitive, est toujours l'expression de la même théorie.

et Ulpien dans la loi 1, 15 (*si is, qui testamento* XLVII, 4) :
« Id circo autem hereditati furtum non fieri, quia possessionem
« hereditas non habet quæ facti est et animi ; sed nec heredis
« est possessio antequam possideat : quia hereditas in eum id
« tantum transfudit quod est hereditatis : non autem fuit posses-
« sio hereditatis. »

La possession qu'avait le défunt est donc interrompue par le
fait de sa mort, puisque si ses héritiers sont *ipso facto* investis
de ses droits, il n'en est point ainsi de sa possession qui ne leur
est pas acquise avant qu'ils s'en soient eux-mêmes saisis, et, par
suite, on était logiquement amené à reconnaître à la mort du possesseur un effet interruptif de l'*usucapio* ou de la *præscriptio
longi temporis* qu'il était en voie d'accomplir. Telle était bien, à
mon avis, la solution du droit primitif, puisque c'est à ses inconvénients qu'eut pour but de remédier une théorie, d'origine relativement récente, la théorie de l'*accessio possessionum* (1).

---

1. Cette doctrine, du moins pour le cas où le *de cujus* laisse des héritiers
nécessaires, vient récemment d'être contredite par M. Ernest Dubois, professeur à la Faculté de droit de Nancy. D'après lui, le droit romain aurait admis
au profit de ces héritiers une saisine analogue à celle que notre article 724
admet au profit des héritiers légitimes.

Par la nouvelle lecture du manuscrit de Gaïus, il est établi que la présence
d'un héritier nécessaire rendait impossible l'*usucapio pro herede* ; c'est du
moins ce qui ressort formellement de deux passages de ses Instilutes, le
§ 58 (II) et le § 201 (III), dans lequel les récents travaux de Studemund ont
permis de restituer le mot *nihil*. Or, on ne peut songer à expliquer la distinction faite à ce point de vue entre les héritiers externes et les héritiers nécessaires par ce fait que ceux-ci sont, *ipso jure*, investis des droits même du défunt,
puisque l'*usucapio pro herede* reste possible alors que l'*extraneus* a fait adition. Cette distinction ne s'explique et ne se justifie que si, en même temps
que la propriété, la possession même du défunt leur est acquise, en un mot
s'ils sont saisis. Et en effet Pomponius le dit formellement : *nec pro herede
usucapi potest quod ab herede possessum est* (1. 29, De usurp., XLI, 3), et partant l'*usucapio pro herede* ne peut procéder qu'au profit de celui qui a appréhendé une possession que n'a jamais eue l'héritier. Or, il va de soi que là

Si, au lieu de mort naturelle, nous supposons que le possesseur soit frappé de mort civile, par exemple c'est un citoyen qui est fait

réalisation d'une pareille condition est impossible si l'héritier nécessaire est investi *ipso jure*, non-seulement des droits mais de la possession de son auteur, en d'autres termes s'il a la saisine. Cette idée de saisine n'est du reste qu'une conséquence bien naturelle de l'organisation de la famille romaine. Si, en effet, on pose comme principe que: *pater in domo solus dominium habet*, ce n'est point sans reconnaître au profit du fils de famille une sorte de copropriété, *vivo patre*, sur le patrimoine familial (Paul, 1. 14, D. XXVIII, 2). Or, comme l'idée de co-propriété éveille nécessairement une idée de *copossessio*, il était impossible de reconnaître une propriété quelconque au profit du fils, sans lui attribuer en même temps une *copossessio*, sur laquelle la mort du père ne peut avoir un autre effet que celui d'en assurer l'exercice effectif. Voilà pourquoi, sans hésitation possible, l'*usucapio pro herede* devait être repoussée en présence d'un héritier sien, tandis que son admission pouvait être discutée en présence d'un héritier simplement nécessaire ; ce qui explique la différence de rédaction entre le § 58 (II) et le § 201 (III), car si, dans ce dernier texte, Gaïus s'exprime de façon à laisser entendre qu'il y avait eu controverse sur le point qu'il décide, c'est qu'il vise l'héritier simplement nécessaire, tandis que, dans le premier, il n'a en vue que l'héritier sien.

Ce système, fort ingénieux du reste, a le tort de se heurter au seul texte qui, dans nos sources, se réfère à la question visée par les paragraphes précités de Gaïus. C'est la loi 2 au Code (VII, 29) ; elle me paraît de nature à le faire proscrire absolument :

Nihil pro herede usucapi posse, suis heredibus existentibus magis obtinuit.

Comment, en effet, dans le système de M. Dubois, expliquer les termes de ce rescrit, puisque, sur ce point, une controverse aurait dû être impossible ?

M. Dubois conteste *magis* : il reste *obtinuit* qui suffit, à lui seul, à établir l'existence d'une controverse et, partant, prouve de la façon la plus formelle que notre saisine héréditaire était absolument étrangère à la législation romaine, d'autant plus qu'il n'est nullement impossible d'expliquer, sans faire intervenir l'idée d'une saisine héréditaire, la solution de Gaïus dans les paragraphes 58 (II) et 201 (III).

Si c'est en effet par les motifs qu'en rapporte Gaïus, et je ne vois aucune raison de les révoquer en doute, que le droit primitif fut amené à organiser une institution aussi singulière que l'*usucapio pro herede*, il était logique de ne l'admettre que dans le cas où l'hérédité est déférée à un *extraneus*. Qu'est-il besoin de contraindre à prendre, au plus vite, un parti des héritiers qui sont tels, indépendamment de tout acte d'adition aussi bien qu'en dépit de prisonnier de guerre, le résultat est le même. Comment en effet pourraient-ils continuer à posséder alors que, pour parler le langage toute volonté contraire, et qui, par suite, *a die mortis*, s'offrent en cette qualité soit à l'action des créanciers héréditaires, soit aux réclamations des pontifes si les *sacra* restent en souffrance? En présence d'héritiers nécessaires, l'*usucapio pro herede* eût donc été tout au moins inutile. J'ajoute que, dans le droit primitif, il était, dans ce cas, impossible de l'admettre. Et, en effet, puisque c'est, à l'origine, sur le titre d'héritier que porte l'usucapion, c'est ce titre lui-même qui doit être l'objet de la possession de l'*usucapiens*. Or, comme par le seul fait de la mort du *de cujus*, le titre d'héritier est définitivement acquis à l'héritier nécessaire et, partant, possédé par lui avant tout autre, sa possession exclut toute possession rivale puisque, à l'instar de toute autre possession, la possession du titre d'héritier est nécessairement exclusive. Sans doute quand l'*usucapio pro herede* se fut transformée et que, au lieu d'avoir trait à l'hérédité, elle ne put s'appliquer qu'au *corpora hereditaria*, la logique devait conduire à effacer la distinction primitive en même temps que disparaissait l'impossibilité juridique qui la justifiait. Mais doit-on s'étonner qu'on ait, sur ce point, méconnu les données de la logique, alors qu'on les méconnaissait bien plus gravement encore en ne supprimant point complètement l'*usucapio pro herede*, puisque c'est la tradition seule qui en peut justifier le maintien à une époque où les *sacra* n'ont plus rien de leur importance primitive et où les créanciers peuvent directement atteindre le patrimoine de leur débiteur, et s'il faut bien reconnaître que la tradition, et la tradition seule eût la puissance de maintenir l'institution elle-même, est-il besoin de chercher ailleurs la raison des limites imposées à son domaine?

S'il en est ainsi, les expressions de nos textes : *placuit... magis obtinuit...* s'expliquent tout naturellement; c'est dans ces termes que les jurisconsultes posent les solutions auxquelles ils croient devoir s'arrêter sans qu'elles aient pour elles l'autorité des principes, or telle est bien la distinction que consacrent nos textes alors que l'*usucapio pro herede* a perdu, alors qu'on a oublié peut-être sa portée primitive.

Il est bien vrai que des trois textes relatifs à la question qui nous occupe, deux seulement sont conçus en ces termes; quant au troisième, le § 58 du Com. II de Gaïus, il s'exprime en termes absolus :

Necessario tamen herede extante, nihil ipso jure pro herede usucapi potest.

Mais, doit-on s'étonner que, dans ce paragraphe, Gaïus s'exprime ainsi, puisqu'il vient de rappeler la portée primitive de l'*usucapio pro herede* et que, par suite, les motifs de la distinction faite sur ce point entre l'héritier nécessaire et l'*extraneus* ne peuvent lui échapper, motifs qu'il n'a plus en vue au moment où il écrit le § 201 ?

de Javolenus, ils sont eux-mêmes l'objet d'une possession :

« Corporaliter amittunt possessionem, neque enim possunt videri
« aliquid possidere, cum ipsi ab alio possidentur (l. 23, 1 *de acq.
amit. pos.*).

La possession du captif est donc perdue et elle est perdue sans
remède, puisque, s'il vient à recouvrer sa liberté, le *postliminium* est impuissant dans le domaine des *res facti*, parmi lesquelles figure, en première ligne, la possession.

C'est ce que nous dit Papinien :

« Denique si emptor, prius quam per usum sibi adquireret ab
« hostibus captus sit, placet interruptam possessionem postliminio
« non restitui, quia hæc sine possessione non constitit : possessio
« autem plurimum facti habet : causa vero facti non continetur
« postliminio » (l. 19, *ex quib. caus.* IV, 6).

Et ce que Tryphoninus exprime non moins formellement :

« Facti autem crusæ infactæ nulla constitutione fieri possunt :
« ideo eorum quæ usucapiebat per semetipsum possidens, qui

De ce qui précède, il résulte que nous adoptons la lecture que fait Studemund du § 58 :

Atque si usucapta non esset. — Necessario tamen herede...
tandis que M. Dubois prend la version de M. Huschke :

Atque si usucapta non esset. — Suo et necessario tamen herede...
Or, si on se reporte à l'*apographum* :

Usucaptaneet. et ‖ Necessariotamenheredeextante. | .ipsojure | phdeusucapipotest,
il nous semble que la suppression de M. Studemund est plus justifiée que
l'addition de M. Huschke : c'est dire, contrairement à M. Dubois, que les deux
§§ 58 (II) et 201 (III) se réfèrent aux mêmes héritiers, les héritiers nécessaires, en comprenant à la fois sous cette dénomination les héritiers siens et
nécessaires et les héritiers simplement nécessaires, et cette interprétation est
d'autant plus naturelle et logique que, même dans le système de M. Dubois.
il est bien difficile d'expliquer pourquoi Gaïus n'aurait point, dans le § 58,
parlé de l'héritier simplement nécessaire, comme aussi pourquoi il l'aurait
seul en vue dans le § 201.

« postea nanctus est interrumpitur usucapio : quia certum est
« eum possidere desisse » (l. 12, 2 *de capt.* XLIX, 15).

Toutefois, dans le cas où le captif ne possédait point par lui-
même, mais par l'intermédiaire d'un représentant ou d'un esclave,
qui a continué sa détention jusqu'au moment où le captif a recou-
vré sa liberté, l'usucapion peut rétroactivement être validée par
l'effet du *postliminium.* Sans doute, pendant sa captivité, pas
plus le captif (il n'a pas eu le *corpus*), que son représentant (il
n'avait pas l'*animus*) n'ont pu posséder :

« Neque servus, neque per servum dominus, qui apud hostes
« est possidet » (l. 11 *de usuc. et usurp.* XLI, 3),
et ce que Paul dit de l'esclave, il faut le dire de tout autre
représentant qui détient au nom du captif ; mais une fois que le
captif est rendu à la liberté, rien ne s'oppose à ce que le *postliminium* rétablisse la possession par lui perdue : en effet, l'élément matériel de la possession n'a jamais cessé de subsister et, par
suite, il suffit, pour effacer l'interruption de la possession de faire
rétroagir l'élément intellectuel, l'*animus* du captif, qui seul a fait
défaut, et, dans cette mesure le *postliminium* peut certainement
exercer son empire. C'était du moins l'opinion qui prévalait déjà
au temps de Tryphoninus, comme il l'atteste dans la loi 12, 2,
(*De Capt.* XLIX, 15), et qui prévalut définitivement, puisque
Justinien, dans le paragraphe 5 (Inst. IV, 6 *De Act.*), suppose
qu'une usucapion a pu s'accomplir au profit d'un captif.

Ainsi donc, sauf le cas où le *corpus* a été exercé en son nom,
pendant tout le cours de sa captivité, le *postliminium* est impuissant à effacer la perte que la captivité a fait subir au possesseur.

Dans le cas où le captif mourait chez l'ennemi, il y avait lieu
de se demander, et on se demanda en effet s'il fallait, au point
de vue qui nous occupe, appliquer la fiction de la loi Cornelia,
c'est-à-dire s'il fallait considérer la possession comme perdue par
suite de la mort naturelle du captif, qui, par l'effet de la fiction,

serait réputé mort du jour de son entrée en captivité. Cette question qui faisait doute à l'époque de Paul, comme le montre la loi 13, pr. (*De Usur. et Us.* XLI, 3), me semble avoir dû être, sans controverse possible, résolue affirmativement du jour où on eut admis la généralisation de cette fiction, aussi complètement que l'atteste Ulpien, dans la loi 18 (*De Capt.* XLIX, 15) :

« In omnibus partibus juris is, qui reversus non est ab hosti-
« bus, quasi tunc decessisse videtur, cum captus est. »

Nous avons dit que l'impossibilité d'exercer sur la chose le pouvoir physique, qui est de l'essence de la possession, peut aussi résulter de faits qui n'affectent que la chose possédée.

Ainsi la mort de la chose, si elle est animée, sa destruction, si elle est inanimée, entraînent la perte de la possession dont elle était l'objet. Il en est de même de tout autre événement qui nous met dans l'impossibilité physique de disposer de la chose : par exemple sa perte, sa mise hors du commerce ; tel serait encore le cas où la chose se trouve placée dans un lieu qui serait devenu inaccessible, ou que nous ne pourrions retrouver par suite d'un manque de mémoire, ce qui ne doit évidemment s'entendre que d'un oubli absolu et non du seul fait que, passagèrement, notre mémoire serait en défaut.

Ces solutions découlent de la notion même de la possession, il est dès lors à peine besoin de montrer qu'elles sont écrites dans nos sources. Je me contenterai de citer les lois 3, 13 et 17 ; 13, pr. ; 25, pr. ; 30, 4 ; 44, pr. (*De Acq. vel Am. Pos.* XLI, 2).

Si nous appliquions à la possession de l'esclave, la règle que nous venons de donner pour toutes les possessions, il faudrait dire que, par la fuite, l'esclave, mettant son maître dans l'impossibilité de disposer de sa personne, pouvait librement se soustraire à sa possession.

Or, les textes sont unanimes à repousser cette solution, et à établir au contraire que, par la fuite, l'esclave ne pouvait porter atteinte à la possession dont il était l'objet, et que, par suite, il restait possédé tant au moins qu'un tiers ne s'était point emparé de lui, ou à moins qu'il ne fût prêt à soutenir judiciairement qu'il était de condition libre (1).

Il n'y a dans cette exception qu'une de ces nombreuses décisions par lesquelles le droit romain atteste une préoccupation constante : mettre l'esclave dans l'impossibilité de nuire à son maître. Destiné à augmenter les richesses de celui-ci, il ne faut pas qu'il puisse jamais arriver à les diminuer; admettre, conformément à la réalité, que la fuite lui permît de se dérober à la possession de son maître, c'eût été lui donner un moyen de porter atteinte au patrimoine dont il n'est lui-même qu'une partie, et dont par suite, pour parler le langage de Gaïus, il ne peut se distraire lui-même pas plus qu'il ne pourrait en distraire un élément quelconque :

« Quod is quemadmodum aliarum rerum possessionem inver-
« tere non potest, ita ne suam quidem potest » (l. 5, *De Acq. vel am pos.*).

Aussi, les jurisconsultes n'hésitent point à créer, au profit du maître, une possession fictive, tant au moins que la fuite est le seul obstacle qui enchaîne l'exercice du pouvoir physique, mais qui disparaît dès qu'un tiers s'est emparé de l'esclave ou quand ce dernier est prêt à soutenir judiciairement la liberté, qui lui est acquise en fait.

Cette possession fictive, dans le cas où l'esclave était possédé *ad usucapionem*, et c'est là surtout le point qui nous intéresse, suffit à permettre la continuation et même l'accomplissement du cours de l'usucapion. C'est ce que nous dit Paul dans la loi 1, 14, (*De Acq. vel am Pos.*) : »

---

1. Voyez en ce sens les fragments 1,14; 3, 10 et 13; 13, pr.; 15; 47; 50,1. (*De acq. vel. am. pos.*), et la loi 15,1 (*de usuc.* et *us.* XLI, 2).

« Sed, utilitatis causa, receptum est ut impleatur usucapio, quam-
« diu nemo nactus sit ejus possessionem, »

Et c'est aussi ce qu'il établit dans la loi 21, (*de Rei vind.*,
VI, 1).

Enfin, la possession peut être perdue par suite de l'intervention
d'un tiers.

Les faits, par lesquels un autre homme peut porter atteinte à
notre possession, doivent, suivant l'intention de leur auteur, être
rangés dans deux catégories bien distinctes. Ne cherchait-il nullement à s'approprier notre possession, il ne nous dépossède que
quand il nous met dans l'impossibilité physique de disposer de
cette chose : tel serait le fait par un tiers de tuer un de mes esclaves
ou de précipiter dans le Tibre des pierres qui m'appartiennent. A
la vérité, dans toutes ces hypothèses, il serait tout aussi exact de
dire que c'est par suite de cette impossibilité même que nous perdons la possession, car, en définitive, qu'importe qu'elle soit occa-
sionnée par le fait d'un tiers ou qu'elle résulte de tout autre événement, puisque c'est toujours elle, en réalité, qui, dès qu'elle existe,
fait cesser notre possession. Si, au contraire, le tiers se proposait
d'acquérir notre possession, c'est alors qu'il est intéressant d'examiner et de préciser quels peuvent être, sur cette dernière, les effets
des actes par lesquels il a cherché à accomplir et a pu réaliser
son usurpation.

Comme la propriété, dont elle n'est d'ailleurs que la manifestation et l'exercice, la possession est essentiellement exclusive ; le
pouvoir physique qu'elle implique est absolu comme le droit qui le
donne et par suite on ne peut concevoir qn'une même chose soit
possédée par plusieurs :

« Ex contrario plures eamdem rem in solidum possidere non
« possunt » ;

Et cette règle, Paul l'a fait découler de la nature même des
choses :

« Contra naturam quippe est ut cum ego aliquid teneam, tu
« quoque id tenere videaris » (l. 3, 5, *de Acq. vel Am. Pos.*).

Dans le même sens, voyez Julien (l. 19, *de Precario*, XLIII,
26), et Ulpien (l. 5, 15, Com. XIII, 6 : l. 3, pr. *Uti possid.*
XLIII, 17).

Si tels sont les caractères de la possession, il en résulte, au
point de vue qui nons occupe, une conséquence fort importante :
c'est qu'une possession nouvelle ne saurait naître avant que l'ancienne ne soit éteinte et que, réciproquement, dès que commence
une possession nouvelle, il faut nécessairement que l'ancienne
n'existe plus.

Sur la règle même et sur les conséquences que nous en tirons,
je ne crois pas qu'il y ait eu jamais, à Rome, la moindre controverse ; mais ce qui fut controversé, c'est la question de savoir si
cette règle est ou non absolue, c'est-à-dire si elle exclut même la
possibilité d'une fiction juridique, qui permette de supposer que
plusieurs personnes possèdent une même chose *in solidum*. Les
textes, en même temps qu'ils témoignent de l'existence d'une controverse sur ce point, précisent les hypothèses à propos desquelles elle fut agitée. Quand une personne se trouve nantie d'une
possession vicieuse (c'est une possession précaire, clandestine ou
violente), ne pourrait-on considérer la possession de celui, à
l'égard duquel existe ce vice, comme subsistant sur la chose,
encore bien qu'on reconnaisse à l'usurpateur la qualité de possesseur, et dire, avec Sabinus et Trebatius, que, sur la même chose,
peuvent coexister une possession *justa* et une possession *injusta*
(l. 3, 5. *De Acq. vel. Am. Pos.*).

C'est la même théorie qui paraît résulter *a contrario* d'un
texte de Julien, la loi 19 *De Precario* (XLIII, 26) :

« Duo in solidum precario habere non magis possunt, quam
« duo in solidum vi possidere aut clam ; nam neque justæ, ne-
« que injustæ possessiones duæ concurrere possunt ».

Au contraire, Labéon, Paul et Ulpien repoussent vivement la théorie des jurisconsultes que nous venons de citer. C'est ainsi que Paul, reproduisant les arguments de Labéon, réfute victorieusement l'explication de Trébatius. Dans une question de possession, il ne s'agit pas de savoir si on possède justement ou injustement, mais si, en définitive, on possède, et il est bien certain que deux personnes ne peuvent pas plus posséder concurremment, qu'elles ne pourraient simultanément occuper la même place (l. 3, 5. *De Acq. vel Am. pos.*). C'est aussi cette même théorie qu'Ulpien, dans la loi 3, pr. (*Uti possidetis*, XLIII, 17), combat et réfute par un argument *ad absurdum*.

Si l'issue de la controverse n'est pas douteuse, il est plus difficile de savoir, pourquoi elle fut agitée et quel intérêt pratique il y avait au juste à la trancher ?

L'explication, la plus vraisemblable, est celle que nous trouvons dans Maynz (T. I, § 90, not. 27), explication qui est aussi donnée par Savigny (*Traité de la possession*, p. 163 et s.). Il ne s'agissait nullement dans le débat agité entre Trébatius et Labéon, de fixer une controverse, d'où dépendit la solution d'une difficulté pratique, mais de donner l'explication juridique d'une solution que tous s'accordaient à donner dans le même sens. En droit romain, des interdits possessoires peuvent, à l'occasion de la même chose, appartenir à plusieurs personnes ; c'est notamment ce qui se présente dans l'hypothèse du *precarium*. D'une part, en effet, le *rogans*, étant possesseur, est parfaitement en droit d'agir au possessoire contre des tiers qui léseraient sa possession, et d'autre part, il est lui-même passible de l'interdit *de precario* qui appartient au *rogatus* ; ce qui fait dire à Pomponius (l. 15, 4, *De prec.* XLIII, 26) :

« Placet autem, penes utrumque esse eum hominem, qui pre-
« cario datus esset, penes eum qui rogasset qua possederat cor-
« pore ; penes dominum quia non decesserit animo possessione. »

Une situation analogue, sinon identique, peut se présenter dans le cas où un tiers s'est établi dans un immeuble à l'insu du possesseur ou après l'avoir expulsé. Cette intrusion, alors qu'elle peut ne pas être suffisante à dépouiller le possesseur, permet certainement à son auteur, qui se gère ostensiblement comme possesseur, d'intenter contre ceux qui le troublent et d'intenter avec succès les interdits qu'ils peuvent encourir, bien que, d'autre part, et cela est d'évidence, il soit lui-même passible soit de l'interdit *Uti possidetis*, soit de l'interdit *Unde vi* de la part du possesseur qu'il a dépouillé ou au moins tenté de dépouiller.

Ce sont, sans doute, ces complications possibles que Trébatius voulait expliquer en admettant une possession *plurium in solidum*, pour le cas où l'un posséderait *juste*, et le second *injuste*, hérésie juridique réfutée par Labéon, Paul et Ulpien, sans qu'ils aient nullement songé à proscrire un résultat, qu'avec raison ils expliquaient par d'autres considérations.

Ainsi donc, à Rome, la règle, que nous avons fait découler de la notion même de la possession n'admettait aucune fiction juridique qui pût, en quelque sorte, permettre de dire qu'une même chose pouvait être l'objet de deux possessions simultanées, et, dès lors, nous semblerions autorisés à conclure que tout fait, par lequel un tiers appréhende *animo domini* la chose que je possède, entraîne nécessairement la perte de ma possession puisque ce fait semble bien de nature à procurer la possession à son auteur..

Reste à savoir si les jurisconsultes romains appliquèrent, soit à la possession des meubles, soit à la possession des immeubles, cette solution qui découle, avec autant de rigueur que de logique, soit des caractères par eux reconnus à la possession, soit de la notion même des actes de nature à la fonder.

En ce qui concerne les immeubles, à l'époque classique, la règle est certaine : la perte de la possession d'un immeuble ne peut résulter du fait d'un tiers, si ce dernier n'a fait subir au possesseur une *dejectio*, expression qui revêt ici un sens technique et s'applique à tout acte qui manifeste nettement que le pouvoir d'autrui ne permet plus au possesseur de continuer l'exercice du sien. C'est ce qui arrive notamment quand on l'expulse de son fonds, ou qu'on l'empêche d'y rentrer, quand, contre sa volonté, on le retient par force sur son immeuble ou que par des menaces on lui en interdit l'accès, autant de cas où nos sources reconnaissent qu'il y a *dejectio* (1).

Jusque-là, en dépit de l'intrusion d'un tiers, le possesseur retient sa possession, résultat que les textes expliquent en disant qu'il continue à posséder *solo vel nudo animo*. C'est ce que constatent, dans des textes aussi formels que nombreux, tous les grands jurisconsultes de l'époque classique et notamment Gaïus (IV, 153), Celsus (l. 18, 3 *De acq. vel amit. pos.* XLI, 2), Pomponius (25, 2 *eodem*), Papinien (l. 46 *eodem*), Paul (Sentences V, 2, 1 et lois 3, 7, 8 et 11 ; l. 7, *De acq. vel am. pos.*) et enfin Ulpien (l. 6, 1 *eodem* et l. 1, 24 et 25 *De vi* XLIII, 16).

Si telle est la règle mise hors de doute au temps des Sévère, telle ne dut pas être et telle ne fut pas la règle primitive, et celle-ci il est facile de la dégager des textes mêmes qui la proscrivent. C'est, notamment, ce que permet la loi 6, 1 (*De acq. vel am. pos.*), dans dans laquelle Ulpien rapporte pour la rejeter ou, plus exactement, pour la mettre en harmonie avec la règle classique, l'opinion de Labéon :

« Qui ad nundinas profectus neminem reliquerit et dum ille a
« nundinis redit, aliquis occupaverit possessionem, videri eum clam
« possidere Labeo scribit. Retinet ergo possessionem is qui ad

---

1. Voyez, en ce sens, Paul (Sentences V. 6, 46), et au Digeste les lois 1, 9 et 24 ; 3, 8 ; 12 ; 17 ; 18, pr. (*De vi* XLIII, 16).

« nundinas abiit. Verum si revertentum dominum non admiserit
« vi magis intelligi possidere non clam (1). »

De ce texte, il résulte manifestement que Labéon admettait au
profit de l'usurpateur une possession clandestine, c'est-à-dire que,
du jour de son intrusion et, par le fait seul de cette intrusion,
l'usurpateur acquérait la possession et, par suite, mettait fin à celle
du précédent possesseur.

La manière dont Gaïus, dans le par. 153 de son quatrième
commentaire, présente la règle : *Quin etiam plerique putant.....*
nous prouve que, de son temps, même dans les limites où il semble seulement l'admettre lui-même, elle n'était nullement encore
acceptée par tous.

Le langage de Celsus dans la loi 18, p. 3 et 4 (*De. acq. vel
am. Pos.*) est non moins caractéristique :

« Si dum in alia parte parte fundi sum, quis clam animo
« possessoris intraverit, non desisse illico possidere existimandus
« sum, facile expulsurus finibus simul atque sciero. — Rursus
« si cum magna vi ingressus est exercitus, eam tantummodo par-
« tem, quam intraverit, obtinet. »

C'est donc seulement lorsqu'il est vraisemblable que le possesseur actuel la fera cesser, dès qu'il en aura connaissance, que
Celsus refuse à l'usurpation clandestine l'effet d'entraîner la dépossession, restriction dont il n'est plus question au temps des Sévère.

C'est aussi ce qui ressort de la loi 25,2 *eodem* :

« Quod autem solo animo possidemus, quæritur, utrumne usque eo
« possidemus donec alius corpore ingressus sit, ut potior sit illius

---

1. Le frg. final n'est pas le même dans tous les manuscrits ; nous avons
donné la version des Florentines : d'autres manuscrits portent *Unde... intelligitur..* et alors le texte indique, d'une façon bien moins nette, que Labéon
ait été d'un autre avis qu'Ulpien, mais alors il faudrait admettre que Labéon
ait déjà reconnu la règle : *ille non possidet qui clam possidet*, et l'origine de
cette règle est relativement bien plus récente.

Colin   3

« corporalis possessio ? An vero (quod quasi magis probatur)
« usque eo possideamus, donec revertentes non aliquis repel-
« lat (1) : aut nos ita animo desinamus possidere quod suspicemur
« repelli nos posse ab eo qui ingressus sit possessionem ? et
« videtur utilius esse. »

Dans ce texte, Pomponius se demande si, quand un tiers s'est
introduit sur le fonds que nous possédons *animo solo*, nous perdons la possession par le seul fait de cette intrusion, ou si c'est seulement au jour de la *dejectio* que la dépossession est consommée.
C'est bien cette dernière solution qu'il propose, mais il le fait en
termes tels : *quod quasi magis probatur.....* et *videtur utilius
esse.....* qu'on voit évidemment et qu'il avait à ménager des adversaires, et que la solution, à laquelle il s'arrête, lui paraît à lui-
même une dérogation que, par des motifs d'utilité pratique, on
doit apporter à la rigueur des principes. Ce texte prouve donc,
sans conteste, qu'au temps de Pomponius, la règle, qui prévalut
depuis, rencontrait encore des adversaires car il est bien évident
que la question agitée par Pomponius ne peut être celle de savoir
si on doit attacher à la *dejectio* un effet rétroactif : il ne peut en
effet être question de faire rétroagir un simple fait matériel.

Enfin l'existence d'un interdit de *clandestina possessione* me paraît établir d'une façon décisive, la règle primitive que nous cherchons
à dégager. Il est vrai que cet interdit n'est mentionné qu'une fois
dans nos sources (l. 7, 5 *Com. divid.* X, 3), mais il est facile de
comprendre ce silence, si l'on songe que, la règle classique rendant
impossible la possession clandestine, cet interdit devenait par là
même sans applications ; aussi, même dans l'hypothèse où il est
rapporté, ce n'est que par une reproduction maladroite d'un texte
de Julien qu'on peut expliquer sa mention.

1. C'est la version des Florentines : d'autres manuscrits portent *donec
nos...* mais, grâce aux deux sens du mot *donec*, cela ne peut influer sur le
sens général du passage.

Il me paraît donc démontré que la règle, mise hors de doute au temps des Sévère, n'était nullement la règle primitive et qu'à l'origine le seul fait de l'usurpation, réalisée par un tiers, même à l'insu du possesseur, suffisait à le dépouiller de sa possession.

J'ajoute que telle devait être la règle du droit primitif.

Nous l'avons dit, on ne saurait maintenir la possession ancienne, sans la refuser à l'usurpateur : *Plures eamdem rem in solidum possidere non possunt.* Or, dans le droit primitif, droit éminemment matérialiste, il ne pouvait s'agir de faire prédominer l'élément intellectuel, l'*animus domini,* à ce point qu'il pût à lui seul maintenir l'ancienne possession en dépit de la *corporalis possessio* de l'usurpateur ? Sans doute, c'est bien là où on en arrive à l'époque classique, mais pour cela il fallait dégager l'élément intellectuel de la possession et, dans une relation surtout de fait, dans un droit qui resta toujours formaliste, cet élément ne pouvait s'affirmer et se dégager que peu à peu.

D'ailleurs, s'il faut en croire les textes, ce fut par des nécessités pratiques que les jurisconsultes furent poussés dans la voie, qui devait les conduire à la règle admise à l'époque classique.

Il y avait en Italie, comme on en rencontre encore dans certains pays de montagnes, des pâturages, occupés seulement pendant une partie de l'année, les uns pendant la saison d'été, les autres pendant l'hiver : *saltus hiberni vel œstivi.* Or, si pour la possession de ces pâturages, on s'en était tenu aux notions rigoureuses du droit primitif, il aurait fallu dire que, pendant une partie de l'année, ces immeubles restaient sans possesseur. C'était là un résultat fâcheux, qu'on devait nécessairement chercher à prévenir, et c'est dans ce but, que les jurisconsultes furent amenés à dégager l'élément intellectuel de la possession, et à lui reconnaître la puissance de maintenir à lui seul une possession matériellement interrompue. Ce fut là le premier pas dans cette voie qui devait fatalement les conduire à la règle admise au temps de Sévère. En effet, une fois qu'on eut reconnu qu'une possession pouvait être maintenue par la seule volonté du possesseur, il était logique de permettre à celle-ci de la prolonger, en dépit de l'intrusion d'un tiers, tant au moins qu'il était possible de lui donner cet effet, sans se mettre en contradiction avec la réalité, c'est-à-dire tant qu'un fait matériel, une *dejectio*, n'aurait pas manifestement indiqué que l'ancienne possession avait fait place à une possession nouvelle.

Cette règle d'abord admise pour les *saltus hiberni vel æstivi* ne tarda pas à être généralisée, et elle devait l'être car il n'y avait aucune raison de la restreindre aux hypothèses spéciales qui l'avaient fait introduire. Cette généralisation était déjà faite par Proculus, c'est Ulpien qui l'atteste (l. 1, 25 De Vi XLIII, 16) :

« Quod vulgo dicitur æstivorum hibernorumque saltuum nos pos-
« sessionem retinere animo : id exempli causa didici. Proculum
« dicere, nam ex omnibus prædiis ex quibus non hac mente
« recedimus, ut possessionem omisisse vellemus, idem est. »

Quoi qu'il en soit, elle est certainemeot admise par tous vers le milieu de l'époque classique. Paul le constate en termes formels (l. 3, 7 et 8, *am. pos. De Acq. vel*) :

« Sed et si animus solo possideas, licet alius in fundo sit, adhuc
« tamen possides, »

et si nous trouvons des textes qui parlent seulement des *saltus hiberni vel æctivi*, il est légitime de croire qu'il n'y a là qu'une citation faite *exempli causa*, citation qui s'explique par l'origine, d'ailleurs récente, de la règle. C'est ainsi que Paul qui, nous venons de le dire, admet certainement la généralisation de la règle, n'entend nullement en restreindre la portée aux *saltus hiberni vel æstivi*, bien que, dans la loi 3, 11 (*De Acq. vel Am.* XLI, 2), il ne parle que de ceux-ci et il en est de même de Papinicus, qui, dans la loi 46 (*eodem*) semble aussi faire la même restriction.

Ainsi donc, à l'époque classique, l'usurpation, commise par un tiers sur un immeuble quelconque, est impuissante à dépouiller le possesseur, qui, par sa seule volonté, retient sa possession tant au moins qu'il n'a pas subi une *dejectio* : ce qui revient à dire que le possesseur ne peut jamais être, à son insu, dépouillé de sa possession.

Étant donnée cette règle, il résulte des caractères que nous avons reconnus à la possession, que, par le fait seul de s'introduire *animo domini* dans un immeuble, il n'est plus possible d'en acquérir la possession puisqu'elle subsiste aux mains de celui que l'usurpateur se propose de dépouiller. La possession clandestine d'un immeuble devient dès lors impossible. Ulpien, en effet, dans la loi 6, pr. (*De acq. vel am. pos.*), caractérise la possession clandestine, en disant qu'elle résulte du fait d'appréhender une chose à l'insu de celui qu'on se propose de dépouiller de crainte qu'il ne s'oppose à l'usurpation. Or, à l'époque classique, le seul fait d'une appréhension, réalisée *animo domini*, est impuissant à procurer la possession à celui qui la réalise sans faire subir une *dejectio* au possesseur qu'il veut dépouiller, et il est bien évident qu'une appréhension clandestine ne saurait constituer une *dejectio*. C'est seulement *ex post facto* que le possesseur peut être dépouillé. En effet, le jour où il apprend l'usurpation, ou bien il se maintient par la force et alors il est considéré comme n'ayant jamais cessé de posséder ; ou bien il ne peut réussir à faire cesser l'usurpation et alors, du jour de la *dejectio* subie par le possesseur, l'usurpateur possède, mais il possède *vi* et non *clam* ; ou enfin, averti de l'usurpation, le possesseur ne tente même pas de la faire cesser et alors, sans doute, il perd la possession, mais c'est non par suite de l'appréhension clandestine, c'est par suite de l'abdication d'*animus* que suppose son inaction. Il en résulte qu'à l'époque classique il est vrai de dire : *ille non possidet qui clam possidet*. C'est cette règle qui fait disparaître l'anomalie apparente de la loi 6, 1 (*De acq. vel amit. pos.*) : sinon comment expliquer que, de ce

fait que l'usurpateur possède clandestinement, Ulpien puisse conclure : *Retinet ergo possessionem is qui ad nundinas abiit?*
C'est aussi cette règle qui nous explique la disparition de l'interdit
De clandestina possessione, dont nous ne connaissons l'existence
que par une seule mention, qu'en font, maladroitement du reste,
les rédacteurs du Digeste puisqu'il était devenu sans application
pratique.

Telles sont, dans le dernier état du droit les règles relatives à la
perte d'une possesssion immobilière que nous exerçons *corpore
nostro*, voyons maintenant comment se perd la possession des
meubles. Ici le seul fait d'une *contrectatio*, c'est-à-dire d'une
appréhension, *animo domini*, réalisée par un tiers, même à l'insu
du possesseur, suffit à dépouiller ce dernier de la possession et,
c'est par la force même des choses, que, dans le droit classique, on
maintient, pour les meubles, la règle du droit primitif alors qu'on
s'en écarte quelque peu pour les immeubles. En effet, le seul fait
de l'intrusion d'un tiers dans un fonds que je possède n'implique
pas nécessairement la cessation du pouvoir physique sans lequel
ne saurait subsister la possession, car, ce pouvoir, il me sera toujours possible de tenter de l'exercer à nouveau, puisque les fonds
ne se déplacent point, et c'est seulement lorsque cette tentative aura
été repoussée, qu'on peut dire avec certitude que la chose a cessé
d'être à ma disposition et que, par suite, le maintien de ma possession se trouverait en contradiction avec la réalité des faits.

Au contraire, s'agit-il d'un meuble, le seul fait de la *contrectatio*, même ignorée du possesseur qu'elle dépouille, suffit le plus
souvent à rendre impossible en fait l'exercice de son pouvoir physique, car, les meubles se déplaçant au gré de qui les appréhende,
il est toujours possible, en même temps que facile à l'usurpateur de
mettre le possesseur dans l'impossibilité de disposer désormais de
sa chose. Dès lors admettre pour les meubles la règle : *Non possidet qui clam possidet*, c'eût été nécessairement entrer dans le do-

maine de la fiction, fiction exorbitante puisqu'il aurait fallu supposer chez le possesseur un pouvoir physique, dont, en réalité,
dans la plupart des cas, il lui aurait été manifestement impossible
de tenter même l'exercice. La nature même des choses empêchait
d'étendre à la possession des meubles, la règle d'après laquelle la
possession immobilière ne peut se perdre d'une façon clandestine.
Il n'en faudrait pas toutefois conclure que toute appréhension matérielle, réalisée par un tiers, suffise à dépouiller le possesseur actuel : ce résultat ne se produit que lorsque son fait constitue une
contrectatio, c'est-à-dire un fait tel qu'il démontre chez son auteur
l'intention manifeste de s'approprier la possession qu'il usurpe.
C'est ainsi que nous conservons la possession d'une chose, alors
qu'un tiers nous empêcherait d'en disposer, s'il n'avait nullement
d'ailleurs l'intention de nous priver de la possession, si c'était par
exemple par plaisanterie, par erreur, ou parce qu'il veut exercer le
droit de rétention à l'occasion de dépenses par lui faites sur la chose
qu'il se refuse à restituer :

« Nam nec tunc quidem semper dominus amittit possessionem
« cum reposcenti ei commodatum non redditur. Quid enim, si
« alia quæpiam fuit justa et rationabilis causa non reddendi,
« non utique ut possessionem ejus inverteret ? (l. 20 *De Acq. vel
Am. Pos.*).

Et le même jurisconsulte, dans la loi 12 (De Vi XLIII, 16),
répète la même solution à propos d'une hypothèse analogue à celle
que prévoie le texte, que nous venons de reproduire.

Ainsi donc, toute appréhension matérielle d'un meuble, pourvu
qu'elle soit faite *animo domini*, suffit à dépouiller le possesseur,
même à l'insu duquel elle s'opère : règle qui, du reste, en droit
romain, n'avait point pour résultat de rendre absolument précaire
la possession des meubles, étant donné qu'à ce point de vue, l'interdit *Utrubi* en prévenait avec autant d'efficacité que d'énergie,
les inconvénients et les dangers.

Ayant ainsi successivement examiné les trois ordres de faits d'où peut résulter la perte de la possession par suite de l'impossibilité physique où ils mettent le possesseur de disposer de sa chose, nous arrivons à l'étude des faits, qui, changeant ou modifiant l'élément intellectuel de la possession, peuvent en entraîner la perte. Les faits de cette nature peuvent affecter seulement l'élément intellectuel de la possession, il y a alors perte *animo solo* ; ils peuvent aussi coïncider avec la cessation du pouvoir physique, et dans ce cas il y a perte *animo simul et corpore*.

Nous disons que la possession peut être perdue à la suite de faits qui affectent seulement l'élément intellectuel de cette possession, l'*animus domini*.

De même que l'élément matériel de la possession, le *corpus*, subsiste, alors que le possesseur ne manifeste pas actuellement l'exercice de son pouvoir physique sur la chose, tant au moins qu'il lui est possible de l'exercer à son gré, de même l'acte intellectuel, l'*animus domini*, n'est point perdu par cela seul que la volonté cesse de s'appliquer à l'objet possédé ; bien au contraire, il se perpétue tant que n'est pas intervenu un *actus in contrarium*, qui, dans l'hypothèse, ne peut consister qu'en une volonté contraire à celle qui constitue l'élément intellectuel de la possession. Il en résulte que la possession subsiste tant que l'*animus domini* n'a pas fait place à un *animus non possidendi*. La nécessité de cet *animus non possidendi* est nettement exprimée dans nos sources ; Paul (l. 36 ; l. 30, 4 *De acq. vel am. pos.*), Papinien (l. 44, 2 *eodem*) et Ulpien (l. 17, 1 *eodem*) sont unanimes à l'exiger. De cette règle découle naturellement cette conséquence que les personnes, incapables d'*animus*, ne peuvent perdre *animo* la possession dont elles sont nanties, car il est manifeste qu'on ne peut rencontrer chez elles cet *animus non possidendi*, qui, seul, peut anéantir, en le remplaçant, l'*animus domini*. C'est ce que nous disent Proculus et Ulpien dans les lois 27 et 29

(*De acq. vel Amit. Pos.*), et Proculus en conclut que les incapables ne peuvent perdre la possession de leurs immeubles, puisque, à l'époque classique, la possession n'en peut être perdue à l'insu du possesseur :

« Si is qui animo possessionem saltus retineret furere cœpisset,
« non potest, dum fureret, ejus saltus possessionem amittere : quia
« furiosus non potest animo desinere possidere »,
et ce qu'il dit du *furiosus*, il faut le dire du pupille. Si, par suite, ces personnes peuvent *amittere possessionem*, elles ne peuvent *alienare possessionem*, c'est-à-dire perdre la possession à la suite d'une abdication de l'*animus domini*, résultat que constate Marcien (l. 11 *De acq. rer dom.* XLI, 1), même pour la simple *possessio naturalis*, qui ne donne droit qu'aux interdits, sans pouvoir conduire à l'usucapion ou à la *præscriptio longi temporis* :

« Pupillus alienare nullam rem potest, nisi præsente tutore
« auctore et ne possessionem quidem, quæ est naturalis. »

Cette distinction, que nous établissons, avec les textes, entre l'*alienatio* et l'*amissio possessionis*, offre une grande importance pratique à cause de la théorie de l'*accessio possessionum*; la première seule peut y donner lieu, qu'il s'agisse de cette *accessio*, soit à propos de l'*usucapio* ou de la *prescriptio longi temporis*, soit à propos de l'interdit *Utrubi*.

Ainsi donc, je le répète, pour perdre *animo* la possession dont on est nanti, il faut un *in contrarium actus*, un *animus non possidendi*. Il n'est pas d'ailleurs besoin que cet *animus non possidendi* soit formellement exprimé ; il peut résulter de tout acte ou de tout fait qui l'implique nécessairement chez le possesseur. C'est ainsi que la *nunciatio novi operis* entraîne la perte de la possession que pouvait avoir celui dont elle émane, puisqu'elle ne se conçoit pas faite par le possesseur: aussi les textes disent-ils que nous rendons possesseur celui à qui nous la signifions (l. 1, 6 ; l. 5, 10, *De op. nov. nunc,* XXXIX, 1).

Il en est de même de la reconnaissance que nous faisons du droit d'un autre, reconnaissance qui peut être expresse ou tacite, c'est-à-dire résulter aussi bien d'une déclaration formelle que d'un acte ou d'un fait affirmant le droit d'autrui : tel serait par exemple, le fait par celui qui exploite un fonds, de payer des fermages. D'ailleurs, dans tous les cas, cet *animus non possidendi* ne saurait jamais être présumé et ne peut, par suite, résulter d'un acte ou d'un fait du possesseur qu'autant que cet acte ou ce fait est vraiment incompatible avec la volonté de posséder *animo domini*.

La possession peut enfin, nous l'avons dit, se perdre *animo simul* et *corpore* et, en fait, il faut bien reconnaître que la perte *animo* coïncide, le plus souvent, avec la cessation de pouvoir physique : en d'autres termes, la plupart du temps, nous abdiquons l'*animus domini* en même temps que nous cessons d'avoir la chose à notre disposition. C'est ce qui a lieu notamment dans la *derelictio* et dans la *traditio*.

Dans l'hypothèse d'une derelictio, les jurisconsultes discutèrent, (et cette controverse paraît avoir séparé les deux écoles), la question de savoir à quel moment le *derelinquens* perdait la propriété de la chose abandonnée, mais tous s'accordaient à reconnaître que, du jour de l'abandon, il perdait sa possession.

L'hypothèse, vraiment pratique, où nous trouvions l'abdication de l'*animus* jointe à la cessation du pouvoir physique est la tradition et ce que nous devons examiner, c'est la question de savoir à quel moment précis, dans la tradition, le *tradens* perd sa possession? Dans nombre de cas, la question ne peut se poser puisqu'elle ne saurait faire l'objet d'un doute : c'est seulement lorsque la prise de possession de l'*accipiens* ne se place pas au moment même de la livraison faite par le *tradens* qu'on peut discuter la question de savoir à quel moment a cessé la possession de ce dernier. Cette question fit, à Rome, l'objet d'une controverse que nous voyons agitée entre Celsus et Ulpien : le premier plaçant la perte de la possesion au moment même où, en fait, le *tradens* a cessé de posséder, tandis que le second maintient la possession du *tradens* jusqu'au jour où l'acquisition en est réalisée par l'*accipiens*.

C'est ainsi que, dans l'hypothèse d'une tradition faite à un *furiosus* dont j'ignore l'état mental, Celsus, dont l'opinion, au dire d'Ulpien, était partagée par Marcellus, décide que je perds ma possession du jour même où j'ai fait la livraison, bien que l'*accipiens* soit incapable d'acquérir la possession que je lui livre :

« Si furioso, quem suæ mentis esse existimas, eo quod forte in
« conspectu inumbratæ quietis fuit constitutus, rem tradideris :
« licet ille non erit adeptus possessionem tu possidere desinis :
« sufficit quippe dimittere possessionem etiam si non transferas. »

Et il s'élève violemment contre l'opinion contraire, qu'il repousse par un argument *a fortiori* :

« Illud enim ridiculum est dicere quod non aliter vult quis di-
« mittere quam si transferat : imo vult dimittere qui existimat se
« transfère (l. 18, 1 *de Acq. vel am. pos*). »

Au contraire, nous voyons Ulpien (l. 34, *pr. eodem*) établir, en matière de tradition, une corrélation parfaite entre la perte subie par le *tradens* et l'acquisition réalisée par l'*accipiens* :

« Non puto errantem adquirere, ergo nec amittet possessionem
« is qui quodammodo sub conditione de possessione recessit »,

Et c'est cette même opinion à laquelle paraît se ranger Papinien, dans la loi 18, 1 (*De Vi*, XLIII, 16) : « neque ante amissam
« videri possessionem quam si tradita fuisset emptori. »

Cependant le système de Celsus me semble seul conforme aux vrais principes romains. Sans doute, quand le *tradens* se retire de sa possession, il le fait dans le seul but de permettre à l'*accipiens* d'en réaliser l'acquisition, mais que ce dernier appréhende ou non cette possession, laissée *vacua*, peu importe : c'est là un évènement ultérieur qui ne saurait influer sur un fait accompli, la perte de la possession, car une condition ne saurait affecter un pur fait matériel. Or, du jour où le *tradens* a fait tradition, il est bien certain qu'il a cessé de posséder, puisque, d'une part, il a, en fait, cessé d'avoir la chose à sa disposition et que, d'autre part, puisqu'il voulait transférer sa possession, il est non moins incontestable qu'il a abdiqué son *animus possidendi*. Donc, dès ce jour, il a perdu sa possession et c'est là un fait, dès à présent certain, qui ne saurait dépendre d'un évènement ultérieur.

C'est ce que ne contredit nullement Papinien dans la loi 18, 1 (*De Vi*, XLIII, 16) que nous avons rapportée tout à l'heure, et qui paraît, de prime abord, appuyer la théorie d'Ulpien.

Voici l'hypothèse prévue dans ce texte : *Primus* vend à *Secundus* un fonds qu'il possède par l'intermédiaire d'un fermier ; ce dernier s'opposant à la prise de possession que veut effectuer l'acheteur, la question se pose de savoir si le fermier sera tenu de l'interdit *unde vi*? Comme cet interdit ne peut appartenir qu'à un possesseur dépouillé par violence de sa possession, il est évident qu'on ne peut l'accorder à l'acheteur qui n'a jamais été possesseur ; mais doit-on l'accorder au vendeur ? On ne peut répondre affirmativement que si, au moment où se produit l'expulsion, *Primus* est encore possesseur, car, dans ce cas, c'est bien en réalité à lui que s'adresse l'expulsion subie par son acheteur. Or, c'est là ce que reconnaît Papinien :

« Neque enim ante omissam videri possessionem quam si tra-
« dita fuisset emptori... ».

Et, par suite, il semble bien admettre avec Ulpien que le vendeur : *quodammodo sub conditione de possessione recessit.*

Il n'en est rien en réalité ; dans l'hypothèse de notre texte, le vendeur, au moment de l'expulsion, n'a nullement perdu le pouvoir physique sur la chose, puisqu'il a continué à l'exercer par l'intermédiaire de son fermier ; sans doute, il y a eu de sa part abdication de l'*animus possidendi*, mais cette abdication peut parfaitement n'être que conditionnelle, car si on ne conçoit pas qu'une condition puisse affecter un pur fait matériel, la perte *corpore*, on comprend très bien au contraire qu'elle puisse tenir en suspend l'acte intellectuel d'où résulte la perte *animo tantum*.

La décision de Papinien ne déroge donc nullement aux principes dont tend à s'écarter Ulpien. D'ailleurs, il ressort bien du langage même de ce dernier, que la solution, à laquelle il s'arrête, lui paraît une dérogation, que, par des motifs d'utilité pratique, on doit apporter à la rigueur des principes ; en effet, dans la doctrine de Celsus, il arrive que la chose reste sans possesseur, tandis qu'Ulpien évite cette interruption de possession, qui pouvait avoir les plus fâcheux effets, dans les cas où il y avait lieu à l'*accessio possessionum*.

On ne doit voir, du reste, dans la solution donnée ici par Ulpien, qu'un des nombreux textes, par lesquels il tend nettement, en matière de tradition, à affirmer la prédominance de l'élément intellectuel, l'intention des parties, sur les faits matériels qui tendent à la réaliser et qui peuvent ne point y être conformes, tendances spiritualistes énergiquement mises en lumière dans deux autres textes, la loi 18 (De reb. cred. XII, 1), et la loi 13 (De don. XXXIX, 5), où nous voyons Ulpien donner deux solutions absolument opposées à celles que, dans les mêmes hypothèses (l. 36 ; l. 37, 6. *De acq. rer. dom.* XLI, 1), donne le jurisconsulte Julien, évidemment plus soucieux d'obéir à la rigueur des principes et des traditions d'un droit d'abord éminemment matérialiste et qui resta toujours formaliste.

Nous avons ainsi examiné et précisé les différents faits, qui, affectant soit l'élément matériel, soit l'élément intellectuel de la possession, peuvent en entraîner la perte quand nous l'exerçons par nous-mêmes, il nous reste à déterminer, dans une deuxième section, les faits et les actes qui produisent le même résultat, quand c'est un tiers qui possède en notre nom.

Sous-Section II. — *Perte de la possession exercée par un représentant.*

De même que nous pouvons acquérir la possession, quand un représentant vient à s'en saisir en notre nom, de même nous pouvons la conserver par son intermédiaire et nous la conservons tant que subsiste chez nous l'*animus possidendi*, et que, aux mains du représentant, la chose continue à se trouver à notre disposition. Peu importe, d'ailleurs, le rapport d'où naît la représentation : que ce rapport tienne aux différentes puissances, qui, à Rome, peuvent exister au profit de l'un sur la personne des autres, ou qu'il doive son origine à des relations contractuelles ou même simplement amicales. C'est ce que nous dit Pomponius (l. 25, 1, *de acq. vel amit. pos.*) :

« Et per colonos et inquilinos aut servos postros possidemus », et plus généralement encore. Gaïus (l. 9 *eodem*).

« Generaliter quisquis omnino nostro nomine sit in possessione,
« veluti procurator, hospes, amicus : nos possidere videmur. »

Il n'est pas non plus besoin que le détenteur soit toujours celui-là même, dans la personne duquel est né le rapport, qui détermine la représentation ; la cessation même de ce rapport juridique ne suffit point à faire cesser la possession du représenté, tant, au moins que la chose reste aux mains d'une personne qui n'entend nullement posséder pour elle-même, résultat que nous trouvons constaté par Labéon (l. 60, 1, *locati*, XIX, 2) :

« Heredem coloni, quamvis colonus non est, nihilominus do-
« mino possidere existimo. »,

Et par Paul (l. 30, 6, *De acq. vel amit. pos.*) :

« Si ego tibi commodavero, tu Titio, qui putet tuum esse,

« nihilominus ego id possi debo. Et idem erit si colonus meus
« fundum locaverit, aut is apud quem deposueram apud alium
« rursus deposuerit. Et id quamlibet per plurium personam factum
« observandum ita ait. »

La corrélation évidente, qui existe entre les idées de conservation
et de perte de la possession, nous amène de suite à constater que
la possession sera perdue dès que le représenté n'aura plus l'*animus possidendi*, ou quand il sera mis dans l'impossibilité physique de disposer de sa chose, puisque la possession ne peut se
conserver que par la coexistence des deux éléments qui la constituent. Nous devons donc nous attacher à la détermination des
faits qui peuvent entraîner l'un ou l'autre de ces résutlats,
la cessation de l'*animus domini*, là perte du *corpus*.

Et d'abord la perte *animo*, nous le savons, ne peut résulter que
d'un *animus non possidendi* succédant à l'*animus domini*, succession qui ne se conçoit que là où existe l'*animus domini*,
c'est-à-dire chez le possesseur lui-même.

Dans notre hypothèse, il ne se présente aucune particularité,
sauf celle que nous avons déjà eu l'occasion de faire remarquer,
au cas d'une tradition : alors l'abdication d'*animus* faite par
le possesseur n'est que conditionnelle et, en supposant, bien
entendu, que la chose reste aux mains du représentant, n'entraîne la perte de la possession du *tradens* qu'au jour même
où elle est acquise à l'*accipiens*. C'est la solution, que nous
avons vue, présentée par Papinien, dans la loi 18 pr. (*De vi*
XLIII, 16) et que donne aussi Marcellus (l. 12 *eodem*).

La possession peut aussi être perdue *corpore* ; c'est ce qui
arrive, nous l'avons vu, quand le possesseur ne peut plus exercer
sur la chose le pouvoir physique que suppose toute possession et
l'*actus in contrarium*, qui manifeste ce changement, peut être soit
le fait d'un tiers, soit le fait du représentant lui-même.

Dans le premier cas, s'il s'agit d'un meuble, il faut appliquer les règles que nous avons données quand c'est le possesseur lui-même qui détient la chose qu'il possède : il y a donc perte de la possession dès qu'il y a *contrectatio rei*, c'est-à-dire dès qu'un tiers s'est emparé *animo domini* de la chose possédée.

S'agit-il d'un immeuble, de même que lorsque le possesseur lui-même détient, il ne suffit pas qu'un tiers s'introduise sur le fonds si cette intrusion n'est accompagnée d'une *dejectio* qui, dans l'espèce, doit être subie par le représentant. Vainement le tiers expulserait-il le possesseur de son immeuble, tant que son représentant peut s'y maintenir sa possession subsiste ; c'est ce qu'atteste Ulpien (l. 1, 45 *De vi* XLIII, 16), en rapportant une solution donnée par Vivien, *quia*, dit-il, *per eos retineo possessionem qui dejecti non sunt* ; et, en effet, tant que la chose est aux mains de mon représentant, elle ne cesse pas d'être à ma disposition : l'élément matériel, le *corpus*, subsiste comme avant la *dejectio* que j'ai subie : il serait, par suite, inexact de me regarder comme dépossédé.

Mais, dès que mon représentant est lui-même *dejectus* les textes constatent que ma possession est aussitôt perdue :

« Quod servus, vel procurator, vel colonus tenent, dominus vi-
« detur possidere, et ideo, his dejectis, ipse dejici de possessione
« videtur etiam si ignoret eos dejectos, per quos possidebat » (l. 1,
22 *De vi* XLIII, 16).

Et cette perte se produit alors que la *dejectio* s'est opérée à mon insu : c'est ce que dit nettement Ulpien dans le fragment final du texte précédent et ce que Papinien confirme dans la loi 44, 2 (*De acq. vel am. pos.*) :

« Ejus vero quod servi vel etiam coloni corpore possidetur non
« aliter amitti possessionem quam eam alius ingressus fuisset : eam
« que amitti nobis quoque ignorantibus. »

Cette solution, qui, en présence des textes formels qui l'établissent, ne me paraît pouvoir être mise en doute, montre bien que si, à l'époque classique, la règle : *ille non possidet qui clam possidet*, était admise par tous les jurisconsultes, ils ne lui donnaient nullement la portée rigoureuse d'un principe juridique mais entendaient plutôt, par elle, exprimer en termes nets et précis que la possession, retenue *animo solo*, ne saurait être perdue avant qu'un fait matériel ait rendu manifeste l'impossibilité physique où se trouve désormais le possesseur de disposer de sa chose.

Enfin la possession peut être perdue, *corpore*, par le fait même du représentant : c'est alors surtout qu'il est intéressant de dégager les actes qui entraînent la perte de la possession du représenté. Dans ce but nous examinons successivement trois hypothèses : le représentant se propose de posséder pour lui-même; il veut faire acquérir la possession à un tiers; enfin, sans obéir à l'un de ces mobiles, il cesse en fait de détenir la chose du représenté.

Et d'abord supposons que, sans vouloir mettre la chose à la disposition d'un tiers, ou la détenir désormais *animo domini*, il cesse, en fait, d'exercer la possession à lui remise. C'est notamment ce qui se produit s'il meurt ou devient fou. Les textes, mettant sur la même ligne la folie et la mort du représentant, constatent qu'elles n'ont nullement pour conséquence la perte de la possession du représenté. C'est la solution de Pomponius (l. 25, 1, *De acq. vel am. pos.*) :

« Et per colonos et inquilinos et servos nostros possidemus. Et « si moriantur, aut furere incipiant, aut alii locent intelligimur nos « retinere possessionem », solution que reproduit Paul pour le cas de mort du réprésentant (l. 3, 8, *De acq. vel am. pos.*) et dans l'hypothèse où il est atteint de folie (l. 31, 3, *De Us. et Usurp.* XLI, 3).

Cette doctrine, mise hors de doute au temps des jurisconsultes que nous venons de citer, ne fut point, on peut le croire, la doctrine primitive car elle n'est point conforme aux notions rigoureuses que devait avoir de la possession un droit qui accuse des tendances aussi nettement matérialistes que l'ancien droit romain. C'est d'ailleurs ce qui ressort d'un texte d'Africain, la loi 40, 1 (*De acq. vel am. pos.*), dans lequel il ne propose la solution, donnée par Pomponius et Paul, que *propter utilitatem*, la présentant ainsi comme une dérogation apportée à la rigueur des principes :

« Si forte colonus, per quem dominus possideret, decessisset ;
« propter utilitatem receptum est ut per colonum et retineretur et
« contineretur : quo mortuo non statim dicendum eam interpel-
« lari, sed tunc demum cum dominus eam apisci neglexerit. »

Quant à l'abandon de la possession par le représentant, Paul (l. 3, 8 *De acq. vel am. pos.*) et Papinien (l. 44, 2, *eodem*) ne le considèrent nullement comme devant produire un résultat autre que sa folie ou sa mort ; c'est aussi la solution que consacrent Julien (l. 7 *pr. pro emptore* XLI, 4) et Proculus (l. 31 *De dol. malo* IV, 3).

Toutefois on peut croire que, pour le cas d'abandon, on arriva plus difficilement à notre règle et qu'on refusa d'abord d'admettre que la possession du représenté continuât à subsister, en dépit de l'abandon effectué par le représentant, alors que, sans trop de difficultés, on l'avait admis quand l'exercice de la possession se trouvait interrompu par le fait de sa folie ou de sa mort. C'est bien ce qui me paraît ressortir à *contrario* d'un texte de Pomponius qui cependant admet, sans hésiter, que la possession du représenté subsiste, en dépit de l'interruption qu'y peuvent apporter, en fait, la folie et la mort du représentant :

« Si colonus non deserendæ possessionis causa exisset de fundo
« et eo redisset : eumdem locatorem possidere placet (l. 31 De
« acq. vel am. pos.). »

C'est ce qui est établi plus manifestement encore par Africain (l. 40, 1 *De acq. vel am. pos.*) qui, après avoir dit que la possession du représenté n'est point perdue par le fait de la mort ou

de la folie du représentant, décide formellement le contraire pour le
cas d'abandon :

« Aliud existimandum ait, si colonus sponte de possessione dis-
« cenerit. »

Il est vrai que d'autres manuscrits portent : *idem existimandum*, version à laquelle semble bien se prêter le contexte : *Sed
hœc ita esse vera si nemo extraneus eam rem interim possederit*, mais il me semble difficile de rejeter la version *aliud*, qui a
pour elle la double autorité des Florentines et du texte grec des
Basiliques : ἕτερον ἐι προαιρέσει ἀνεχωρησεν (50, t. 2, 40, § 1).
Quoi d'étonnant, d'ailleurs, qu'Africain ait refusé d'étendre à l'a-
bandon de la possession, la solution que, dans le cas de mort ou
de folie, il donnait seulement *propter utilitatem*?

Quoi qu'il en soit, il est bien certain que, à l'époque classique, on
mettait sur la même ligne l'interruption apportée à l'exercice de la
possession par la mort ou la folie du représentant et l'interruption
résultant du fait par ce dernier d'avoir volontairement abandonné cet
exercice. Il est, du reste, bien évident que le motif juridique qui,
propter utilitatem, autorisait Africain à déroger, pour le cas de
mort ou de folie du représentant, à la rigueur des principes devait
nécessairement conduire à l'assimilation faite par Paul et Papinien
et déjà même par Proculus et Julien : je veux parler de l'affirmation
de l'élément intellectuel de la possession. On ne pouvait, en effet,
qu'aux risques d'une inconséquence gratuite, lui reconnaître la
puissance de maintenir une possession interrompue, en fait, par la
mort ou la folie de celui qui l'exerçait et la lui refuser au cas où
cette interruption provenait du fait volontaire du représentant :
cette inconséquence excusable au temps d'Africain, ne l'eût plus
été une fois l'élément intellectuel de la possession nettement affirmé
et dégagé de l'idée toute matérielle que le droit primitif s'en était
fait.

Mais si ces événements sont à eux seuls impuissants à déposséder le représenté, la perte de sa possession peut résulter d'événements ultérieurs ; c'est ainsi que nous voyons Africain et Papinien (l. 40, 1 ; l. 44, 2, *De acq. vel am. pos.*) décider que par cela seul que la possession a cessé d'être vacante, c'est-à-dire dès qu'un tiers s'en est emparé, elle ne peut se continuer au profit du représenté et les mêmes textes établissent que ce résultat se produit alors même que le représenté ignore l'intrusion du tiers :

« Sed hœc ita esse vera, si nemo extraneus eam rem possederit
« (l. 40, 1). — Ejus vero quod servi vel coloni corpore possidetur,
« non aliter amitti possessionem quam eam alius ingressus fuisset :
« eamque amitti nobis quoque ignorantibus (l. 44, 2). »

Reste à savoir si ces textes expriment bien le dernier état du droit romain : c'est là une question dont nous renvoyons l'examen, au moment où nous aurons à résoudre une question analogue, qui se pose lorsque le représentant a livré à un tiers la possession dont il était nanti.

Supposons maintenant que le représentant veuille acquérir pour lui-même la possession qu'il est chargé d'exercer pour un autre. Et d'abord, il faut écarter le cas où le représentant est un esclave. Alors il est bien évident que la question ne peut se poser, car l'esclave est incapable d'avoir pour lui l'*animus domini*, ou du moins un *animus domini* dont la loi doive et puisse tenir compte. Vainement donc un esclave voudrait s'approprier la possession qu'il exerce pour son maître : alors même qu'en fait il aurait, à l'exclusion de celui-ci, la chose à sa disposition, le maître conserverait sa possession, puisque l'esclave est absolument incapable de l'acquérir et que, par suite, tant qu'il continue à l'exercer, ce ne peut être qu'au nom de son maître. Gaïus et Africain le déclarent en termes formels, le premier pour les meubles, le second pour les immeubles :

« Sed si is, qui in potestate nostra est, subripuerit, quamdiu
« apud ipsum sit res, tamdiu non amittimus possessionem : quia

« per hujusmodi personas adquiritur nobis possessio (l. 15 De
« Acq. vel Am. Pos.). — Si de eo fundo, quem, cum possiderem,
« pignori tibi dedi, servus tuus te dejiciat : adhuc te possideret ait :
« quoniam nihilominus per eum servum possessionem retineas »
(l. 40, pr. eodem).

Mais celui qui exerce la possession en notre nom, peut parfaitement être capable de posséder pour lui-même, et c'est alors qu'il
importe d'examiner par quels actes il lui sera possible de s'approprier cette possession.

Nous l'avons dit, il existe entre l'acquisition d'une possession
nouvelle et la perte de l'ancienne, une corrélation aussi intime que
nécessaire, et, par suite, il est incontestable qu'au moment même
où le représentant commence à posséder pour lui, doit *ipso facto*
cesser la possession du représenté. Or, nous l'avons vu, aucune possession ne saurait être acquise tant qu'on ne trouve pas réunis chez
la même personne, les deux éléments essentiels qu'elle suppose. Il
est donc bien certain que le représenté reste possesseur, tant que
le représentant n'a pas pour lui *l'animus possidendi*, alors que,
pour quelque autre motif, il s'opposerait à ce que le possesseur dis-
pose librement de sa chose ; Marcellus le constate dans la loi 20
(*De Acq. vel Am. Pos.*) :

« Nam nec tunc quidem semper dominus amittit possessionem
« cum reposcenti ei commodatum non redditur : quid enim si
« alia quœpiam fuit justa et rationabilis causa non reddendi non
« utique ut possessionem ejus interveteret. »

Mais il semble bien, au contraire, que, du jour où *l'animus possidendi* naît chez le représentant, il a la possession puisque les
deux éléments essentiels qui la constituent se trouvent réunis dans
sa personne. Il n'en est rien pourtant, et c'est en vain que le représentant a la volonté de posséder pour lui, s'il ne manifeste pas
cette volonté par des actes qui la rendent certaine : alors seulement
elle devient susceptible de produire des effets, car alors seulement,

en réalité, elle existe, jusque-là la loi ne pouvait et ne devait point en tenir compte. C'est cette idée que les jurisconsultes exprimèrent par cette règle : *nemo ipse sibi causam possessionis mutare potest.*

Il est donc de toute nécessité que celui qui veut s'approprier la chose, qu'il détient pour autrui, manifeste cette intention par un fait ou un acte qui ne permette aucun doute sur le mobile qui l'a guidé. Ce changement peut d'ailleurs s'opérer au gré du possesseur et de son consentement, comme il peut aussi se produire à son insu et contre sa volonté.

Dans le premier cas, la perte de la possession résultera de tout acte propre à exprimer l'accord des deux volontés du possesseur et de son représentant ; c'est là l'hypothèse que les commentateurs, autorisés du reste par le langage des textes, ont appelé *traditio brevi manu.* Mais si, dans ce premier cas, on peut, sans difficulté, préciser les faits qui transforment en possession la simple détention du représentant, il n'est point aussi facile, alors qu'il s'agit de dépouiller malgré lui le possesseur, de déterminer les faits qui entraînent ce résultat.

S'agit-il de la possession d'un meuble, il suit évidemment de ce qui précède que le représentant ne peut se l'approprier indépendamment d'un acte ou d'un fait qui ne laisse aucun doute sur son intention : *nemo ipse sibi causam possessionis mutare potest.*

Cette règle ne permet nullement toutefois de résoudre la question de savoir si c'est seulement du jour où elle est acquise au représentant qu'est perdue la possession du représenté, question qui fit, à Rome, l'objet d'une controverse dont nous trouvons, dans nos sources, la trace non équivoque. C'est ainsi que Papinien (l. 47 *De Acq. vel Am. Pos.*) décide que le seul fait, par mon représentant, de ne plus vouloir posséder pour moi, suffit à consommer la perte de ma possession :

« Si rem mobilem apud te depositam, aut ex commodato tibi pos-

« sidere neque reddere constituerit : confestim amisisse possessio-
« nem vel ignorantem, responsum est ;.. idque Nerva filius libris
« de usucapionibus retulit.

Au contraire, Paul (l. 3,18 *eodem*) n'admet pas que la possession puisse être perdue indépendamment d'une *contrectatio*, c'est-
à-dire d'un acte matériel, un détournement fait en vue de s'approprier la possession de la chose :

« Si rem mobiliem apud te depositam furti faciendi causa contrec-
« taveris, desino possidere ; sed si eam loco non moveris, et infi-
« ciandi animum habeas plerique veterum et Sabinus et Cassius
« recte responderunt possessorem me manere : quia furtum sine con-
« trectatione fieri non potest, nec animo furtum admittatur. »

On a, il est vrai, essayé de concilier ces deux textes et, dans ce
but, on a dit que Papinien, en supposant que le représentant a ré-
solu de posséder en son nom, suppose par là même qu'il a fait *contrectatio* de la chose dont il se propose d'acquérir la possession.
Cette conciliation est inadmissible car, si on explique ainsi les
mots : *Si tibi possidere constitueris....* ce qui suit devient absolument inexplicable et inintelligible : *cujus forsitan illa ratio
est....* Il est donc bien plus naturel d'admettre une controverse agitée entre nos Jurisconsultes, controverse que suppose, d'ailleurs, les
termes dans lesquels Papinien aussi bien que Paul présentent leur
solution : *Responsum est*, dit le premier : ce qui donne à penser qu'il
y avait des réponses en sens contraire ; *plerique putant*, dit Paul :
ce qui montre évidemment que son opinion réunissait seulement
la majorité des suffrages.

Ainsi donc, il y eut, à Rome, une controverse sur le point qui
nous occupe et, sans contredit, la doctrine de Papinien me paraît
la plus conforme à la rigueur des principes du droit Romain
en matière de possession. En effet, alors que notre représentant
n'a point encore manifesté son infidélité par un détournement
effectif, il n'est nullement certain que je puisse encore, à mon gré,

disposer de ma chose. Or, comme le dit Nerva, dont Papinien, du reste (1, 47 *eodem*), invoque l'autorité : *res mobiles hactenus possideri quatenus, si velimus, naturalem possessionem nancisci possimus.* Rigoureusement donc ma possession est interrompue puisque, étant données les intentions qui animent mon représentant, je ne puis plus ou du moins il n'est nullement certain que je continue à pouvoir, à mon gré, disposer de ma chose. Sans doute il en résulte que la chose restera momentanément sans possesseur puisque la règle : *nemo sibi ipse causam possessionis mutare potest*, s'oppose à ce que le représentant puisse s'approprier la possession du représenté autrement que par un acte matériel qui ne laisse aucun doute sur les intentions qui l'animent, Mais ce résultat n'arrête point Papinien : bien plus il lui sert à motiver sa solution par cette considération que rien, dit-il, ne s'oppose à ce qu'il puisse se produire : *cujus forsitan illa ratio est quod rerum mobilium neglecta atque omissa custodia, quamvis eas nemo alius invaserit, veteris possessoris dammum adferre consuevit.*

D'ailleurs, le motif même que Paul apporte à l'appui de l'opinion contraire n'était pas de nature, au moins à l'origine, à le faire admettre de tous : il décide que le représenté reste possesseur, *quia furtum sine contrectatione rei fieri non potest nec animo furtum admittatur*, établissant ainsi une corrélation nécessaire entre la perfection du *furtum* et la perte de la possession, corrélation que constate aussi formellement Celsus dans la loi 67, pr. (*de furtis* XLVII, 2). Or il est bien certain que si, à l'époque classique, cette corrélation établit d'une façon décisive que la possession ne saurait être perdue sans un détournement effectif de la chose, il n'en était point ainsi dans le droit ancien. Nous savons, en effet, par le témoignage formel d'Aulu Gelle (1) qu'on discuta, à Rome, la question de savoir s'il fallait nécessairement

____

1. *Sed meminisse debemus furtum sine ulla quoque attrectatione fieri posse, sola mente atque animo, ut furtum fiat, annitente* (XI, 18 *in fine*).

une *contrectatio*, c'est-à-dire un détournement matériel de la chose, pour constituer le *furtum*, et, si la question ne se pose plus au temps de Paul, il n'en est pas moins vrai que, au moins à une certaine époque, la corrélation, qu'il établit, était rien moins que décisive pour trancher la controverse que nous examinons. Quoi qu'il en soit c'est, à mon avis, l'opinion de Paul qui exprime, sur ce point, le dernier état du droit romain, alors que l'élément intellectuel de la possession, nettement affirmé et dégagé, a partout reçu la puissance de maintenir à lui seul la possession, tant au moins qu'il le peut sans être contraire à la réalité : c'est le cas, dans notre hypothèse, puisque la chose n'a point encore été détournée.

Ainsi donc, dans le dernier état du droit romain, il est vrai d'étendre, à la possession de tous les meubles, la solution que Nerva et Papinien donnaient seulement pour la possession des esclaves, *quia*, nous dit le dernier, *potest homo, proposito redeundi, domino possessionem sui conservare, cujus corpore cœteras quoque res possumus conservare* (1).

Le représenté, par le fait de son représentant, ne peut perdre sa possession, que du jour ou celui-ci a commencé à posséder pour son propre compte et, comme il ne le peut sans détourner la chose, il en résulte, au point de vue qui nous occupe, deux conséquences fort importantes : la première c'est qu'il n'y a plus d'interruption dans le cours de la possession puisqu'elle n'est perdue par l'un qu'au jour où elle est acquise par l'autre, la seconde, c'est que la possessisn du meuble ne peut désormais fonder ni usucapion, ni *prescriptio longi tem-*

---

1. La personnalité de l'esclave est ici nettement affirmée, puisque les jurisconsultes sont amenés à tenir compte de sa volonté : par la force même des choses, ils étaient souvent aussi ramenés au droit naturel que méconnait l'esclavage en mettant un homme au nombre des choses susceptibles d'appropriation privée.

poris, puisque le représentant ne peut se l'apprécier que dans le cas où le fait, par lequel il réalise son intention, réunit les éléments d'un *furtum*.

S'il s'agit de la possession d'un immeuble, la même controverse ne pouvait, au moins à l'époque classique, être débattue comme elle l'était pour la possession des meubles. En effet, la règle : *Ille non possidet qui clam possidet*, ne permettait point que le représentant put déposséder le possesseur sons lui faire subir une *dejectio*. Or celle-ci, en même temps qu'elle faisait cesser la possession du représenté, permettait au représentant, par suite de l'interversion de titre qui en était la conséquence, de transformer en possession *animo domini*, la simple détention, dont il était nanti. Par suite, et, sans difficultés possibles, la condition, à la fois nécessaire et suffisante pour que le représentant s'attribue la possession du représenté, est qu'il manifeste son intention en faisant subir à ce dernier une *dejectio*, qui, dès qu'elle est réalisée, ne peut permettre la continuation de la possession, de celui qui la subit. C'est ce que, et il eut à peine besoin de le dire, constatent nos sources, et notamment Marcellus (l. 12, de vi XLIII, 16) :

« Dixi nihil interesse, colonus dominum ingredi volentem pro-
« bibuisset : an emptorem, cui jussisset dominus tradi posses-
« sionem, non admisit ; igitur colonum interdicto. *Unde Vi* loca-
« tori obstrictum fore, quem dejecisse tunc videretur, cum emptori
« possessionem non tradidit. »

Ce texte, *in fine*, réserve, et c'est d'évidence, le cas où le *dejiciens* n'a nullement pour but de s'approprier la possession qu'il exerce, alors qu'il s'oppose à la prise de possession de l'acheteur : par exemple il veut exercer le droit de rétention, il peut ou croit pouvoir opposer son droit à l'acheteur ; alors, il est bien certain qu'il ne peut ainsi faire cesser une possession qu'il n'entend nullement nier, puisque le motif même de son acte ne se conçoit que chez celui qui exerce la possession d'autrui.

Nous arrivons au cas où le représentant cesse de détenir la chose
au nom du possesseur, non parce qu'il se propose d'exercer désormais la possession pour lui-même mais parce qu'il a mis la chose
à la disposition d'un tiers. Il faut, bien entendu, pour que la question se pose, supposer que ce tiers a accepté la remise de la chose
avec l'intention de posséder en son propre nom, car il est bien
certain qu'elle ne saurait faire doute, s'il n'a reçu la chose,
qu'afin de la détenir soit au nom du possesseur, soit au nom de
son représentant :

« Si ego tibi commadovero, tu Titio, qui putet tuum esse, ni-
« hilominus ego id possideo. Et idem erit si colonus meus locave-
« rit, aut is apud quem deposueram, apud alium rursus deposue-
« rit. Et id quamlibet per plurium personam factum observandum
« est (l. 30, 6, de Acq. vel am. pos.). »

Supposons donc que le représentant a livré la possession à un
tiers, qui l'accepte avec l'intention de l'exercer en son nom : par
le seul fait de cette tradition le possesseur sera-t-il dépouillé?
S'il s'agit de la possession d'un meuble, il est hors de doute
que, dès ce moment, elle est perdue, car, dès ce moment, il
est incontestable que le possesseur cesse d'avoir la chose à sa disposition, et qu'un autre au contraire peut en disposer à son gré. Julien
le décide formellement :

« Qui pignori rem dat, usucapit, quamdiu res apud creditorem
« est : si creditor ejus possessionem alii tradiderit, interpellabitur
« usucapio; et quantum ad usucapionem attinet similis est ei qui
« quid deposuit vel commodavit : quos palam est desinere usu-
« capere si commodata vel deposita res alii tradita fuerit ab eo qui
« commodatum vel depositum accepit (l. 33, de usuc. et usurp.
« XLI, 3). »

S'agit-il d'une possession immobilière, il est incontestable que
la même règle fut longtemps applicable, mais la difficulté est de
savoir si elle ne se transforma pas sous l'influence de cette autre

règle que la possession immobilière ne peut être perdue d'une façon clandestine. Il est bien vrai que si cette règle : *Ille non possidet qui clam possidet*, avait eu à Rome toute la portée d'un
véritable principe juridique, dont, par suite, il eût fallu rigoureusement déduire les conséquences, on n'aurait pu, sans le méconnaître, continuer à admettre que, faite arrière du possesseur, la
tradition par le représentant de la chose qu'il détenait, pût faire
cesser la possession du représenté. Il n'en était rien et je n'en veux
d'autre preuve que la solution donnée par Ulpien pour le cas où
le représentant subit une *dejectio* :

« His dejectis ipse de possessione dejici videtur etiam si ignoret
« eos dejectos, per quos possidebat (l. 1, 22, de Vi, XLIII, 16). »

Cependant nous l'avons vu, il n'hésite pas à admettre et à généraliser la règle : *Ille non possidet qui clam possidet.* Celle-ci
est moins, en effet, un principe juridique qu'une règle pratique,
née de l'affirmation de l'élément intellectuel de la possession, et
exprimant, dans une formule aussi nette que concise, qu'il a désormais reçu la puissance de soutenir à lui seul une possession, en fait
interrompue, tant au moins qu'il n'est point démontré, par un *actus in contrarium* non équivoque, qu'il y a pour le possesseur
impossibilité à continuer l'exercice matériel de sa possession.

Voilà toute la portée de cette règle et j'ajoute que lui en donner
une plus grande, c'eût été non-seulement renverser toute la théorie
matérialiste du droit romain sur la possession, mais encore oublier
que celle-ci est, avant tout, une relation de fait. En effet si, dans
une relation surtout de fait, et telle est bien la possession, il est possible de faire intervenir une fiction, ce ne peut être qu'à la condition d'en restreindre la portée dans les limites, où elle n'est pas
manifestement contraire à la réalité : ce qui aurait lieu notamment si on pouvait supposer chez une personne un pouvoir
physique dont, en fait, un *actus in contrarium* a manifestement
établi la cessation. Or est-ce que la tradition, faite par le repré-

sentant à un tiers, ne constitue pas un *actus in contrarium* qui, moins énergiquement peut-être, mais tout aussi nettement qu'une *déjectio*, affirme que la chose a cessé désormais d'être à la disposition du représenté, puisqu'elle est évidemment mise à la disposition d'un autre? La question me paraît du reste, implicitement, il est vrai, mais néanmoins nettement décidée en ce sens par Africain et Papinien qui, dans le cas où le représentant a abandonné la chose qu'il avait mission de détenir, reconnaissent, sans hésiter, au seul fait de l'intrusion d'un tiers, réalisée même à l'insu du possesseur, cette puissance d'anéantir sa possession. Or il y a un *a fortiori* bien légitime à conclure de ces textes que tel doit être l'effet de l'intrusion d'un bien quand elle s'opère avec la complicité effective du représentant.

Telle est aussi la solution, que, dans un passage d'Aulu-Gelle (XI, 18, 13), nous trouvons donnée à la question que nous examinons en ce moment :

« Inveniet Sabini librum (cui titulus est de furtis), in quo id
« quoque scriptum est, quod vulgo inopinatum est, non hominem
« tantum neque rerum moventium quœ efferi occulte et surripi pos-
« sunt, sed fundi et œdium furtum fieri : condemnatum quoque
« furti colonum, qui fundo, quem conduxerat, vendito, possessione
« ejus dominum intervertisset. »

Sans doute, cette théorie, d'après laquelle les immeubles pouvaient faire l'objet d'un *furtum*, ne prévalut point, puisque le langage de Gaïus (l. 28. *De us.* et *usurp.* XLI, 3) permet de croire qu'elle n'était même plus soutenue de son temps :

« Abolita est enim quorumdam veterum sententia existiman-
« tium fundi locive furtum fieri. »

Mais la seule question qui soit désormais tranchée, est que le *furtum* ne saurait exister indépendamment d'une *contrectatio rei* et que, par suite, la nature même des choses s'opposant au détournement des immeubles, ceux-ci ne peuvent faire l'objet d'un *fur-*

tum, sans qu'il soit nullement nécessaire que les Romains aient dû par là même ne plus admettre la perte de possession que le *furtum* supposait sans doute mais qui n'était nullement liée à son admission. Or le texte d'Aulu-Gelle montre avec évidence que, pour ceux qui croyaient devoir l'admettre, la perfection du *furtum,* et partant la perte de la possession de l'immeuble, n'était nullement subordonnée à la connaissance qu'avait le possesseur de l'acte par lequel son représentant l'avait dépouillé.

D'ailleurs, dans l'opinion que nous combattons, il faudrait refuser l'usucapion à celui qui, de bonne foi, a acheté la chose à notre représentant et lui en a payé le prix, puisque *plures eamdem rem in solidum possidere non possunt,* et c'est bien là un résultat de nature à condamner la doctrine qui y conduit. De plus, si on suppose que l'acheteur livre la chose à un autre, qui la remet lui-même à un troisième acquéreur, devra-t-on maintenir la possession du représenté, par cela seul que ces traditions successives se sont opérées arrière de lui et, si la nature même des choses proteste contre une telle extension donnée à une fiction, quand doit-on dire que la possession sera perdue ?

Je me prononcerais donc sans hésiter contre cette opinion si je ne me trouvais en présence d'un texte de Paul qui me paraît la consacrer formellement, en décidant que nous ne perdons la possession d'un immeuble que lorsque telle est notre volonté ou quand nous en sommes chassés.

C'est la loi 3, 9 (*de acq. vel am. pos.*) :

« Nam constat nos possidere donec aut nostra voluntate dis-
« cesserimus aut vi dejecti fuerimus. »

Et, comme le fait remarquer de Savigny, ce texte est d'autant plus probant, que, en le rapprochant des paragraphes précédents, il est facile de voir que le jurisconsulte veut proclamer le principe général qui lui a dicté les solutions qu'il vient de rapporter.

C'est ainsi que, dans le paragraphe 6, il commence par établir l'influence déterminante de la volonté du possesseur sur la conservation ou la perte de la possession ; que, dans le paragraphe suivant, il lui reconnaît la puissance de soutenir à lui seul une possession en fait interrompue ; que, dans le paragraphe 8, il décide que la possession est perdue, quand, au jour où il connaît l'intrusion d'un tiers, il ne la fait pas cesser. Puis, dans ce même paragraphe, passant à l'examen du cas où la possession est exercée *corpore alieno*, il reconnaît à l'*animus domini*, se continuant chez le possesseur, l'effet de maintenir la possession alors que le représentant ne l'exerce plus. Enfin, dans le paragraphe 9, il constate que la tradition consentie par le possesseur lui fait perdre la possession et là-dessus le jurisconsulte présente la conclusion qui ressort de toutes ses solutions : *constat nos possidere donec aut nostra voluntate discesserimus, aut vi dejecti fuerimus.*

Nous avons présenté ce texte en nous tenant à la version des Florentines ; mais les manuscrits diffèrent, et, comme le texte est ici d'une importance capitale, il est utile d'examiner si, en dépit des versions différentes, il a une autorité capable de servir de fondement à la doctrine qu'il permet de soutenir.

Une seconde version porte : « Et si alii tradiderint (alias tra-« diderit) amitto possessionem. Nam constat nos possidere donec « aut nostra voluntate discesserimus aut vi dejecti fuerimus. »

Cette version est inadmissible. Sans doute, si, après avoir prévu l'interruption matérielle de la possession résultant soit de la mort, soit de l'abandon du représenté, il semble naturel que Paul s'occupe du cas où le représentant a livré à un tiers la possession qu'il détenait, la suite du texte devient alors parfaitement incompréhensible, puisque Paul y affirme une règle qu'il viendrait de méconnaître, bien plus, qu'il présente comme dictant les solutions par lui données.

Reste une troisième version, celle de la Vulgate : « Et si alii « tradiderint, amitto possessionem. Nam constat possidere nos

« donec aut nostra voluntate discesserint aut vi dejecti fuerint
« (alias discesserit.... dejectus fuerit). »

Ici la contradiction flagrante, qui nous a permis de repousser,
sans hésitation, la version précédente, n'existe plus entre les deux
phrases de notre paragraphe, mais il faut bien avouer alors que
le sens général est loin d'être satisfaisant : c'est ce que reconnaît
même un des défenseurs les plus autorisés du texte de la Vulgate
(Witte, Linde's Zeitscher XVIII, n° XV, p. 274 et suiv.). En
effet, au lieu d'avoir une portée générale, la partie finale de notre
paragraphe ne viserait que la possession exercée *corpore alieno*
et, des deux décisions qui y sont rappportées, il en est une au
moins, la première, que son évidence permettait trop aisément de
suppléer pour qu'on se résigne à admettre que Paul ait cru devoir
la donner et surtout la donne dans les termes où il l'établit :

*Nam contast possidere nos donec aut nostra voluntate disce-
nerint.....*

Au contraire, le sens général que présente le passage, avec la
version des Florentines, est, comme nous l'avons vu, parfaitement
enchaîné et logiquement déduit. Si on peut aussi, comme nous
l'avons fait pour la version de la Vulgate, lui reprocher une solution d'évidence, la perte de la possession en cas de tradition émanant du possesseur, le reproche doit singulièrement s'atténuer
quand on songe à la conclusion générale à laquelle Paul veut
arriver et qu'il établit dans le paragraphe 9 *in fine* : *Constat,
nos...* Du reste même dans une tradition, émanant du possesseur,
la perte de la possession ne pouvait-elle parfois faire doute, à une
époque surtout où l'élément intellectuel de la possession, déjà nettement dégagé du matérialisme primitif, tendait partout à s'affirmer, et même à prédominer sur le fait. Je n'en veux d'autre
preuve que cette solution, par laquelle Ulpien croit devoir prévenir ce doute, en précisant, dans la loi 17,1 (*De Acq. vel Am.*

Pos.), la différence, qui, à ce point de vue, existe entre la propriété et la possession :

« Differentia inter dominium et possessionem hæc est, quod
« dominium nihilominus ejus manet qui dominus esse non vult;
« possessio autem recedit ut quisque constituit nolle possidere.
« Si quis igitur ea mente possessionem tradidit, ut postea ei res-
« tituatur, desinit possidere. »

Enfin, et c'est d'ailleurs ce qui me décide à adopter de préférence la version des Florentines, le texte grec des Basiliques (II, 2,9), la reproduit exactement : Ἐι δε ἄλλῳ παραδῶσω, ἀπώλεσα νομῆς γὰρ ἤ προαιρέσει, ἢ βίᾳ ἀναχωροῦμεν, et, en présence de cette concordance, il me paraît bien difficile de supposer une altération et d'infirmer ainsi l'autorité de notre texte.

Il faut donc nous résigner à admettre que, déjà au temps de Paul, la solution qui, à notre avis, découle des principes, solution qui est aussi celle de plusieurs textes, rencontrait des contradicteurs, à moins de supposer, ce qui n'a rien d'exhorbitant, que le texte de Paul ne nous soit parvenu que remanié par les rédacteurs du Digeste.

Reste à savoir dans quel sens Justinien a définitivement tranché la controverse, si tant est qu'elle ait jamais existé. A mon sens, cette question ne saurait faire doute, puisqu'elle est tranchée par un texte formel, la loi 12, C. (De Acq. vel Ret. VII, 32), émanant de Justinien lui-même, texte qui reproduit la solution résultant de la loi 3,9 que nous venons d'examiner.

Toutefois ce point même est controversé.

Il l'était au moyen-âge : c'est ainsi que Cujas (1) et Antonius Faber (2) maintiennent que la solution d'Africain et de Papinien

____

1. Sur la loi 3, 9, tome VIII (p. 258).
2. *De err. pragm.*, IV, 2.

ēst encore celle de Justinien, tandis que Vinnius (1) se prononce dans le sens que nous venons d'indiquer.

Il est encore discuté aujourd'hui, et M. Maynz (2), qui d'ailleurs ne croit pas que la loi 3,7 suffise à démontrer l'existence dans le droit antérieur, d'une controverse sur ce point, se refuse à admettre que Justinien ait changé la doctrine des jurisconsultes classiques. Pour lui, Justinien, dans la loi 12, a voulu seulement trancher la controverse, qui, ainsi que le prouve l'autinomie des lois 40,1 et 31 d'une part, et des fragments 3,8 et 44,2 d'autre part (De Acq. vel Am. Pos.), avait divisé les jurisconsultes, dans le cas où le représentant abandonne la possession à lui confiée. Il ressort en effet, avec évidence, du texte de Justinien, qu'il veut trancher une controverse. Or, comme M. Maynz n'admet pas qu'elle ait jamais existé, à l'époque classique, sur le point que nous traitons, il est naturellement conduit à décider que ce n'est point de notre question que Justinien s'occupe dans loi 12 précitée.

Sans doute, c'est bien là, nous l'avons dit, la doctrine qui nous semble la plus conforme à tous les principes du droit romain, en matière de possession : voilà pourquoi nous avons hésité à admettre que, dans la loi 3, 9, elle fut consacrée par Paul, jurisconsulte évidemment soucieux d'obéir aux traditions et aux principes du droit qu'il interprétait. Mais les mêmes scrupules ne sauraient nous retenir, quand nous trouvons cette solution formellement écrite, à notre avis, dans un texte de Justinien, qui n'hésite point à rompre avec des principes traditionnels quand l'équité, telle qu'il l'entend, y réclame une dérogation.

Pour de Savigny (3), qui, contrairement à l'opinion par

1. Sur le p. 5 Inst. *De interdictis.*

2. Tom. I, p. 87, note 11 et 12.

3. Nous avons vu que, sur la loi de plusieurs manuscrits il lit, dans la loi 40, I (De acq. vel am. Pos.), *idem* au lieu de *aliud* contrairement au texte conforme des Florentines et des Basiliques.

nous présentée, ne trouve pas, dans nos sources, trace de la controverse que, suivant M. Maynz, Justinien aurait, dans la loi 12 (C. De acq. vel ret. Pos) pour seul but de trancher, l'argument est le même que pour M. Maynz à l'appui de l'opinion contraire.

Cet argument est naturellement inadmissible pour nous et si nous nous rangeons à l'opinion de l'éminent romaniste, c'est que nous la trouvons, comme lui du reste, formellement écrite dans la loi 12 (C. *De acq. vel am. Pos.*) :

« Si quis, per quem licentia est nobis possidere, corporaliter
« nactam possessionem cujuscumque rei dereliquerit, vel alii
« prodiderit absidia forte vel dolo, ut locus aperiatur alii eamdem
« possessionem detinere : nihil penitrs domino prejudicii gene-
« retur : ne ex aliena malignitate alienum damnum emergat. »

Les deux hypothèses, l'abandon par le représentant, la tradition par lui faite à un tiers, sont nettement indiquées dans le texte, et dans ces deux hypothèses Justinien donne la même solution : *nihil penitus domino prejudicii generetur*. Or il n'est pas admissible qu'en donnant cette solution, Justinien n'ait pas eu en vue la perte de la possession, puisque c'est là le préjudice, qui résulte directement et immédiatement de l'acte du représentant et, par suite, celui-là surtout qui devait se présenter à lui.

Enfin, la conclusion non moins générale qu'énergique qui termine le texte :

« Hoc et enim ut dominus nullo modo aliquod discrimen susti-
« neat ab his quos transmiserit, »
me semble absolument incompatible avec l'opinion que nous combattons (1).

Reste une dernière question à examiner sur ce texte : celle de

---

1. Voyez en ce sens Keller (1861 Paudectes, § 122, p. 235) et c'est bien aussi dans le même sens que paraît se prononcer M. Accarias (Tom. I, p. 515, note 1).

savoir s'il est applicable à la possession des meubles comme à la possession des immeubles.

L'affirmative me paraît bien résulter des expression tout à fait générales qu'emploie Justinien : *possessionem cujuscumque rei dereliquerit*..... expressions, qui ne se comprendraient guères, si Justinien n'avait entendu parler que de la possession immobilière. Seulement il résulte de la nature même des choses que la question est loin de se poser aussi souvent en matière de possession mobilière qu'à propos de la possession des immeubles, et, partant la décision de Justinien est loin d'avoir dans les deux cas, la même importance.

En effet ce que veut Justinien, tel est du moins la volonté qu'il exprime nettement dans la loi que nous venons d'examiner, c'est que la possession, exercée par un mandataire, ne puisse être perdue par suite de l'infidélité de celui-ci. Or, la seule interprétation, qu'il soit raisonnable de donner à cette volonté, est évidemment que le possesseur, qui exerce la possession par l'intermédiaire d'autrui, doit être mis dans la même situation que s'il l'exerçait par lui-même. car il est impossible de l'entendre en ce sens que la possession, exercée *corpore alieno*, puisse se continuer en dépit d'un fait, qui, alors qu'il proviendrait même de l'infidélité du représentant, aurait pour résultat de dépouiller le possesseur, dans le cas où ce dernier eût lui-même exercé sa possession. Dès lors, il est facile de voir que bien différente est la portée de la règle donnée par Justinien suivant qu'il s'agit d'un meuble ou d'un immeuble.

S'agit-il d'un immeuble, comme dans le cas où il exerce lui-même sa possession le possesseur ne la peut perdre que s'il vient à subir une *defectio*, ou si, expressément ou tacitement, il manifeste un *animus non possidendi*, la décision de Justinien a pour conséquence de le placer dans une situation identique au cas où il possède *corpore alieno*.

Au contraire, dans le cas où le possesseur détient lui-même les objets mobiliers qu'il possède, il en perd la possession, aussitôt que, dans le but de s'en emparer, un tiers exerce sur eux, même à son insu, le pouvoir physique qu'elle suppose. Dès lors décider que la perte de la possession, exercée *corpore alieno*, ne peut désormais résulter de l'infidélité du représentant ne saurait, à mon avis, signifier qu'une chose : c'est que, même par un détournement effectif de la chose à lui confiée, le représentant ne peut plus s'en approprier la possession. Aller plus loin et notamment maintenir la possession du représenté, quand un autre l'exerce à la suite d'une tradition, émanant du représentant, par cela seul qu'elle s'est opérée arrière du possesseur, alors que, étant donnée la facilité avec laquelle les meubles se déplacent, le représentant ne pourra jamais en réalité ressaisir, ni peut être même tenter de ressaisir cette possession qu'on veut supposer existant à son profit, me paraît vraiment exhorbitant et la nature même des choses proteste contre une pareille doctrine, qui, dans une matière surtout de fait, telle que la possession, en arriverait à substituer absolument la fiction à la réalité.

Or, Justinien ne me paraît nullement être allé jusque là, sinon, comme il est d'évidence qu'on ne peut plus facilement perdre la possession qu'on détient soi-même que celle exercée *corpore alieno*, il faudrait admettre, ce qu'aucun texte ne permet de supposer, qu'il ait étendu aux meubles la règle qu'à la suite dés jurisconsultes classiques, il ne donne que pour les immeubles : *Ille non possidet qui clam possidet*, règle que la nature même des choses empêche d'appliquer à la possession mobilière.

Ainsi donc, appliquée aux meubles, la loi 12, C. (De ac. 9, vel am. pos.), signifie seulement que même par un acte, réunissant les éléments d'un *furtum*, le représentant est désormais incapable de s'approprier la possession à lui confiée et, par suite, elle me paraît inapplicable quand la possession a passé aux mains d'un autre que le représentant, alors que ce résultat s'est produit avec la complicité de ce dernier.

Jusqu'à présent, nous avons, dans toutes nos explications, supposé que la possession appartenait à un seul possesseur, il nous faut maintenant dire un mot du cas où elle est exercée *pro indiviso* par plusieurs co-possesseurs. Dans cette hypothèse, chacun d'eux ne possède en réalité que la part à laquelle il peut prétendre, puisque c'est à celle là seule que s'applique son *animus possidendi*; si, par suite, il détient la totalité de la chose, ce ne peut-être que comme représentant de ses co-possesseurs qui, par son intermédiaire, conservent même *corpore* leur possession.

Ce point est utile à dégager dans le cas où l'un des copossesseur a éprouvé une *dejectio*, qui, l'atteignant seul, a permis à un de ses copossesseurs de se maintenir dans l'immeuble dont il était chassé : alors, malgré la *dejectio* par lui subie, il ne perd même pas *corpore* sa possession, puisqu'il continue à l'exercer par celui de ses copossesseurs resté en possession et que la possession, exercée *corpore alieno*, ne cesse qu'au jour où le représentant est lui même *dejectus*.

Il en résulte qu'un tiers ne peut s'emparer de la possession d'un immeuble possédé *pro indiviso*, s'il n'agit de telle sorte qu'aucun des copossesseurs ne réussisse à se maintenir dans l'immeuble.

Si maintenant nous supposons qu'un des copossesseurs veuille s'approprier la possession des autres, il ne peut le faire que conformément aux règles par nous données ci-dessus, c'est-à-dire qu'il ne le peut sans une *contrectatio* s'il s'agit d'un meuble, indépendamment d'une *dejectio* si c'est un immeuble qui fait l'objet de la copossession.

Enfin s'il veut faire acquérir à un tiers non-seulement sa propre part, mais encore les parts de ces copossesseurs, on doit aussi appliquer les règles que nous venons de préciser dans l'hypothèse où le représentant veut faire acquérir à un tiers la possession du représenté.

En résumé, on ne trouve aucune règle spéciale au cas, où, au lieu d'être exercée par un seul, la possession appartient indivisément à plusieurs: copossession et possession se perdent suivant les mêmes règles.

CHAPITRE II

DES EFFETS DE L'INTERRUPTION NATURELLE

Déjà, au début de nos explications, nous avons signalé l'étroite corrélation établie par les textes entre la perte de la possession et l'interruption naturelle du cours de la prescription, corrélation qui, du reste, découle avec assez d'évidence de la nature même des choses pour que nous n'ayons pas à revenir et à insister sur ce point. Ainsi dès que la possession est perdue et par cela seul qu'elle est perdue, le cours de la prescription doit être arrêté et c'est là un résultat qui nécessairement se produit *erga omnes* :

« Naturaliter interrumpitur possessio cum quis de possessione « vi dejicitur, vel alicui res eripitur : quo casu non adversus eum « tantum qui eripit interrumpitur possessio sed adversus omnes (1). »

C'est qu'en effet le fait même, qui produit l'interruption, la perte de la possession, est un fait matériel, qui, comme tout fait de cette nature, est par essence absolu, en ce sens que, perdue à l'égard de l'un, il est impossible que la possession subsiste au regard d'un autre, et s'il en est ainsi du fait lui-même, il doit en être nécessairement de même des effets qu'il peut produire. Ces effets sont donc absolus quel que soit l'acte ou le fait d'où résulte la perte de la possession, qu'il émane du propriétaire de la chose usurpée, d'un autre usurpateur ou même d'un cas fortuit, alors que la possession est perdue *corpore*, alors qu'elle serait perdue *animo solo*, même à la suite d'une simple reconnaissance émanée du possesseur.

Vainement, dans ce dernier cas prétendrait-on objecter que les effets

1. Gaïus I, 5. *De us.* et *Usurp.* XLI, 3.

d'nn contrat, et telle est bien la reconnaissance, ne peuvent être invoqués par d'autres que les parties contractantes ; c'est là une objection qu'il est facile de repousser.

En effet, aussi bien l'usucapion que la *prescriptio longi temporis* ne se peuvent achever qu'au profit de celui qui, pendant le laps de temps requis, a possédé *animo domini*. Or, du jour où il a reconnu le droit d'un autre, le possesseur est devenu un simple détenteur, incapable désormais de parfaire l'usucapion ou la *præscriptio longi temporis* qu'au jour de la reconnaissance il pouvait être en voie d'accomplir. Sans doute cette transformation de la possession en simple détention, je ne la puis prouver qu'en établissant le contrat constitutif de la reconnaissance; mais est-ce, en réalité, d'un effet de ce contrat que je prétends me prévaloir quand je l'invoque à l'effet seul d'établir que, du jour où il a existé, a cessé la possession qui est la condition nécessaire de toute *usucapio* comme de toute *præscriptio*. Ce n'est pas alors les effets de ce contrat que j'invoque, mais la perte de possession qu'il constate et cette constatation on ne la peut prétendre faite seulement au regard des parties contractantes, car il est impossible d'étendre au fait même de la formation et de l'existence d'un contrat, une règle vraie seulement des effets qu'il peut produire.

Ainsi donc partout où, dans le chapitre précédent, nous avons reconnu que cessait la possession nous devons décider que ne peut continuer à courir le délai, soit de l'*usucapio*, soit de la *præscriptio* qu'elle pouvait être en voie de fonder.

Sachant à l'égard de quelles personnes, ils se produisent, il nous faut maintenant préciser quels sont au juste ses effets. Or c'est là une détermination qui ne présente pas de grandes difficultés, car tous ils se rattachent à cette même idée que l'usucapion comme la *præscriptio longi temporis* ne peuvent être obtenues que par une possession continuée, sans interruption, pendant tout le délai légalement exigé. Il en résulte que si, avant l'expiration de ces délais, la possession vient à être perdue, ne fût-ce qu'un instant, elle ne peut désormais entrer en ligne de compte avec une possession ultérieurement reprise, à l'effet de parfaire les délais de l'usucapion ou de la *præscriptio longi temporis*, de telle sorte que le bénéfice de la possession précédemment exercée est à jamais anéantie. Ce sont là, à proprement parler, les seuls effets de l'interruption naturelle, c'est-à-dire ceux qu'elle entraîne nécessairement par cela seul qu'elle s'est produite. Sans doute, comme nous le verrons, elle en peut accidentellement produire d'autres, mais ce n'est qu'indirectement par ce fait qu'elle oblige le possesseur à commencer une possession nouvelle.

Et d'abord que la possession antérieure à l'interruption soit désormais non avenue, c'est ce qui résulte avec évidence de l'examen des textes.

D'une part ils exigent un *continuum tempus* : Paul le dit formellement pour l'usucapion de meubles dans la loi 31, 1 (De us. et usurp. XLI, 3) et, plus généralement encore, Modestin en établit la nécessité par la définition même qu'il donne de l'usucapion :

« Usucapio est adjectio dominii per continuationem possessionis temporis lege definiti (l. 3 eodem).»

C'est ce qui pour la prescriptio longi temporis est aussi nettement établie par la loi 2 (C. de pr. VII, 33) ainsi que par les fragments 3 et 4 des sentences de Paul (V, 2).

D'autre part ils décident que le dépossédé ressaisit la chose dont il s'est vu dépouiller, c'est une possession nouvelle qu'il commence et non l'ancienne qu'il continue et ce point nous le trouvons nettement constaté par Paul (l. 15, 2. De us. et usurp. XLI, 3) dans le cas où un possesseur, dépouillé de la possession d'une chose qu'il était *in via usucapiendi*, parvient à ressaisir cette possession, et par Julien (l. 7, 4 pro emptore, 3), alors que la possession fondait non une usucapion, mais une *præscriptio longi temporis*.

Du rapprochement de ces textes, il ressort avec évidence que, dès qu'une possession a été perdue, elle ne peut plus entrer en ligne de compte dans le calcul du délai de l'usucapion ou de la *præscriptio longi temporis*, en d'autres termes la perte de la possession, dès qu'elle s'est produite, est un fait accompli dont les effets ne sont pas susceptibles d'être effacés ou modifiés par des évènements ultérieurs ; la possession a été perdue, c'est un fait qui s'impose : *res facti infirmari jure civili non potest*, il en est de même des effets qu'il a pu produire. Vainement donc le possesseur dépouillé a-t-il un interdit qui lui permette de reprendre sa possession, vainement même, en intendant cet interdit, est-il arrivé à la ressaisir, il ne peut prétendre ainsi effacer les effets qu'a pu produire la dépossession qu'il a subie, effets qui s'impose comme le fait même dont ils découlent. D'ailleurs, si un *interdit recuperandæ possessionis* n'est possible, s'il ne se conçoit qu'au profit de celui qui a eu une possession, il est non moins évident, sa fonction, sa qualification même l'indique, qu'il ne saurait appartenir qu'à un possesseur dépouillé de sa possession.

Il est bien vrai qu'un texte, la loi 1, 45 (*De vi*, XLIII, 16) (1), semble décider que cet interdit peut appartenir à un possesseur actuel, mais le contexte oblige nécessairement à lire *possedit* au lieu de *possidet*, ou à suppléer une négation sans laquelle il devient impossible de saisir la pensée du jurisconsulte.

Il en résulte que le fait même d'intenter un interdit *recuperandæ possessionis* est un aveu qui, par cela même qu'il a pour but de la faire cesser, constate bien d'une façon irrémédiable l'usurpation qu'il suppose.

---

1. Voici ce texte :

Non alii autem quam ei qui possidet interdictum Unde Vi competere argumentum præbet quod apud Vivianum relatum est si quis me vi dejecerit, meos non dejecerit non posse me hoc interdicto experiri quia per eos retineo possessionem qui dejecti non sunt.

C'est pourtant le contraire qui semble, à première vue, résulter d'un texte bien connu d'Ulpien, la loi 17, pr. (*De acq. vel am. pos.* XLI, 2) :

« Si quis de possessione vi dejectus sit perinde haberi debet
« ac si possideret ; cum interdicto unde vi recuperandæ possessio-
« nis facultatem habeat. »

Mais il est bien certain que telle ne peut être la portée d'un texte, qui, interprété ainsi, irait à l'encontre de toutes les notions du droit romain sur la possession, d'autant plus qu'il est facile de lui donner un sens bien plus conciliable avec les idées romaines. Et d'abord n'est-ce pas donner de ce texte une explication bien plus satisfaisante que de croire qu'Ulpien n'entend nullement ici établir une fiction juridique, qui ne se conçoit guère que dans un droit spiritualiste, mais veut simplement exprimer un résultat pratique : tant qu'elle peut être recouvrée, on ne peut considérer la possession comme perdue. Du reste, même en conservant à ce texte la portée juridique qu'on veut lui attribuer, il est possible de le concilier avec l'ensemble de la théorie romaine sur la possession : il suffit de la restreindre *inter litigantes*, c'est-à-dire de ne l'admettre que dans les rapports entre le *dejectus* et le *dejiciens*. Alors il est bien vrai de dire que le *dejectus* peut toujours être considéré comme possesseur puisque, à son égard, le *dejiciens* ne peut invoquer la possession qu'en fait pourtant il exerce. Bien plus, grâce à la portée spéciale de l'interdit *Utrubi* et à l'extension donnée à l'interdit *Uti possidetis*, on peut même dire que cette idée reçut, à Rome, toute la portée d'une véritable fiction juridique, et ici nous paraissons admettre avec Sabinus et Trébatius que deux possessions peuvent simultanément appartenir sur la même chose à deux personnes distinctes. Il n'en est rien cependant, et, avec Labéon et Paul, nous repoussons une explication qui arrive à dénaturer la notion même de la possession.

C'est qu'il est, en effet, possible d'expliquer autrement que par cette idée, la fiction qui semble avoir été admise par les jurisconsultes romains. La possession ne peut appartenir qu'à un seul : en fait, ce peut être un autre que le possesseur qui l'exerce, car la possession, au moins à l'époque classique, n'étant pas inséparablement liée à son exercice matériel, peut ne point appartenir en réalité à celui qui en est matériellement nanti. Il n'en résulte nullement que les tiers puissent ne point tenir compte d'un état de fait qu'il n'appartient qu'au possesseur de méconnaître et de faire cesser. Or si, dans ce but, ce dernier a l'imprudence d'employer un moyen impliquant que l'usurpation, commise à son préjudice, est allée jusqu'à le déposséder, et tel est évidemment l'interdit *Unde vi*, il y a là la constatation d'un fait qui s'impose et dont la loi, étant données surtout les idées romaines, est obligée de tenir compte : *res facti infirmari jure civili non potest.*

D'autre part, serait-il possible, après la restitution obtenue par l'interdit *Unde vi*. de considérer le *dejiciens* comme étant l'auteur du *dejectus* et, à ce titre, autoriser l'*accessio possessionum?*

En ce sens, on pourrait invoquer le fr. 13, 9 (De acq. vel am. pos.) qui admet l'*accessio* à la suite d'une restitution obtenue sur l'ordre du juge :

« Si jussu judicis res mihi restitua est, accessionem esse mihi
« daudam placuit. »

Mais ce texte, avec la portée qu'on veut lui donner, ne peut avoir en vue que l'*accessio*, telle qu'elle fonctionnait dans l'interdit *Utrubi*, et c'est bien, du reste, cette *accessio* dont, en général, on reconnaît que s'occupe la loi 13. Quand, en effet, en matière d'usucapion, il peut s'agir de réunir, grâce l'*accessio temporis*, la possession du détenteur actuel avec celle de celui qui l'exerçait avant lui, c'est une réunion qui ne se peut faire que si les deux possessions sont utiles *ad usucapionem* et telle n'est pas évidemment la possession du *dejiciens.*

En résumé donc, s'il est impossible de ne pas tenir compte de la dépossession que constate l'interdit *Unde vi*, si, d'autre part, on ne peut considérer le *dejiciens* comme auteur du *dejectus*, il faut bien se résigner à admettre que le bénéfice de la possession antérieure à la perte est à jamais perdu, puisque l'interruption qui s'est produite dans le cours de la possession, n'est pas susceptible d'être effacée.

La même solution s'impose quand c'est au moyen de la publicienne que se trouve reprise la possession perdue, car le fait même d'intenter cette action constate la perte de la possession d'une façon aussi évidente que le fait d'intenter un interdit *recuperandæ possessionis*. D'une part, en effet, elle n'est accordée qu'au possesseur, qui, étant *in viâ usucapiendi*, s'est vu dépouiller de la possession ; d'autre part, à l'image de la *rei vindicatio*, elle n'est donnée que contre celui qui possède la chose dont le demandeur veut obtenir la restitution. C'est donc nécessairement une nouvelle possession que doit, alors qu'il triomphe, commencer le demandeur, puisque, à moins d'une fiction contraire aux idées romaines, il est impossible de considérer l'ancienne comme n'ayant pas cessé d'être exercée.

En est-il de même quand c'est par la voie d'un interdit *retinendæ posessionis* que le possesseur recouvre la possession par lui perdue ?

Et d'abord que telle puisse être la portée d'un interdit *retinendæ possessionis*, c'est ce qu'il est facile de mettre en lumière. Pour l'interdit *Utrubi*, cela n'est pas de nature à faire l'objet d'un doute, puisque sa formule, telle qu'elle nous a été conservée par Ulpien :

« Prætor ait : utrubi hic homo, quo de agitur, majore parte « hujusse anni fuit : quominus is eum ducat vim fieri veto » (l. 1, pr. de Utrubi, XLIII, 31)..., démontre surabondamment que, presque toujours, il devait fonctionner comme interdit récupératoire, alors surtout qu'on rapproche cette formule des par. 151 et 152 du quatrième commentaire de Gaïus :

« ... Itaque si tu, verbis gratia, anni mensibus possederis prio-
« ribus V, et ego VII posterioribus, ego potior ero quantitate men-
« sium possessionis. »

Et du fragment 1, in fine, des sentences de Paul (5, 6).

... In altero vero (il oppose l'interdit Utrubi à l'interdit Uti
« possidetis) potior est qui majore parte anni retrorsum numerati
« nec vi, nec clam, nec precario possedit. »

Enfin, le langage même de Justinien (p. 4 in fine, Inst. IV, 15) démontre clairement que, si, à son époque, l'interdit *Utrubi* n'assure la victoire qu'à celui qui, au jour de la *litis contestatio*, a une possession actuelle, exempte de vices à l'égard de son adversaire, toute autre était sa portée dans le droit antérieur.

C'est même cette portée particulière de l'interdit *Utrubi* qui permet d'expliquer et de justifier l'absence d'un interdit *recuperandæ possessionis*, destiné à protéger la possession des meubles, possession qui, à Rome, eût été absolument précaire si l'interdit *Utrubi* avait été purement *retinendæ possessionis*. L'organisation des différentes actions, qui, en punissant la soustraction des meubles, en assurent indirectement la possession (les actions *furti, bonorum vi raptorum vel ad exhibendum*), ne suffirait point à combler cette lacune et il est au moins probable de supposer qu'Ulpien, qui la justifie par ce fait que le dépossédé peut recourir à l'une de ces actions, indiquait aussi l'interdit *Utrubi*, mention qu'il est tout naturel de ne plus trouver faite dans un texte, remanié par Justinien, puisque la fonction récupératoire de notre interdit est alors supprimée. D'ailleurs, en matière mobilière, l'utilité d'un interdit purement *retinendæ possessionis* ne se conçoit guère, puisque la question de la possession actuelle d'un meuble n'est jamais de nature à présenter les doutes et les difficultés auxquels elle peut donner lieu, alors qu'il s'agit de la possession d'immeubles.

Si tel est le résultat de l'interdit *Utrubi*, tel peut être aussi celui de l'interdit *Uti possidetis :* sa formule même l'indique non moins clairement que celle du premier :

« Uti eas cedes, de quibus agitur, nec vi, nec clam, nec pre- « cario alter ab altero possidetis : quominus ita possideatis, vim « fieri veto. »

Et il n'est pas possible de méconnaître la portée de cette formule en présence des textes qui en développent les conséquences. Il suffit de se reporter au paragraphe 150 du quatrième commentaire de Gaïus, ainsi qu'au passage correspondant des Institutes de Justinien (§ 4, de interd. IV, 15) et surtout de citer la loi 1, 9 (Uti possidetis, XLIII, 17), dans laquelle Ulpien explique la partie de la formule relative au point qui nous occupe :

« Quod ait prætor in interdicto : nec vi, nec clam, nec precario « alter ab altero possidetis, hoc eo pertinet ut si quis possidet vi, « aut clam, aut precario, si quidem ab alio, prosit ei possessio ; si « vero ab adversario, non debcat eum propter hoc, quod ab eo possi- « det vincere ; has enim possessiones non debere proficere palam est. »

Le juge ayant, dans notre interdit, à résoudre la question de savoir : *Uter potior sit in interdicto*, doit y répondre sans tenir compte d'une possession actuelle dont l'origine serait vicieuse à l'é-gard de l'adversaire : *Has enim possessiones non debere proficere palam est.*

C'est par ces considérations que se justifie la solution admise par Ulpien, et nullement par l'explication juridique qu'en avait donnée Trebatius, en admettant la possibilité du concours sur la même chose de deux possessions distinctes pourvu qu'une seule d'entre elles soit une *possessio justa*, explication qu'Ulpien repousse par un argument *ad absurdum* dans la loi 3 pr. (*eodem*).

D'ailleurs il faut remarquer que c'est, en définitive, seulement dans le cas où la possession est entâchée de violence ou, du moins dans certaines hypothèses, de précarité, que notre interdit a véritablement une portée récupératoire. Et en effet, relativement au vice de clandestinité, l'interdit ne pouvait plus avoir une telle portée avec la règle admise au temps des Sévère : *ille non possidet qui clam possidet*. De même dans l'hypothèse d'une *precarium* la règle : *nemo ipse sibi causam possessionis mutare potest*, rend la portée récupératoire de notre interdit inutile toutes les fois que c'est le *rogans* qui se trouve en présence du *rogatus*. Restent le cas de violence et le cas où c'est un autre que le *rogans* qui, dans notre interdit, se trouve l'adversaire du *rogatus* : alors l'interdit *Uti possidetis* a incontestablement une portée récupératoire. C'est même cette portée particulière de l'interdit *Uti possidetis*, qui seule permet de donner une explication satisfaisante d'un texte parfaitement incompréhensible, si notre interdit avait été purement *retinendæ possessionis*. C'est la loi 12, 1 (De Acq. vel Am. Pos. XLI, 2) :

« Nihil commune habet proprietas cum possessione : et ideo
« non denegatur ei interdictum Uti possidetis, qui cœpit rem vin-
« dicare ; non enim videtur possessioni renunciasse, qui rem vin-
« dicavit. »

Il me paraît donc hors de doute que, bien que qualifiés *retinendæ possessionis*, les interdits *Utrubi* et *Uti possidetis*, avaient souvent, en réalité, l'un et l'autre, pour but et pour effet de faire recouvrer une possession perdue.

Dès lors se pose la question de savoir si la possession ainsi recouvrée n'est que la continuation de l'ancienne ou si c'est, au contraire, une nouvelle possession que doit commencer l'ex possesseur. Or, partout, nos interdits sont qualifiés *retinendæ possessionis*, qualification qui ne se comprendrait vraiment pas si, alors qu'ils fonctionnent en réalité comme *recuperandæ possessionis*, ils n'avaient point pour effet de réintégrer le possesseur dans la possession par lui précédemment perdue.

Sans doute, ce résultat peut paraître peu conforme à la réalité, mais n'est-il pas possible de tout concilier par une fiction, qui n'a du reste rien d'exorbitant puisqu'elle ne conduit point à méconnaître la règle : *Plures in solidum eamdem rem possidere non possunt.* Cette règle exprime, en effet, une impossibilité physique, mais elle ne me paraît nullement incompatible avec l'existence d'une fiction juridique, en vertu de laquelle le dépossédé continuerait à rester, *erga omnes*, le véritable possesseur, fiction que, du reste, nous ne justifions nullement en disant avec Sabinus et Trebatius que, pourvu qu'une seule d'entre elles soit *justa*, deux possessions peuvent très bien concourir sur la même chose au profit de deux personnes distinctes : cette explication, nous l'avons dit, est incompatible avec l'idée même de possession qu'il est impossible, par suite du pouvoir essentiellement exclusif qu'elle implique, de supposer existant *in solidum* au profit de plusieurs. Il est au contraire fort possible et tout naturel de l'expliquer en disant que le dépossédé seul a la possession ; sans doute elle est exercée par un autre mais, à l'époque classique, l'existence de la possession n'est pas inséparablement liée à son exercice matériel, et si les tiers doivent en respecter l'exercice aux mains de l'usurpateur, ce n'est point parce qu'il a une *possessio*, même *injusta*, mais par cette considération qu'ils doivent respecter un état de fait que laisse se prolonger le possesseur à qui seul il appartient de le faire cesser.

Grâce à cette fiction, les interdits *retinendæ possessionis* restent vraiment tels, même quand ils fonctionnent, en réalité, comme interdits *recuperandæ possessionis.* S'il en est ainsi, il est facile de voir que le système romain n'est point, en réalité, aussi radicalement opposé, qu'il le semble de prime abord, au système de notre article 2243 et que les dangers, qu'il paraît tout d'abord présenter, sont singulièrement atténués par ce fait que, dépouillé de sa possession, le possesseur, en voie d'usucaper ou de prescrire, aura la possibilité de faire tenir pour non avenue la dépossession par lui subie.

Colin

En résumé, s'il est vrai de dire que, dès que vient à être perdue la possession qui était en voie de fonder une usucapion ou une *præscriptio*, le cours de celle-ci doit être et rester définitivement interrompu, il faut en excepter les cas où la possession est recouvrée par la voie d'un interdit *retinendæ possessionis*.

Cette dérogation à une règle qui découlait si naturellement des notions éminemment matérialistes que l'ancien droit romain s'était faites de la possession et, partant, de l'*usucapio*, n'est pas la seule qui y fut apportée : une autre, bien plus importante, vint résulter, dans le droit classique, de la formation et de l'adoption d'une théorie, qu'ignorait le droit primitif, la théorie de l'*accessio possessionum*. On appelle ainsi, et c'est la définition même qu'en donne M. Accarias, le droit appartenant à un individu, ayant une possession personnelle, d'y ajouter celle de son auteur, comme si ces deux possessions n'en faisaient qu'une seule, et de telle façon que l'usucapion ou la *prescriptio longi temporis* s'accomplisse au même moment que si la chose n'avait pas changé de mains.

Quand un possesseur, en voie d'usucaper ou de prescrire, venait à mourir, la possession était interrompue et, par suite, en même temps l'usucapion ou la *præscriptio longi temporis* qu'elle appuyait, interruption qui s'imposait alors que le défunt laissait des héritiers puisque la fiction légale, qui crée des héritiers continuateurs de la personne du défunt, ne peut *ipso jure* les investir de sa possession comme de ses droits (1).

De même, quand un possesseur faisait tradition d'une chose, qu'il serait arrivé à usucaper ou à prescrire s'il en eût continué la possession pendant les délais légaux, de cette perte de possession résultait fatalement l'interruption du cours de l'usucapion ou de la *præscriptio longi temporis* en voie de s'ac-

---

1. Nous avons repoussé le système de M. Dubois en ce qui concerne les héritiers siens ou simplement nécessaires, au profit desquels, selon lui, aurait existé une saisine héréditaire.

complir, car la possession étant un fait personnel, il est impossible de concevoir qu'il puisse faire l'objet d'une cession, ce qui obligeait le nouveau possesseur à recommencer les délais de l'usucapion ou de la prescription.

Ce sont ces deux résultats éminemment fâcheux qu'eut pour but d'éviter l'*accessio possessionum* ou *accessio temporis*, institution d'origine prétorienne, qui, bien avant de faire l'objet de réglementations positives, s'était introduite dans la pratique et n'obéit longtemps qu'aux seules inspirations de l'équité. Tel était encore son caractère, au temps de Scévola, qui nous dit :

« In accessionibus possessionum nihil in perpetuum neque generaliter definire possumus : consistunt enim in sola æquitate (l. 14, *De div. t. pr.*). »

Mais les règles s'en précisèrent en même temps et par le fait même qu'elle recevait la consécration législative : ce sont ces règles que nous allons maintenant étudier et, comme elles diffèrent profondément suivant que l'*accessio* se produit au profit d'un ayant-cause à titre universel ou au profit d'un ayant-cause à titre particulier, nous examinerons successivement chacune des deux hypothèses.

Et d'abord occupons-nous de l'*accessio possessionum* entre l'auteur et ses ayants-cause à titre universel, héritiers ou *bonorum possessores*.

Nous l'avons dit, la fiction légale, qui crée des héritiers continuateurs de notre personne, ne peut s'appliquer à un fait matériel tel que la possession, car elle aurait pour conséquence de supposer chez eux un pouvoir physique qui peut, en réalité, leur faire défaut, et par là même serait vraiment exorbitante. Jamais les Romains n'ont connu le système de notre article 724, système qui, même dans un droit spiritualiste comme le nôtre, ne peut se justifier par les principes. L'héritier ne commençait à posséder que du jour où, en fait, il avait lui-même appréhendé la possession qu'avait exercée le défunt et c'était, par suite, une possession nouvelle qu'il commençait, quelque minine qu'ait été l'interruption dans l'exercice de cette possession, les principes se refusant à permettre d'appliquer l'idée de transmission à un pur fait matériel..

Cette doctrine rigoureuse fut longtemps la doctrine romaine dans le cas où la possession fondait une usucapion.

Au contraire, quand la possession appuyait une *l. t. præscriptio* rien ne prouve que cette doctrine ait jamais été admise ; dans tous les cas, l'*accessio possessionum* y apparut de bonne heure et y fut appliquée bien avant d'être reçue en matière d'usucapion. C'est qu'il était, d'ailleurs, bien plus difficile de l'admettre dans cette dernière institution que dans la *præscriptio longi temporis*. Née de nécessités pratiques, organisée par la coutume avant de faire l'objet de règles positives, elle devait s'inspirer de l'équité bien plus que de la rigueur des principes, ce qui devait naturellement l'amener à accepter une institution aussi éminemment équitable que l'*accessio possessionum*, d'autant plus qu'il lui était possible d'obéir aux inspirations de l'équité sans arriver à dire que la possession pouvait faire l'objet d'une transmission contre laquelle protestaient les principes. En effet, quand un possesseur invoque l'usucapion, qu'il vient d'accomplir, il dit au revendiquant : Par l'effet de ma possession j'ai acquis cette propriété que vous revendiquez, » et alors rien de plus logique que d'exiger de celui qui tient ce langage qu'il ait lui-même exercé, pendant les délais légaux, cette possession sur laquelle il fonde directement et exclusivement son droit. Tout autre, au contraire, est le langage de celui qui, à la revendication du propriétaire, oppose la *præscriptio longi temporis* ; c'est moins peut-être sa possession, que l'inaction du propriétaire qu'il invoque, inaction qui lui a permis de continuer, jusqu'au terme voulu, la lésion qu'il fait subir au droit d'un autre : en d'autres termes, il ne prétend pas par le fait de sa possession avoir acquis un droit, la propriété de la chose qu'il possède, il prétend seulement, et la distinction me paraît capitale, que le propriétaire ne peut lui imposer la restitution de sa chose au nom d'un droit que son non exercice prolongé a rendu inefficace à son égard. Or, ce non exercice date bien du jour où, pour la première fois, le propriétaire s'est trouvé en présence d'une lésion réunissant les conditions voulues pour que, à l'expiration d'un certain laps de temps, il devînt incapable de la faire cesser, et, alors qu'a commencé une possession nouvelle, c'est en somme toujours le même droit qui subit la même lésion. N'y avait-il dès lors pas là des considérations de nature à permettre à l'ayant-cause de bénéficier d'une possession précédemment exercée par son auteur, sans que cela impliquât une transmission de la possession même, ce qui permettait de donner satisfaction à l'équité sans aller directement à l'encontre des principes.

Enfin, il faut aussi le dire, la solution rigoureuse qui découlait des principes aurait eu dans la *præscriptio longi temporis* de bien plus graves inconvénients que dans l'usucapion, étant donnée la différence des délais. Si, en effet, la *præscriptio longi temporis* n'avait pu résulter que d'une possession prolongée par la même personne pendant une période de 10 à 20 ans, on aurait ainsi entravé la libre circulation des biens, en prolongeant, sans utilité, l'incertitude de la propriété, incertitude que la *præscriptio longi temporis* a précisément pour but de limiter.

Quoi qu'il en soit, cette théorie de l'*accessio possessionum* admise dans la *præscriptio longi temporis*, fut étendue à l'usucapion, extension qui, s'il fallait croire le paragraphe 12 des Inst. (*de us.* II, 6), rapproché de la loi *unica* (*C. de usuc. transf.*), n'aurait été réalisée que par Justinien :

« Quod nostra constitutio similiter et in usucapionibus observari constituit, ut tempora continuentur. »

C'est ce qu'il est impossible d'admettre en face des nombreux textes, qui nous montrent l'*accessio possessionum* fonctionnant à l'effet de permettre à l'héritier ou à tout autre successeur universel de profiter du délai pendant lequel leur auteur avait utilement possédé ; Papinien le dit formellement dans la loi 43 pr. (*de us. et usurp.*) :

« Heres ejus, qui bona fide emit, usu non capiet sciens alienam
« si modo ipsi possessio tradita sit ; continuatione vero non im-
« pedietur heredis scientia, »

Et le répète dans la loi 11 (*de div. temp. pr.* XLIV, 3). C'est bien aussi ce qui ressort nettement d'un texte de Paul, la loi 2, 19 (*pro emptore* XLI, 4) :

« Si defunctus bona fide rem emerit, usucapietur res quamvis
« heres scit alienam, »

Solution manifestement inadmissible si l'héritier devait commencer une nouvelle possession.

Ainsi donc, pas de doute, dès l'époque classique, notre institution est admise aussi bien dans l'usucapion que dans la *prœscriptio longi temporis* et permet aux ayants-cause à titre universel de bénéficier de la possession de leur auteur.

Reste à déterminer les règles qui président alors à l'*accessio possessionum*. Ces règles nous les trouvons résumées dans le paragraphe 12 des Inst. (*de us.* II, 6) :

« Diutina possessio, quæ prodesse cæperat defuncto, et heredi
« et bonorum possessori continuatur, licet ipse sciat prœdium
« alienum, quod si ille initium justum non habuit, heredi et bo-
« norum possessori, licet ignoranti, possessio non prodest. »

Ainsi donc, on applique à l'héritier toutes les conséquences utiles ou préjudiciables de la continuation de la personne juridique du défunt. La possession de celui-ci ne lui est pas transmise, il la continue : il y a deux possesseurs, il n'y a qu'une seule possession, la possession commencée par le défunt, et les jurisconsultes romains déduisent rigoureusement toutes les conséquences de cette idée, qui avait dû contribuer, sans aucun doute, à leur faire admettre ici, sans trop de difficulté, l'*accessio possessionum*.

Le défunt doit avoir une possession utile, c'est-à-dire une possession dont l'*initium* soit *justum* : à cette condition seule l'héritier pourra usucaper ou prescrire, puisqu'il ne commence point une possession nouvelle et que, pour savoir si une possession peut conduire à l'usucapion ou à la *præscriptio longi temporis* c'est toujours à son *initium* qu'il faut se reporter. Tous nos textes le constatent, et notamment la loi 11 (*de div. temp. pr.* XLIV, 3), la loi 4, 15 de Paul (*de us. et usurp.* XLI, 3) :

« Heres qui in jus defuncti succedit, licet apud cum, ignorantem
« ancillam furtivam esse, conceperit et pepererit, non tamen usu-
« capiet, »

la loi 3 (*C. com. de usuc.* VII, 30) :

« Si mala fide servum tuum sciens Antiochus tenuit, intentio-
« nem tuam contra successorem ejus, licet bona fide possideat,
« propter initii vitium, usucapio non absumpsit »,

La loi 11 C. (*De acq. vel am. pos.* VII, 32) :

« Vitia possessionum a majoribus perdurant, et successorem
« auctoris sui culpa comitatur. »

Vainement donc l'héritier se saisit d'une possession qui n'aurait pu fonder ni usucapion, *ni præscriptio longi temporis* au profit du défunt, il faut appliquer la règle que précisent nos textes à moins que l'obstacle, qui s'opposait à l'usucapion ou à la *præscriptio longi temporis*, ne soit de nature à disparaître, par exemple c'est un vice tenant non à la personne du possesseur mais à la chose possédée elle-même, auquel cas, ce vice venant à cesser, rien n'empêche l'héritier de commencer une usucapion ou une prescription, qu'aurait, s'il eût continué à posséder, pu commencer le défunt lui-même : c'est la juste remarque que fait Pomponius dans la loi 24, 1 (*De us. et usurp.*) :

« Interdum etiamsi non fuerit inchoata usucapio a defuncto
« procedit heredi ejus ; veluti si vitium quod obstabat non ex
« persona, sed ex re purgatum fuerit. Ex re, ut puta, si fisci
« res esse desierit, aut furtiva, aut vi possessa. »

Mais dès que le défunt possédait *ad usucapionem vel ad præs-*
criptionem, la condition est à la fois nécessaire et suffisante et
l'héritier usucapera ou prescrira, alors qu'il ne pourrait lui-même
commencer une possession utile, par exemple si, lors de son entrée
en possession, il était de mauvaise foi. Papinien et Paul le décident
formellement dans des lois déjà citées, les lois 43, pr. (*De us. et*
usurp. XLI, 3) et 2, 19 (*Pro emptore*, XLI, 4), et cette solution s'imposait du reste par cela seul qu'on avait admis que l'héritier continuait la possession même du défunt, puisque, en matière d'usucapion comme de *præscriptio longi temporis*, c'est
une règle certaine que *mala fides superveniens non nocet*. C'est
même, on peut le croire, la controverse que souleva l'extension
de cette dernière règle au cas où le possesseur avait une *justa*
causa possidendi lucrativa, qui peut expliquer que Justinien ait
cru devoir, dans la loi 11 (C. *De pr. l. t.* VII, 33) bannir, au
point de vue de l'*accessio possessionum*, toute différence entre le
cas où le défunt possédait à titre onéreux et celui où il possédait
à titre gratuit.

En résumé, c'est la possession et la possession seule du défunt
qu'il faut considérer, et par le fait même qu'entre ses mains elle
était de nature à le conduire à usucaper ou à prescrire, son héritier pourra arriver au même résultat, pourvu que, d'autre part, il
soit dans une situation telle qu'il puisse invoquer l'*accessio pos-*
sessionum. Or, pour que l'héritier puisse continuer la possession
utilement commencée par le défunt, il est nécessaire qu'il se soit,
en fait, saisi de cette possession et qu'il s'en soit saisi avant
qu'aucun autre ait pu s'en emparer.

Je dis, en premier lieu, que l'héritier doit, pour invoqu

l'*accessio possessionum,* avoir matériellement appréhendé la possession de son auteur. L'*accessio* ne se comprend en effet qu'au profit de celui qui a lui-même une possession personnelle :

« Accessio sine nostro tempore nobis prodesse non potest »,

nous dit Paul, dans la loi 16 (*De div. temp. pr.* XLIV, 3) et, plus nettement encore, Ulpien, dans la loi 13, 12 (*De acq. vel am. pos.* XLI, 2) :

« Accessiones in eorum persona locum habent, qui habent pro -
« priam possessionem : cæterum accessio nemini proficit, nisi ei
« qui ipse possedit. »

Or, comme *ipso jure,* l'héritier n'est point investi de la possession des choses héréditaires, il ne peut invoquer l'*accessio* qu'après en avoir, en fait, réalisé l'appréhension :

« Cum heredes instituti sumus, adita hereditate, omnia quidem
« jura ad nos transeunt : possessio tamen, nisi naturaliter com-
« prehensa ad nos non pertinet » (L. 23, *De acq. vel am. pos.*).

Mais cette appréhension matérielle une fois réalisée par l'héritier, il n'y aura pas à tenir compte de l'interruption plus ou moins longue qui aura pu se produire dans l'exercice matériel de la possession, *quia,* comme le dit Paul (l. 30, *ex quibus causis,* IV, 6) *possessio quasi juncta descendit ad heredem.*

Le langage même de ce texte prouve bien qu'il y a là une fiction, dont toutefois le domaine est, comme l'allons montrer, bien moins étendu qu'il le semble de prime abord.

C'est en effet, une règle certaine, à Rome, que : *Hereditas jacens sustinet defuncti personam,* règle que nous trouvons écrite dans nombre de textes, dans les lois 34 et 61 pr. (*De acq. vel am. pos.* XLI, 2) ainsi que dans un passage des Institutes (pr. *de stip. serv.* III, 17). L'adition de l'héritier n'est pas rétroactive, et, pour les Romains, le patrimoine, la *familia,* ne cessait pas d'avoir son ancien chef, tant qu'il ne se trouvait pas, par suite de l'adition, confondu dans celui d'un autre. Il en résulte que, tant qu'il n'y a pas un héritier (1), c'est le défunt lui-même qui, par suite de notre fiction, continue lui-même à posséder et peut ainsi achever l'usucapion ou la *præscriptio longi temporis* que, de son vivant, il avait commencée. Aussi les divers textes (2) qui supposent une usucapion ou une prescription de long temps accomplie avant l'adition et, a fortiori, avant une prise de possession matérielle, qui eût été une *heredis gestio,* se réfèrent tous, à mon avis, à une situation juridique, qui supprime toute question d'accession, puisque, dans les différentes hypothèses qu'ils prévoient, il n'y a pas deux possessions ou plutôt deux possesseurs, mais un possesseur unique, le défunt.

L'exactitude juridique nous semble donc conduire, dans toutes ces hypothèses, à décider que ce n'est pas de son propre chef, grâce à l'*accessio possessionum*, mais en qualité d'héritier, investi, comme tel, de tous les droits héréditaires, que le successeur à titre universel est appelé à bénéficier des résultats acquis par une usucapion ou une prescription à l'achèvement desquelles sa possession personnelle est restée étrangère.

Dans ce système (3), disparaissent toutes les difficultés qu'on aurait pu, au nom des principes rigoureux du droit romain, élever contre l'admission de l'*accessio* dans ces diverses hypothèses, pour le cas où l'héritier aurait été personnellement incapable d'acquérir

---

1. Nous ne visons donc que le cas où l'hérédité est déférée à un héritier externe ; alors seulement, en effet, il peut y avoir lieu à la fiction : *Hereditas jacens sustinet defuncti personam.*

2. Voyez les lois 30, (*Ex quibus causis*, IV, 6), 40, (*Us. et Usurp.* XLI, 3), 6, (*Pro emptore*, XLI, 4).

3. Il me paraît ressortir d'un texte de Papinien, la loi 44, 3 (*De usuc. et Usurp.*) : *Nondum aditæ hereditatis tempus usucapioni datum est, sive servus hereditarius aliquid comparat, sive defunctus usucapere cœperat : sed hæc jure singulari recepta sunt.*

Mais, on le voit, ce n'est pas sans que le jurisconsulte constate que c'est là une décision exceptionnelle qui est loin de se justifier par les principes.

la possession, s'il eût été fou, *infans* ou simplement conçu. Telle semble bien être la pensée de Cujas quand, dans son commentaire (*ad legem* 30, (*Ex quib. caus.* IV, 6) (1), il dit : *Hereditas ipsa jacens cœptam a defuncto usucapionem complet, id est suo morte impletur usucapio nemine possidente.* Ainsi nul ne possède physiquement, mais la personne du défunt continue une possession juridique qui suffit à permettre la continuation et l'achèvement du cours de l'usucapion ou de la *prescriptio longi temporis.* Or, il est assurément inutile à cette personne fictive de se prévaloir de l'*accessio possessionum* pour joindre à la possession qu'elle a exercée de son vivant cette même possession qu'elle continue après sa mort. Que si on s'élève contre cette idée qu'une personne fictive puisse avoir une possession, il suffit de répondre en faisant remarquer qu'il s'agit ici non d'acquérir mais de conserver une possession acquise, et que, par suite, notre système ne se heurte nullement aux règles d'après lesquelles se continue et se perd la possession.

Le domaine de la fiction que nécessite l'*accessio possessionum* est donc diminué d'autant par l'étendue de cette autre fiction *hereditas jacens sustinet defuncti personam*, il se place seulement entre l'adition de l'hérédité et la prise de possession ultérieurement réalisée par l'héritier, alors que la personne de celui-ci a remplacé la personne du défunt. L'héritier, par cela seul qu'il appréhendera avant tout autre la possession laissée vacante, sera présumé l'avoir eue en fait pendant tout le temps où soit physiquement, soit même juridiquement, personne ne l'a exercée, à la condition toutefois que,

---

1. Au temps de Cujas, il y avait déjà des interprètes qui croyaient trouver, dans cette loi l'origine de la maxime coutumière : *Le mort saisit le vif.* Il les reprend vivement (*vox illa de via collecta*) en montrant que jamais, à Rome, la possession héréditaire n'était acquise *ipso jure* à l'héritier, qui n'en était nanti qu'après s'en être matériellement saisi ; quant à la loi 30, dont on faisait argument, elle est seulement relative à l'usucapion.

pendant tout ce temps elle n'ait point été appréhendée par un tiers; c'est la solution que Paul donne textuellement (l. 31, 5, *De us. et usurp.*) :

« Vacuum tempus quod ante aditam hereditatem, vel post aditam intercessit ad usucapionem heredi procedit. »

Ainsi, grâce à la faveur qui lui est due, l'*accessio* arrive à couvrir le délai qui s'écoule entre le moment où le défunt ne possède plus et celui où l'héritier ne possède pas encore ; mais il y a toujours entre le droit romain et le droit français cette grande différence, que l'héritier, à Rome, n'acquiert personnellement la possession qu'au moment où, en fait, il s'en saisit.

Ce que nous venons de dire de l'héritier immédiat doit être étendu à un héritier ultérieur, car, comme le dit Ulpien (l. 65, *De Verb. Sign.* 4, 16) :

« Heredis appellatio non solum ad proximum heredem sed et ad ulteriores refertur, et deinceps, heredis appellatione continetur, » et, par suite, l'héritier peut, grâce à l'*accessio*, invoquer non seulement la possession de son auteur immédiat, mais encore la possession de celui à qui a succédé son auteur, et ainsi de suite pourvu que, entre temps, la possession n'ait pas passé à des mains étrangères. A cette condition, l'héritier ultérieur peut même invoquer la possession de celui à qui a succédé son auteur alors que ce dernier n'a eu lui-même aucune possession personnelle ; c'est du moins la solution formellement écrite dans un texte de Paul, la loi 2, 18 (*Pro emptore* XLI, 14) :

« Etiam heredi ulteriori possessio defuncti proderit, quamvis medius heres possessionem ejus nanctus non sit, » solution absolument exceptionnelle qui ne se justifie vraiment que par toute la faveur due à l'équité qui l'inspire.

Il faut non seulement que l'héritier appréhende matériellement la possession héréditaire, il faut encore qu'il réalise cette appréhension avant que cette possession ait pu passer à des mains étrangères.

Il est en effet de règle que, pour fonder soit une usucapion, soit une *prescriptio longi temporis*, la possession doit être continue et telle ne serait pas évidemment la possession successivement exercée par le défunt et ses héritiers, si un tiers a profité de la vacance qui a pu se produire dans le cours de sa possession pour s'en emparer. Javolenus met vivement cette condition en lumière :

« Possessio testatoris ita heredi procedit, si medio tempore a « nullo possessa est (l. 20 *De us et usurp*. XLI, 4), »
et Paul la dégage nettement dans la loi 6, (*Pro emptore*) :

« Post mortem ejus, qui hominem emerit, expleto tempore, « quod defuisset ad usucapionem, quamvis eum hominem heres « possidere non cœpisset, fiet tamen jus, sed ita hoc, si nemo eum « possedisset. »

En résumé donc dès que l'héritier a pu, en fait, se saisir de la possession laissée vacante par la mort de son auteur et avant, du reste, qu'aucun autre s'en soit effectivement emparé, on ne doit tenir nul compte de l'interruption, quelque longue qu'elle soit, qui a pu se produire dans l'exercice de la possession et le délai de l'usucapion aussi bien que de la *præscriptio longi temporis* continue à courir et peut s'achever, comme si, en fait, le défunt lui-même n'avait point cessé de posséder.

Il reste à nous occuper de l'*accessio possessionum*, quand elle permet de réunir la possession d'un ayant-cause à titre particulier à celle de son auteur.

Ici, pour justifier théoriquement l'*accessio*, il est impossible de se placer au même point de vue que dans l'hypothèse précédente. L'ayant-cause à titre particulier ne continue nullement la personne de son auteur ; c'est, par suite non-seulement l'individualité, c'est la personnalité juridique du possesseur qui change, changement auquel correspond nécessairement une possession nouvelle absolument distincte de l'ancienne et dont tout autres peuvent être les caractères et les effets. Le rôle de *l'accessio* ne saurait donc ici consister à permettre à l'ayant-cause de continuer la possession de son auteur, comme l'héritier continue celle du défunt, mais à l'autoriser, dans le but de parfaire les délais de l'usucapion ou de la *præscriptio longi temporis,* à joindre à sa propre possession celle qu'avait pu utilement exercer son auteur : c'était admettre que le fait d'avoir possédé pouvait être l'objet d'une cession. Elle rencontrait donc ici de bien plus graves obstacles que dans les rapports entre les héritiers et leur auteur. Mais si directe et absolue était la dérogation qu'il fallait apporter aux principes, bien puissantes étaient les raisons qui la réclamaient. La nécessité d'assurer la libre circulation des biens, en ne prolongeant pas outre mesure l'incertitude de la propriété, l'équité aussi bien que le respect dû à la volonté des parties s'accordaient à la demander, sans que, d'autre part le propriétaire, qui jouit du même délai pour faire valoir son droit, puisse légitimement protester contre son admission. Aussi, à l'époque classique, voyons-nous *l'accessio possessionum* admise dans les rapports entre les ayants-cause à titre particulier et leur auteur. C'est la solution que nous voyons législativement consacrée par un rescrit des empereurs Sévère et Antonin, rappelé par Justinien, dans le paragraphe 13 de ses Inst. (*de us.* II, 6) :

« Inter venditorem quoque et emptorem conjungi tempora divi
« Severus et Antonius rescripserunt »,

Rescrit qui, sans aucun doute, ne faisait que sanctionner une décision depuis longtemps admise, puisqu'elle était déjà celle de Javolenus (l. 19 *de us. et usur.* XLI, 3) qui écrivait sous Vespasien, c'est-à-dire plus de soixante années avant que fût rendu le rescrit rappelé par Justinien.

L'accessio possessionem n'était, d'ailleurs, nullement limitée aux rapports du vendeur et de l'acheteur ; nous la trouvons au contraire admise dans les rapports de tout ayant-cause à titre particulier avec son auteur. Elle existe notamment au profit du donataire (1) ; au profit du cessionnaire d'une hérédité légitime ou testamentaire, après l'adition, puisque comme le dit Gaïus : *corpora ejus hereditatis perinde transeunt ad eum cui cessa est hereditas, ac si ei singula in jure cessa fuissent* (II. 35, *in fine*) ; au profit du légataire (2) qu'on pourrait, du reste, être tenté de mettre sur la même ligne que l'héritier au point de vue de l'*accessio*, si on prenait à la lettre un texte d'Ulpien, la loi 14, 1 (*de us. et usur.* XLI, 3) :

« In re legatâ, in accessione temporis, qua testator possedit, « legatarius quodammodo quasi heres est. »

Dans cette loi, Ulpien a simplement voulu dire que, comme l'héritier, le légataire pouvait profiter de la possession qu'avait eue le défunt, mais sans entendre nullement par là le mettre sur la même ligne que l'héritier, au point de vue des conditions auxquelles il devrait satisfaire, pour qu'il pût se prévaloir de l'*accessio*, d'autant plus qu'ailleurs, dans la loi 5 pr. (*De div. temp. pr.* XLIV. 3),

---

1. L'admission de l'*accessio* en cas de donation ou de tout autre *lucrativa causa*, dut être au moins discutée puisque Justinien croit devoir formellement bannir les doutes à ce sujet (l. 11. C. *De Pr. l.* t. VII, 33) : *Super longi temporis præscriptionem, quæ ex decem, vel viginti annis introducitur perspicuo jure sancimus, ut sive ex donatione, sive ex alia lucrativa causa bona fide quis per decem vel viginti annos rem detinuisse probetur, adjecto scilicet tempore etiam prioris possessoris : memorata longi temporis exceptio sine dubio ei competat, nec occasione lucrativæ causæ repellatur.*

2. La question paraît s'être posée de savoir si le légataire pouvait profiter de la possession qu'avait exercée l'héritier, question qui présentait une grande importance quand le legs était affecté d'une condition suspensive. Ulpien la résout affirmativement pour le legs comme pour le fidéicommis (l. 13, 10. *De acq. vel am. pos.*) :

Sed et legatario dandam accessionem ejus temporis, quo fuit apud testatorem sciendum est. An heredis possessio ei accedat videamus? Et puto sive pure, sive sub conditione, fierit relictum, dicendum esse id temporis, quo heres possedit ante conditionem existentem vel restitutionem rei, legatario proficere.

nous voyons le même jurisconsulte mettre le légataire sur la même ligne que l'acheteur.

Ainsi donc, dès l'époque classique, la règle est certaine : l'*accessio* permet à tout ayant-cause à titre particulier de joindre à sa possession personnelle, la possession exercée par son auteur et cela qu'il veuille compléter le délai de l'usucapion ou celui de la *longi temporis præscriptio* (1). Cujas, dans son commentaire sur la loi 14 (*De us. et usurp.* XLI; 3), affirme cependant que c'est seulement dans la *præscriptio longi temporis* que fut admise l'*accessio* : *In usucapionibus non conjunguntur tempora inter venditorem et emptorem. In longi temporis præscriptione inter venditorem et emptorem tempora conjunguntur ex rescripto, Severi et Antonini, quod Justinianus ad usucapionem etiam XXX annorum traxit... Ex his apparet hanc legem non de usucapione sed de longa possessione accipi oportere.* Dans son commentaire sur la loi 32 (*De serv. pr. urb.* VIII, 2), il n'admet même pas que la question puisse faire doute.

Je ne crois pas pourtant qu'il faille ainsi restreindre le rôle de l'*accessio*, car pas plus les raisons qui la justifient que les textes qui l'admettent n'autorisent une pareille restriction contre laquelle

---

1. On discuta à Rome la question de savoir si on devait admettre l'*accessio* au profit du vendeur sans condition résolutoire qui, par suite de la résolution de la vente, reprenait la possession des mains de l'acheteur. Africain (l. 6, I. *De div. temp. Pr.* XLIV, 3), Javolenus (l. 19. *De Usurp.* XLI. 3) et Ulpien (13, 2 *De am. pos.* XLI, 2) se prononcent pour l'affirmative et, à mon avis, c'est avec raison. En effet, la vente a beau être résolue, la résolution est impuissante à effacer ce fait que la possession a été volontairement livrée à l'ex-acheteur par l'ex-vendeur, de telle sorte que, même après la résolution de la vente, les deux possessions restent liées; de plus, quand l'ex-vendeur reprend la possession, c'est en vertu d'une convention à laquelle a consenti l'ex-acheteur: ce qui, à mon avis, suffit bien pour permettre de la relier à la possession exercée par l'ex-acheteur, possession qui, nous venons de le voir, peut malgré la résolution de la vente rester liée à l'ancienne possession de l'ex-vendeur.

au contraire s'élèvent des textes formels et notamment un texte de Paul, la loi 2, 20 (*Pro emptore* XLI, 4) :

« Emptoris tempus venditoris ad usucapionem procedit. »

Ce qu'on peut croire et, ce me semble, avec raison, c'est que, avant de l'être dans l'usucapion, l'*accessio possessionem* fut tout d'abord admise dans la *longi temporis præscriptio*. Les mêmes arguments qui, alors que nous parlions de l'*accessio* entre héritiers et leur auteur, nous ont permis d'affirmer que cette institution toute d'équité reçut ses premières applications dans une institution, dont l'origine est la même, peuvent être invoqués ici, et conduisent à la même solution, qui semble bien, du reste, indiquée par certains textes, et notamment par la loi 76, 1 (*De contr. empt.* XVIII, 1).

Reste à déterminer à quelles conditions avait lieu l'*accessio* entre ayants-cause à titre particulier et leur auteur.

Et d'abord, l'ayant-cause à titre particulier, de même que l'héritier qui veut se prévaloir de la possession du défunt, ne peut invoquer la possession de son auteur que s'il a lui-même une possession personnelle : c'est là une condition essentielle à toute *accessio* (l. 13, 12 *De acq. vel am. pos.* ; l. 16 *De div. temp. Præscr.* déjà citées).

Cette possession personnelle de l'ayant-cause doit, de plus, succéder immédiatement à la possession qu'il demande à y joindre, condition manifestement rendue impossible, dès qu'entre ces deux possessions s'est placée l'usurpation d'un tiers, si tant est qu'elle ait été suffisante à interrompre le cours de la première d'entre elles. Cujas semble nier la nécessité de cette condition dans son commentaire sur la loi 14 (*De us. et usurp.* XLI, 3) : *Post traditionem ergo id solum tempus emptori proficit, quod fuit ante traditionem, licet venditionis tempore venditor non possederit : quod et in herede....*

Cujas suppose que l'auteur ne possédait point au jour où s'est formé le lien juridique et cependant il admet l'*accessio* : mais ne peut-on supposer que c'est l'ayant-cause lui-même qui possédait déjà à ce moment, et que ce n'est qu'une interversion de titre qui se produit à son profit ? Quoi qu'il en soit, ce texte est équivoque et semble mettre en doute la nécessité de notre seconde condition, mise en évidence par des textes trop formels, pour qu'il soit permis de la mettre en doute.

Ces deux conditions sont donc nécessaires mais partout où elles seront réunies, ce n'est pas seulement la possession de son auteur mais les possessions des auteurs de celui-ci, qui pourront être jointes au profit du possesseur actuel, car une fois l'*accessio* admise, il n'y avait aucune raison d'en restreindre les effets aux rapports du possesseur actuel et de son auteur immédiat. Cette extension, que l'*accessio possessionem* devait logiquement recevoir, les textes s'accordent, du reste, à la lui reconnaître et, pour n'en citer qu'un seul, la loi 15, 1 (*De div. Temp.* Pr. XLIV, 3) est en ce sens aussi formelle que décisive :

« Accessio possessionis, nous dit Vénuléius, fit non solum tempo-
« ris quod apud eum fuit unde is emit : sed et qui ei vendidit, unde
« tu emisti. Sed si melius aliquis ex auctoribus non possederit,
« præcedentium auctorum possessio non proderit, quia conjuncta non
« est ; sicut nec ei qui non possidet, auctoris possessio accedere
« non potest. »

Il nous faut maintenant préciser les caractères que devaient revêtir ces différentes possessions, pour qu'il fût possible au possesseur actuel de les réunir à l'effet de parfaire le délai de l'usucapion ou de la *longi temporis præscriptio*, que, par suite de l'insuffisance de sa durée, serait impuissante à fonder sa possession personnelle. Or, c'est ici que s'affirme une différence profonde entre le cas où l'*accessio possessionum* permet à l'héritier d'invoquer la possession du *de cujus* et celui où elle donne à l'ayant cause à titre particulier le droit de se prévaloir de la possession de son auteur. Dans l'hypothèse précédente, nous l'avons dit, quand l'*accessio*

est possible, l'héritier ne fait que continuer la possession même
qui appartenait au défunt. Dans notre hypothèse il ne peut en
être ainsi puisque le principe même qui autorisait à fondre en une
seule les deux possessions successives de l'héritier et du *de cujus*,
l'unité de personne juridique, est absolument étranger aux rapports de l'ayant-cause à titre particulier avec son auteur. Ici les deux
possessions restent distinctes et de cette distinction ressort la règle
fondamentale, qui domine et dicte la solution de toutes les difficultés
relatives au point de savoir quelles possessions peuvent être réunies
par le moyen de l'*accessio*, règle que nous trouvons écrite dans la
loi 12, 13 (*De Acq. vel Am. pos.* XLI, 2) :

« Præterea ne vitiosæ quidem possessioni ulla potest accedere ;
« sed nec vitiosa ei qui vitiosa non est. »

Or, au point de vue de l'usucapion comme de la *præscriptio
longi temporis*, on peut et on doit considérer comme vicieuse toute
possession qui ne peut arriver à mettre celui qui l'exerce à même de
se prévaloir de l'une ou de l'autre de ces deux institutions. L'*accessio* ne sera donc possible entre deux ou plusieurs possessions que si
elles sont telles que, s'il les eût exercées pendant le laps de
temps requis, chacun des possesseurs successifs aurait pu arriver à
usucaper ou à prescrire et de cette conclusion découlent de nombreuses conséquences que nous trouvons indiquées dans les sources
et sur lesquelles nous ne croyons pas devoir insister, nous conten-
tant de renvoyer aux textes qui les développent (1).

En résumé, partout où la possesssion est perdue, elle cesse de
revêtir le caractère sans lequel elle ne saurait fonder ni usucapion,
ni præscriptio longi temporis, la continuité, et, par suite, elle
ne peut désormais, à l'effet d'en parfaire la durée légale, entrer en
ligne de compte avec une possession ultérieure, à moins qu'elle

1. Voyez les lois 2, 17 (*Pro emptore,* XLI, 4); 5, *pr.* (*de div. empt.* Pr.
XLIV, 3); l. unic. (C. *De Us. tram.* VII, 31) ; 1. (C. *De pr. l. t.* VII, 33).

n'ait été ressaisie par la voie d'un interdit *retinendæ possessionis* ou qu'elle ne puisse être réunie à la possession, qui lui a succédé, par l'effet de l'*accessio possessionum*.

Arrivons maintenant aux effets que peut produire la perte de la possession, sur là possession nouvelle, et par la même sur le cours de l'usucapion ou la prescription, que doit commencer l'ancien possesseur dans le cas où il parvient à appréhender de nouveau *animo domini* la chose dont il a perdu la possession.

Il est facile de les préciser, car tous découlent d'une même idée : c'est une possession nouvelle que doit commencer l'ancien possesseur et, partant, elle doit revêtir tous les caractéres indépendamment desquels elle ne saurait fonder ni usucapion ni *præscriptio longi temporis*. C'est ainsi que, au moins à l'origine, elle doit être de bonne foi ; Paul (l. 15.2 *De Us. et Usurp.*) le décide formellement pour l'usucapion :

« Si quis bona fide possidens ante usucapionem, amissa pos-
« sessione, cognoverit esse rem alienam et iterum nanciscatur
« possessionenm non capiet usu, quia initium secundæ posses-
« sionis vitiosum est. »

Et Julien (l. 7, 4 *Pro Emptore*) se prononce dans le même sens, alors qu'il s'agit de la *longi temporis præscriptio* :

« Qui bona fide alienum fundum emit et possessionem ejus
« amisit deinde eo tempore adprehendisset, quo scit rem alienam
« esse, non capiet longo tempore : quia initium secundæ pos-
« sessionis vitio non carebit. »

Par suite si, depuis sa première prise de possession, il a cessé de croire au bien fondé du droit dont on lui a ravi l'exercice, si même il lui est seulement survenu des doutes à ce sujet, puisque le doute est exclusif de la bonne foi requise, soit en matière d'usucapion, soit en matière de *præscriptio longi temporis* (1) l'ancien

---

1. Voyez pour l'usucapion, la loi 6, 1 (*pro empt.*), et, pour la *l. t. præscriptio,* la loi 4, pr. (*eodem*).

possesseur est désormais dans l'impossibilité d'usucaper ou de prescrire.

De ce chef, il éprouve donc un dommage considérable : aussi
dans le cas où c'est par le fait d'un tiers qu'il a perdu la possession
il est de toute justice qu'il puisse en demander compte à celui qui,
par son injuste usurpation, le lui fait subir. Il en résulte que, dans
la publicienne, le défendeur pourra se voir condamner bien qu'il se
soumette à l'ordre du juge et restitue la chose réclamée.

Toutefois le silence des textes permet d'hésiter entre deux solutions
également possibles. En effet on pourrait considérer le *Jussus Judicis*,
comme constituant un titre, qui permette, à celui en faveur duquel
il est rendu, d'usucaper même sans bonne foi. Mais c'est là une
solution à laquelle il me semble difficile de s'arrêter. Les hypothèses d'usucapion sans bonne foi, ayant un caractère absolument
exceptionnel, il est bien naturel de conclure du silence des textes
qu'il n'en était point ainsi dans notre hypothèse, car ils n'eussent pas manqué de signaler une dérogation aussi pratique à cette
règle que pour conduire soit à l'usucapion, soit à la *longi temporis
præscriptio*, une possession doit nécessairement être de bonne foi,
au moins à l'origine.

Aussi je crois qu'il est préférable, comme nous l'avons proposé
tout d'abord, d'admettre que, en dépit de la satisfaction qu'il pouvait donner à l'ordre du juge en restituant la chose à l'ancien possesseur, le défendeur était exposé à voir prononcer contre lui une
condamnation ou plutôt, ne pouvait obtenir son absolution qu'en
s'engageant avec satisdation à réparer, le cas échéant, tout le préjudice résultant d'une éviction à laquelle l'ancien possesseur ne
peut plus désormais se soustraire par l'usucapion ou la *præscriptio longi temporis* qu'il aurait utilement pu accomplir sans
l'usurpation commise à son préjudice (1).

C'est aussi cette solution que nous devons donner quand, par

1. Accarias (Précis de Dr. Romain, I, p. 566, note 2).

l'effet de l'interdit *Unde Vi*, le dépossédé reprend sa possession, alors que, par suite de la cessation de sa bonne foi, il ne peut plus s'en prévaloir dans le but d'usucaper ou de prescrire. Ici, du reste, nous trouvons des textes qui impliquent nettement la solution par nous indiquée. C'est ainsi qu'Ulpien (l. 1, 41. *De Vi* XLIII, 16) décide que le *dejiciens* doit répondre de tout le préjudice que la *dejectio* peut causer au *dejectus* :

« Vivianus refert in hoc interdicto omnia quæcumque habi-
« turus vel adsecuturus erat is qui dejectus est, si dejectus non
« esset, restitui, aut eorum litem a judice æstimari debere : eum-
« que tantum consecuturum quanti sua interesset, se vi dejectum
« non esse. »

Et, plus loin, Paul (l. 6, *eodem*) met, dans les termes les plus généraux, la même obligation à la charge du *dejiciens* :

« In interdicto Unde Vi tanti condemnatio facienda est, quanti
« intersit possidere : et hoc jure nos uti, Pomponius scribit, id est,
« tanti rem videri quanti actoris intersit : quod alias minus esse,
« alias plus ; nam sæpe actoris pluris interesse, hominem retinere,
« quam quanti id est ; veluti cum quœstionis habendæ, aut rei
« probandæ gratia, aut hereditatis adeundœ, intersit ejus cum
« possideri. »

En présence de ces textes, pas de doute que le *dejiciens* ne doive indemniser le *dejectus* du préjudice que peut lui causer la *dejectio*, en le mettant dans la nécessité de commencer une nouvelle possession, alors qu'il n'est plus peut-être à même de satisfaire à toutes les conditions que doit remplir une possession susceptible de conduire à l'usucapion ou à la *præscriptio longi temporis*, ce qui, au moins jusqu'à la réforme de Théodose II, laissait le possesseur indéfiniment exposé à l'action du propriétaire toujours autorisé à faire cesser l'usurpation commise par un tiers, si cette usurpation n'était pas de nature à établir soit une usucapion, soit une *longi temporis præscriptio*.

Il est bien vrai que la portée spéciale, que nous avons reconnue à l'interdit *Uti possidetis*, est bien de nature à diminuer beaucoup le nombre de ces condamnations éventuelles : elle ne saurait empêcher qu'elles se produisent. Sans doute, quand, avant d'avoir repris la possession dont il a été dépouillé par violence, le *dejectus* vient à apprendre qu'un autre est propriétaire de la chose dont il se propose de reprendre la possession, il aura recours à l'interdit *Uti possidetis* et non à l'interdit *Unde Vi*, puisque par le premier, c'est son ancienne possession qu'il reprend, ce n'est point une nouvelle qu'il commence. Mais sans savoir que la chose appartient à un autre, le *dejectus* peut simplement avoir des doutes sur le bien fondé de son droit, doutes qui, nous le savons, suffisent à exclure la bonne foi requise *ad usucapionem*, il serait alors vraiment injuste de l'obliger à renoncer à tous les avantages (1) que présente l'interdit *Unde Vi* sur l'interdit *Uti possidetis*, en ne lui fournissant pas les moyens de se mettre à l'abri du danger qu'il peut y avoir pour lui à employer le premier de ces deux interdits.

Nous en aurions fini avec les effets de l'interruption naturelle, s'il ne nous restait quelques mots à dire sur le rôle de l'interruption naturelle qui peut se produire dans la prescription de trente ans, introduite par Théodose II.

Ce délai de trente années doit être continu :

« Quæ ergo antea non motæ sunt actiones triginta annorum jugi silentio ex quo jure competere cœperunt,..... hæ autem actiones annis triginta continuis exstinguantur » (l. 3 C. de pr. XXX vel XL an VII, 39).

---

1. Ces avantages sont considérables : notamment l'interdit *Unde vi* s'applique non-seulement à l'immeuble lui-même mais à tous les meubles qui s'y trouvaient lors de la *dejectio* ; de plus il impose au *dejiciens* la responsabilité des cas fortuits et, dans tous les cas, la restitution des fruits antérieurs à l'émission de l'interdit, dernier effet qui peut être obtenu par l'interdit *Uti possidetis* mais qui, en règle générale, ne lui est pas attaché.

Par suite, dès que vient à être perdue une possession, qui, si elle eût été prolongée jusqu'au terme voulu, serait devenue définitive, elle ne peut entrer désormais en ligne de compte dans le calcul des trente années, puisqu'elle a cessé d'être continue. La prescription ne peut ultérieurement résulter que d'une possession, qui, sans interruption nouvelle aura été exercée pendant 30 ans, courant du jour où l'ex possesseur s'en est de nouveau saisi.

Il est toutefois certain que s'il parvient à ressaisir sa possession par le moyen d'un interdit *retinendæ possessionis*, il sera censé l'avoir continuée sans interruption, ce qu'on ne saurait admettre s'il l'a reprise à l'aide d'un interdit *recuperandæ possessionis*.

Dans le cas où c'est un second usurpateur, qui, sans plus de droit que le premier, se saisit de la possession, la prescription ne lui est acquise que lorsqu'il en a personnellement continué l'exercice pendant tout le délai légalement exigé (l. 8, 1 *in fine* C. de pr. XXX vel XL an. VII, 39), à moins que ce nouveau possesseur ne soit le successeur du premier, et cette qualité, on doit la reconnaître soit à l'ayant-cause à titre universel, soit à l'ayant-cause à titre particulier. Dans cette hypothèse, en effet, sa possession n'est pas une usurpation nouvelle, ce n'est que la continuation de la lésion que son auteur faisait subir au droit d'un autre, il y a *accessio possessionum*, *accessio* qui se produit ici à la seule condition que l'ayant-cause appréhende, avant qu'un autre ait pu s'en saisir, la possession de son auteur (1). C'est ainsi que la loi 14 C. (*De fund. Patr*, XI, 41) nous la montre fonctionnant dans la prescription de quarante ans, où elle est évidemment régie par les mêmes règles que dans celle de trente ans.

Enfin dans cette prescription, comme lorsqu'il s'agit de l'usuca-

1. Si en matière d'*usucapio et de pr. l. temporis*, l'admission de l'*accessio* est soumise à d'autres conditions, cela tient aux caractères spéciaux que doit revêtir toute possession pour qu'elle puisse fonder l'une ou l'autre de ces institutions.

pion ou de la *longi temporis præscriptio*, il se peut que l'interruption naturelle produise des effets même sur la possession ultérieurement reprise; c'est dans le cas où, dépouillé d'une possession acquise de bonne foi, le possesseur, par suite de la cessation
de cette bonne foi, ne peut désormais commencer qu'une possession
de nature à lui fournir un simple moyen de défense et non la
sûreté bien plus efficace à laquelle l'ancienne, s'il l'avait pu maintenir, lui aurait permis d'arriver. C'est du moins ce qui ressort des
dispositions écrites par Justinien dans la loi 8, 1 C. de pr. XXX
vel XL an. VII, 39.

En résumé, l'interruption naturelle a donc dans la prescription
de 30 ans, un rôle et des effets analogues à ceux que nous lui avons
reconnus dans l'usucapion et la *longi temporis præscriptio*.

CHAPITRE II

DE L'INTERRUPTION NATURELLE DES PRESCRIPTIONS ADMISES

PAR LE DROIT ROMAIN EN MATIÈRE DE SERVITUDES

La certitude qu'il importe, avant tout, d'assurer à la propriété serait bien imparfaite et presque illusoire si, alors qu'il n'est plus possible de mettre en doute l'existence de son droit, auquel la possession a donné une base inébranlable, le propriétaire actuel avait toujours à redouter l'allégation inattendue de prétendus démembrements autrefois subis par le droit qu'il exerce, comme aussi s'il était indéfiniment menacé de le voir dépouillé des attributs qu'il avait juste sujet d'y croire attachés. C'est pourquoi, à côté de l'usucapion et de la *præscriptio longi temporis*, nous trouvons, à Rome, des institutions analogues, destinées à assurer aux démembrements de la propriété le même caractère de certitude et de fixité qu'à la propriété même, d'autant plus que, de même que celui de la propriété, l'exercice des différentes servitudes, donnant lieu à des actes matériels ou se manifestant au moins par un état de fait particulier, il était possible de donner à ces institutions, qui répondaient aux mêmes nécessités sociales, une base de même nature, l'exercice même du droit, sa possession. La possession, voilà donc la base des prescriptions introduites en matière de servitudes, possession qui, comme partout où elle sert de base à l'acquisition ou à l'extinction d'un droit, doit être continue, qui, d'autre part, se manifestant par des actes matériels peut être matériellement troublée et interrompue. C'en est assez pour que nous puissions dire que l'interruption naturelle doit avoir ici un rôle et des effets analogues à ceux que nous lui avons reconnus dans le chapitre précédent, en d'autres termes c'est dire qu'elle résultera toujours d'une perte de la possession et que ces effets découleront de ce qu'elle aura enlevé à la possession la continuité dont elle doit nécessairement être revêtue.

Ce sont ces deux points que nous allons vérifier, tant dans la prescription qui arrive à donner l'autorité du droit à une servitude existant simplement en fait, que dans celle qui consacre l'extinction des servitudes, dont un exercice effectif a cessé de manifester l'existence légale.

Réelles ou personnelles, les servitudes, que les Romains rangent parmi les *res incorporales*, ne peuvent, comme telles, faire l'objet d'une possession proprement dite (1) : elles admettent seulement une *juris possessio*, une *quasi possessio* comme disent les textes, *quasi possessio* qui consiste essentiellement dans l'exercice matériel des différents pouvoirs compris dans la servitude dont il est question, à la condition que le quasi possesseur considère l'exercice de ces pouvoirs comme la manifestation d'un droit auquel il prétend (2).

Cette quasi possession ne peut servir de fondement à l'usucapion (3) : une loi *Scribonia*, rendue probablement vers la fin de

1. Dans les servitudes les Romains n'avaient point, comme dans la propriété, confondu le droit lui-même avec la chose sur laquelle il portait.

2. La nécessité de cet *animus domini* me paraît nettement indiquée par Paul, dans la loi 25 (Quem. serv. am. VII, 6): *Servitute usus non videtur nisi is qui suo jure uti se credidit : ideoque si quis pro via publica vel pro alterius servitute usus sit, nec interdictum, nec actio utiliter commetit.*

La première partie de ce texte, on l'a du reste souvent entendu en ce sens, semble avoir trait à la bonne foi ; la seconde partie montre bien nettement que le jurisconsulte s'occupe de l'élément intellectuel, l'*animus domini*, qu'on doit nécessairement rencontrer dans la quasi possession.

3. Paul expose, dans la loi 14, pr. (*De Serv.*, VIII, 1) les raisons qui s'opposent à ce que l'usucapion soit appliquée d'une façon générale aux droits de servitude.

la République, le décidait formellement (1), et le droit romain, j'entends le droit classique, car la loi, que nous venons de citer, nous prouve bien que le droit primitif admettait l'usucapion des servitudes, ne connut en cette matière (2) qu'une institution analogue à la *præscriptio longi temporis*, une *longa quasi possessio*, qui, à la vérité, ne donnait pas droit à la servitude d'après le *Jus civile*, mais que le préteur protégea en accordant d'abord une exception, puis une action *confessoria utilis* (3) à celui qui, pendant un certain laps de temps (4), a en fait exercé *nec vi, nec clam, nec precario* les différents pouvoirs compris dans la servitude, comme s'il en avait eu le droit.

Or de même que la *longi temporis præscriptio* n'est fondée que sur la continuation prolongée de la possession, de même les effets analogues, attachés à la *longa quasi possessio*, ne s'expliquent et ne se justifient que par la continuation même de la *quasi possessio* et, par suite, celle-ci venant à être perdue, sa perte a nécessairement la même conséquence que la perte de la possession qui appuie la *longi temporis præscriptio* : il y a interruption naturelle.

Reste à déterminer dans quels cas on peut dire que se trouve perdue la *quasi possessio*.

Si l'idée, que nous avons donnée de la *quasi possessio*, est

----

1. Voyez la loi 4, 29 (*De Us. et usurp.* XLI, 3).

2. Encore la *longa quasi possessio* n'était-t-elle pas admise, en matière de servitudes personnelles ; c'est seulement Justinien qui étendit à ces servitudes, au moins à l'usufruit, la *præscriptio longi temporis* : la loi 12. C. *in fine* (*De pr.* l. t. VII, 33) me paraît trop formelle pour qu'on puisse nier cette extension.

3. Voyez la loi 10 pr. (S. *Serv. vind.* VIII, 5).

4. Ce délai était-il dans le droit classique fixé comme il l'était pour la *præscriptio longi temporis* ? fallait-il une *justa causa* ? la bonne foi même était-elle requise ? Autant de questions, qui font l'objet de sérieuses controverses que nous n'avons pas à examiner ici.

exacte, l'analyse y découvre facilement les deux éléments dont la coexistence est essentielle à la possession proprement dite, *l'animus* et le *corpus*. Dans le fait d'accomplir les actes, de maintenir l'état de fait que suppose la servitude ne trouve-t-on pas un élément matériel suffisamment caractérisé, et, dans l'intention d'agir en maître et la prétention d'exercer un droit, n'y a-t-il pas un *animus domini* bien nettement affirmé ?

Se constituant comme la possession, la *quasi possessio* doit dès lors, comme elle, se perdre quand vient à cesser la réunion des deux éléments qui suffisent à la constituer ; elle se peut donc perdre *corpore, animo, vel corpore simul et animo*.

La perte *animo* ne présente ici rien de spécial : elle résulte de tout acte et de tout fait constituant ou impliquant nécessairement une abdication expresse ou tacite de *l'animus domini*.

Quant aux faits susceptibles d'entraîner la perte *corpore*, il est impossible de les préciser d'une façon générale pour toutes les servitudes.

S'agit-il de servitudes, dont l'exercice suppose le fait positif de celui à qui elle appartient, de servitudes, qui, pour me servir des expressions consacrées, consistent *in faciendo*, la *quasi possessio* en est perdue par cela seul que, en fait, elle ne se révèle plus par les actes qui la doivent manifester, non point nécessairement du jour où, pour la dernière fois, s'est produit un de ses actes, mais dès qu'ils ont cessé d'être accomplis alors qu'ils auraient dû se reproduire si l'exercice de la servitude avait été normal et régulier (1), de telle sorte qu'en cette matière il y a une large place à

---

1. Un exemple mettra mieux ce point en lumière : j'ai une servitude de passage sur le fonds A qui accède au fonds B afin qu'il me soit possible d'aller recueillir les fruits de ce dernier fonds. Je cesserai de quasi-posséder cette servitude non pas du jour où j'aurai passé pour la dernière fois, mais du jour où alors que les nécessités de la culture m'appelait sur mon fonds, je n'aurai point usé du passage.

l'appréciation du juge. Au surplus, dans cette hypothèse, il est bien certain que la *quasi possessio* serait manifestement perdue du jour où se serait produit, un fait de telle nature que l'exercice matériel de la servitude est désormais rendu impossible.

S'agit-il, au contraire, de servitudes qui donnent seulement le droit d'avoir des ouvrages extérieurs et de jouir de l'état de choses qui en résulte, ou encore de défendre au propriétaire du fonds servant de disposer de sa chose de telle manière déterminée, en un mot de servitudes, qui, pour employer la terminologie admise consistent *in habendo vel in prohibendo*, la *quasi possessio* n'en peut être matériellement perdue que lorsqu'il vient à se produire un fait tel qu'il change l'état de choses, que le titulaire de la servitude avait le droit de maintenir afin de s'en assurer la jouissance, ou qu'il constitue précisément un des actes que la servitude avait pour but d'interdire au possesseur du fonds assujetti.

Ainsi donc pour entraîner la perte *corpore* de la *quasi possessio* d'une servitude de cette catégorie, il faut un *in contrarium actus*, un fait directement contraire aux pouvoirs compris dans la servitude : c'est, en définitive, une règle analogue à la règle qui subordonne la perte *corpore* de la possession proprement dite à l'existence d'un fait qui établisse manifestement l'impossibilité où se trouve le possesseur de disposer désormais de sa chose.

Au surplus, qu'il s'agisse d'une servitude quelconque, on doit en considérer la *quasi possessio* comme perdue dès que celui qui l'exerce ne réussit à en continuer l'exercice que *vi, clam vel precario*, puisque du jour où elle est entachée de violence ou de clandestinité elle ne peut plus servir de fondement à la *longa quasi possessio*.

La survenance d'un de ces vices doit donc être mise sur la même ligne que la perte effective de la *quasi possessio* et, par suite, tout acte ou tout fait de nature à entacher d'un de ces vices la *quasi possessio* de la servitude doit être rangé parmi les faits interruptifs de cette *quasi possessio* : tel sera notamment l'effet de l'opposition que rencontrera ou des protestations que soulèvera chez le propriétaire du fonds assujetti, l'exercice de la servitude, alors qu'il est continué en dépit de cette opposition ou de ces protestations.

La *quasi possessio*, et il est à peine besoin de le dire, peut, comme la possession, être exercée et conservée par l'intermédiaire d'un représentant.

Dans le cas où la servitude est exercée au nom d'un fonds appartenant à plusieurs copropriétaires, il résulte de son indivisibilité que, si le propriétaire du fonds, au préjudice duquel la servitude est exercée, laisse un seul d'entre eux en prolonger l'exercice pendant un temps suffisant pour que le préteur lui interdise de s'y opposer désormais, c'est vainement qu'il aura fait cesser ou empêché l'usurpation des autres, qui profiteront nécessairement de la protection acquise à l'un d'entre eux, puisqu'une servitude ne peut pas plus exister au profit qu'à la charge d'une part indivise d'un fonds. Cette solution doit toutefois être restreinte aux servitudes réelles : les servitudes personnelles, et notamment l'usufruit, auquel, du reste, la *longa quasi possessio* ne devient applicable que sous Justinien, étant parfaitement divisibles.

Quant aux effets que produit ici l'interruption naturelle, ils sont analogues à ceux qu'elle produit quand elle arrête le cours de l'usucapion ou de la *longi temporis præscriptio*.

La *quasi possessio* antérieure à la perte est désormais inutile puisqu'elle ne peut s'ajouter à une *quasi possessio* ultérieure dans le but de parfaire le délai légalement exigé : la continuité étant un caractère qu'elle doit nécessairement revêtir pour que le préteur consente à la protéger.

Cette solution s'impose alors que l'ex quasi possesseur aurait pour recouvrer sa *quasi possessio* perdue soit la publicienne (1),

---

1. Le préteur protégeait par elle la *quasi possessio* des servitudes de nature à fonder la *longa quasi possessio* (1. 11, 1. *De publ. in rem* VI, 2).

soit un interdit, à moins que ce dernier ne soit *retinendæ posses-sionis* (1).

L'interruption, qui affecte la *quasi possessio* actuellement exer-cée, peut même étendre son influence à une *quasi posessio* ulté-rieurement reprise par l'ex-quasi possesseur, car il peut se faire qu'il ait perdu sa bonne foi initiale, ce qui le met dans l'impos-sibilité d'arriver à la *longa quasi possessio*, si tant est qu'on la doive, au moins à l'origine, rencontrer chez le quasi possesseur.

Si l'interruption résulte de la survenance d'un vice qui rende inutile la *quasi possessio*, ce n'est qu'après avoir purgé ce vice, que le quasi possesseur peut, en prolongeant l'exercice de la servi-tude, arriver à s'assurer la protection du préteur.

L'*accessio possessionum* joue ici le même rôle et son admission est soumise aux conditions que dans la *præscriptio longi tem-poris* : c'est ainsi qu'elle ne peut être invoquée par un ayant cause à titre particulier que s'il a lui-même une *quasi possessio* utile, tandis que l'ayant cause à titre universel peut en profiter alors qu'il ne pourrait commencer lui-même une *quasi possessio* de nature à le conduire à la *longa quasi possessio*.

Cette application n'est pas la seule que reçoive l'interruption naturelle en matière de servitudes.

1. L'exercice de l'usufruit est assuré par les mêmes interdits que l'exercice du droit de propriété, sans que dans cette fonction ils soient qualifiés d'utiles.

— Quant aux servitudes prédiales il est bien certain que l'exercice en était protégé par des interdits *quasi possessoires* ; nous avons sur ce point le témoi-gnage formel de Javolenus (l. 20 *De serv.* VIII, 1) :

Ideoque interdicta veluti possessoria constituta sunt.

Dans le silence des textes il est difficile de décider la question de savoir si la violation de la *quasi possessio* d'une servitude, donnait toujours lieu à des interdits analogues à ceux qui assurent l'exercice de la propriété : Un point certain c'est que l'interdit *Uti possidetis* servait à protéger l'exercice de cer-taines servitudes : la loi 3, 6 (*Uti possid.* XVIII, 17) comme aussi la loi 8, 5. (*Si serv. vind.*) nous en montrent des applications formelles.

C'est, à Rome, une règle que nous trouvons présentée comme un principe général, que : *Servitutes non utendo pereunt*, règle, qui, de prime abord, paraît bien singulière dans une législation qui, en principe, admet la perpétuité des droits. Or, comme il est d'évidence que ce non usage ne peut s'établir que par la continuation de l'inaction qu'il suppose, on voit de suite quel effet on doit reconnaître aux actes matériels par lesquels pourra s'affirmer la servitude avant que soient achevés les délais pendant lesquels il se doit prolonger : il y aura interruption naturelle.

Au reste ici, comme ailleurs, elle s'analyse en une perte de la possession et ses effets dérivent toujours de cette idée que le non usage doit être continu.

Et d'abord que l'interruption naturelle s'analyse ici en une perte de la possession, c'est là une assertion qui ne paraît guère tenir compte de la règle que semble exprimer, sur ce point, la législation romaine. Nous croyons cependant la pouvoir justifier, car, toute positive que puisse apparaître la règle romaine, ce n'est pas, à notre avis, dans le non usage qu'il faut chercher la véritable explication juridique, pas plus que la base originaire de la solution qu'elle constate. Et, en effet, si, prise à la lettre, elle constituait une véritable anomalie dans la législation romaine, expliquée par l'*usucapio libertatis* que fonde au profit du possesseur du fonds grevé, le fait de le posséder franc et libre de toute servitude, elle devient parfaitement conciliable avec les principes généraux de cette législation : ce ne serait pas alors directement par l'effet du non usage, ce serait indirectement par suite de l'acquisition qu'en réalise le possesseur du fonds assujetti que se trouve éteinte la servitude. Or, que tel ait été le point de vue de la législation primitive, c'est bien ce qui me paraît formellement résulter d'un texte de Paul, la loi 4, 29 (De Uusurp. XLI, 3) :

« Libertatem servitutum usucapi posse verius est, eam usuca-
« pionem sustulit lex Scribonia quæ servitutem constituebat, non

Colin   8

« etiam eam quæ libertatem præstat subolata servituta » (loi 4,
29. De Usurp. XLI, 3),

comme aussi d'un texte d'Ulpien, la loi 10, 1 (eodem), qu
semble bien indiquer que le droit qu'il exprime ne fut point le
droit de tout temps admis en cette matière :

« Hoc jure utimur ut servitutes per se nusquam longo tempore
« capi possint, cum œdificiis possint »,

car, dans cette loi, les mots *longo tempore* sont bien évidemment une interpolation de Justinien pour *usucapi*.

Enfin, rien ne prouve mieux l'exactitude de ce point de vue que
la parfaite similitude des délais du non usage et de l'usucapion (1) :
la servitude est éteinte parce que le possesseur du fonds assujetti
en a réalisé l'acquisition par usucapion.

Mais alors naît la question de savoir comment et pourquoi les
Romains furent amenés à attribuer au non usage un effet qui n'en
était que la conséquence indirecte ? La raison en est dans cette considération qu'en fait, il est bien souvent difficile sinon impossible de
distinguer entre la possession de la liberté d'un fonds et le non
usage de la servitude, dont légalement il peut être grevé, la manifestation extérieure de ces deux idées ne présentant dans nombre
de cas aucune différence appréciable. Cela est vrai surtout à l'égard
des servitudes, dont l'exercice exige le fait positif de celui à qui
elle appartient : par cela seul que les actes positifs qui manifestent
l'existence de la servitude ne sont plus exercés, le fonds assujetti
est en état de liberté et se trouve, *ipso facto*, possédé comme tel,
sans que le propriétaire ou le possesseur ait besoin de faire un acte
quelconque constatant la prise de possession de cette liberté : en un

---

1. Il est de deux ans pour les servitudes réelles, de deux ans ou d'un an
pour les servitudes personnelles, suivant qu'elles portent sur un meuble ou
un immeuble.

Justinien change ces délais en même temps que ceux de l'usucapion, et
maintient ainsi la similude qui existait dans le droit antérieur.

mot, le non usage se confondant absolument, en fait, avec la possession de la liberté du fonds, doit-on s'étonner qu'on ait négligé pour ces servitudes, l'idée d'*usucapio libertatis*, qui, en elle-même, est toute abstraite et offre moins d'intérêt pratique que l'extinction des servitudes ?

Si telles furent les considérations qui amenèrent les jurisconsultes romains à formuler la règle : *Servitutes non utendo pereunt*, il est d'évidence, la logique, la nature même des choses l'imposaient, qu'ils ne pouvaient lui donner une portée générale et notamment l'appliquer alors qu'auraient cessé d'être exactes les considérations pratiques qui la peuvent justifier, c'est-à-dire dans le cas où la possession de la liberté du fonds se traduit autrement que par le non usage de la servitude.

Cette conclusion, à laquelle nous amènent l'explication juridique, que nous donnons de notre règle, comme aussi la base que nous lui assignons, est pleinement justifiée par nos sources, où nous rencontrons des textes qui décident bien formellement que le simple non usage ne saurait suffire à éteindre certaines servitudes, dont l'extinction ne peut résulter que d'une *uscapio libertatis*, accomplie au profit du possesseur du fonds assujetti, usucapion, qui exige, de sa part, une prise de possession de la liberté du fonds, réalisée *nec vi, nec clam, nec precario*, et, par conséquent, vraisemblablement de bonne foi, au moyen d'un acte contraire à la servitude, et le maintien de l'état de choses, produit par cet acte, pendant tout le temps requis pour l'usucapion, sans que le quasi possesseur ait dû pour cela avoir recours soit à la violence, soit à la clandestinité.

Or, comme, dans tous ces textes (1), il s'agit de servitudes telles, que la possession de la liberté du fonds se manifeste autrement que par le non usage, il nous paraît bien légitime de dire que les Romains n'ont jamais reconnu au non usage un effet ex-

---

1. Voyez notamment la loi 32, 1. (*D. serv. pr. urb.*, VIII, 2), la loi 18, 2. (*Quem serv. am.*, VIII, 6).

tinctif que dans les hypothèses où il se confond en fait avec la possession de la liberté du fonds, qui reste, en réalité, la véritable cause de l'extinction attribuée au non usage (1).

1. Nous avons sur ce point un texte général de la loi 6 (*De serv. pr. urb.*, VIII, 2) : *Hæc autem jura similiter, ut rusticorum quoque prædiorum, certo tempore non utendo pereunt : nisi quod hæc dissimilitudo est, quod non omnimodo pereunt non utendo : sed ita, si vicinus simul libertatem usucapiat...* Gaïus décide très nettement que le simple non usage suffit à éteindre les servitudes rurales, tandis qu'il faut une *usucapio libertatis* en ce qui concerne les servitudes urbaines. Pour ceux qui admettent que les servitudes rurales sont les servitudes qui consistent *in faciendo*, tandis que les servitudes urbaines sont celles qui donnent un *jus habendi vel prohibendi*, ce texte ne fait que consacrer de la façon la plus explicite la conclusion à laquelle nous nous sommes arrêtés. Mais quand, pour ranger une servitude dans l'une ou l'autre de ces catégories, on s'attache à la qualité du fonds dominant, et tel était, à mon avis, la base de la division romaine, ce texte n'est point en parfaite harmonie avec la conclusion à laquelle nous sommes arrivés. Il ne la saurait pourtant ébranler. Et, en effet, il est impossible que les jurisconsultes romains se soient placés au point de vue que semble indiquer Gaïus pour établir entre les servitudes des différences quant à leurs modes d'extinction. Ces différences tiennent à une observation exacte de la physionomie dissemblable sous laquelle peuvent se présenter les servitudes et les caractères intrinsèques de nature opposée qu'elles peuvent revêtir : elles peuvent être continues, et consister *in habendo vel in prohibendo* ; elles peuvent être discontinues, elles consistent alors *in faciendo*. Dans ce dernier cas, le rapport entre les deux fonds ne se manifeste que par des actes passagers qui ne le révèlent qu'au moment même où ils sont accomplis ; dès qu'ils ont cessé de se produire, en fait, la liberté est acquise au fonds assujetti et son possesseur le possède comme s'il n'était astreint à aucune charge.

Dans les autres servitudes au contraire, le rapport se révèle par des travaux extérieurs, par un état de choses permanent, qui sont autant de protestations contraires à la liberté du fond assujetti, liberté à laquelle ne peut prétendre son possesseur que du jour où il oppose une contradiction formelle aux protestations contraires à sa prétention. Or, au point de vue de la physionomie sous laquelle peut se présenter une servitude, au point de vue des caractères qu'elle peut revêtir, qu'importe la qualité du fonds dominant ? Cette qualité, sans doute, peut influer sur l'étendue de la servitude, mais il n'y a là qu'une question de quantité qui ne saurait aller jusqu'à changer l'essence même de la servitude : on ne conçoit pas un même droit soumis à des règles différentes

C'est donc sur la possession de la propriété franche et libre
que sont fondées les deux institutions que nous rencontrons en
cette matière; dès lors, cette possession venant à être perdue, il ne
peut évidemment plus s'agir de lui assurer l'autorité du droit :
il y a interruption naturelle des délais du non usage comme de
ceux de l'*usucapio libertatis*, interruption naturelle qui, dans
l'une et l'autre de ces deux institutions s'analyse en une perte de
la possession.

C'est le rôle que peut jouer cette interruption naturelle soit

d'extinction suivant qu'il est plus ou moins onéreux. Comment dès lors admettre que les règles d'extinction de la servitude puissent varier avec la
qualité du fonds dominant puisque cette qualité est impuissante à changer la
physionomie comme les caractères intrinsèques de la servitude qui, seuls,
peuvent expliquer et justifier les différences établies ?

Ce qui est vrai c'est que la division des servitudes en rurales et urbaines, en
harmonie avec l'état de la propriété foncière, et le régime économique aux
premiers temps de la législation romaine, n'est plus, à l'époque classique,
d'accord avec les règles nouvelles que devait et qu'avait, en réalité, fait surgir
l'élaboration scientifique de la matière.

Elle aurait donc dû disparaître, la puissance de la tradition la fit conserver
et elle resta la base de l'exposition de la théorie des servitudes, d'autant plus
que les servitudes rurales, consistant presque toujours *in faciendo*, et, au contraire les urbaines *in habendo vel in prohibendo*, elle s'adaptait assez heureu-
sement, mais non toutefois d'une façon complète, à la division qu'aurait
exigée une saine théorie. Les raisons qui conduisent à distinguer entre les
servitudes pour en formuler les règles, n'avaient point échappé aux jurisconsultes, c'est par elles qu'ils furent amenés à préciser les différences que nous
rencontrons dans la matière qui nous occupe. Mais ils n'allèrent pas plus
loin, et, plutôt que de sacrifier la division ancienne, ils préférèrent faire plier
la logique et se contenter d'une vérité approximative.

C'en est assez pour expliquer les expressions de Gaïus; dans la pratique,
c'est la qualité du fonds dominant qui dirige l'application du non usage ou
de l'*usucapio libertatis*, mais il n'en résulte nullement que ce soit un *criterium*
qui s'impose et il me paraît incontestable qu'on ne le faisait point prévaloir
dans les hypothèses, peu fréquentes d'ailleurs, où, pour régler le mode
d'extinction de la servitude, on n'aurait pu s'y attacher qu'en dépit de toute
logique, et contrairement à la nature même des choses.

dans le non usage, soit dans l'*usucapio libertatis,* qu'il nous faut maintenant examiner.

Il y a non usage de la servitude et, par suite, possession de la liberté du fonds assujetti (nous ne revenons pas sur le corrélation intime que nous avons signalée entre ces deux idées dans les servitudes que le non usage suffit à éteindre), dès qu'elle cesse de s'affirmer par les actes qui la devraient manifester si elle était régulièrement exercée (1), quel'e que soit du reste la cause qui en suspende l'exercice, quel que soit le motif qui détermine l'inaction de celui qui peut en user. Mais si l'absence des actes qu'autorise la servitude suffit à caractériser le non usage il est d'évidence qu'elle en est la condition nécessaire et que, par suite, il doit cesser dès que vient à se produire un des actes, que la servitude avait précisément pour but d'autoriser. Peu importe de qui émane l'acte, pourvu que son auteur entende user d'un droit : c'en est assez pour affirmer l'état de dépendance du fonds assujetti et dépouiller le possesseur de la possession de liberté de ce fonds :

« Satis est, nous dit Celsus, à propos d'une servitude de passage, « fundi nomine itum esse. »

Cette première condition est essentielle ; elle est suffisante, pourvu que l'acte accompli soit précisément un de ceux que la constitution de la servitude avait eu précisément pour but d'autoriser ; cette seconde condition est d'évidence, et nombre de textes la mettent nettement en lumière (2).

En résumé, tout acte qui satisfait aux deux conditions que nous venons d'indiquer, suffit à affirmer l'existence de la servitude

1. Nous l'avons dit, c'est non du jour où pour la dernière fois a été exercé la servitude, mais du jour où elle ne l'a pas été, alors qu'elle aurait dû l'être, qu'il y a en réalité non usage.

2. Voyez en ce sens les lois 10, 1 et 17 (*Quem. servit. am.* VIII, 6).

et, par suite, à dépouiller le possesseur du fonds assujeti de la possession de la liberté de son fonds (1).

Quant aux effets produits par cet acte interruptif, il est facile de les préciser.

Ne pouvant résulter que d'un non usage continu, l'extinction de la servitude ne peut désormais être obtenue que dans le cas où le possesseur du fonds grevé parvient, pendant tout le délai requis, à jouir de la liberté de son fonds, sans que celle-ci se trouve de nouveau contredite par l'affirmation de la servitude, en d'autres termes si les délais du non-usage s'accomplissent sans que les pouvoirs, compris dans la servitude, soient de nouveau exercés.

Dans le calcul de ces délais, le possesseur actuel peut, sans contredit, faire figurer le temps pendant lequel son auteur a eu la libre possession du fonds par suite du non-usage de la servitude. Paul le dit en termes formels (l. 18, 1, *quem serv. am.*, VIII, 6) :

« Tempus quo non est usus præcedens fundi dominus, cui
« servitus debetur, imputatur ei, qui in ejus loco successit. »

Il semble bien que Paul voit ici un cas d'application de l'*accessio possessionum*, puisqu'il exige, entre le possesseur actuel et le précédent, des rapports d'auteur à ayant-cause, ce qui nous confirme dans l'idée que les Romains ne furent amenés à reconnaître au non usage un effet extinctif, que pour assurer la possession de la liberté

---

1. Les Jurisconsultes allèrent même plus loin dans cette voie ; c'est ainsi que nous voyons Celsus, à propos d'une servitude d'aqueduc décider que, dans le cas même où le propriétaire du fonds dominant aurait négligé de tirer de l'eau pendant le délai du non usage, la servitude ne saurait être éteinte, *si aqua per rivum sua sponte perfluxit* (l. 12, *quem serv. auc.* VIII, 6).

C'est là une décision qui se justifie bien plus par des considérations d'équité que par les principes : elle s'explique surtout par le peu de faveur avec lequel, dans la pratique, on devait voir le non usage, étant donnée la brièveté de ses délais.

du fonds assujetti : nous avons dit plus haut pourquoi on ne s'en tint pas ici à l'idée d'une *usucapio libertatis*.

Arrivons à cette institution elle-même. Ici, la possession de la liberté du fonds est une condition positive, c'est-à-dire que la servitude ne peut plus être éteinte par le seul fait du non usage, il faut en outre que, sans rencontrer l'opposition, sans soulever les protestations des intéressés, le possesseur du fonds grevé ait, par la manière dont il a exercé son droit de propriété, opposé une contradiction formelle à l'existence de la servitude, et qu'il ait continué cette contradiction pendant tout le temps légalement exigé .sans qu'elle cesse de revêtir les caractères indépendamment desquels elle ne saurait fonder l'usucapion. Or, comme la possession de la liberté du fonds implique nécessairement la possession du fonds, dont elle n'est en somme que l'exercice plein et entier, il en résulte d'abord que tout acte ou tout fait, par lequel le possesseur actuel se verra dépouillé de la possession du fonds grevé, aura, sans contredit, pour effet d'interrompre naturellement le cours de l'*usucapio libertatis* qui pouvait être en voie de s'accomplir ; c'est ce que Julien constate de la façon la plus précise dans la loi 32, 1 (*De serv. pr. urb.*, VIII, 2) :

« Libertas servitutis usucapitur, si ædes possideantur : quare,
« si is, qui altius ædificatum habebat, ante statutum tempus ædes
« possidere desiit, interpellata usucapio est : is autem qui postea
« easdem ædes possidere cœperit, integro statuto tempore libertatem
« usucapiet : natura enim servitutum ea est, ut possideri non pos-
« sint : sed intelligatur possessionem earum habere, qui ædes
« possidet. »

Ainsi donc, en réservant bien entendu le cas où l'ancien possesseur ressaisit sa possession par la voie d'un interdit *retinendæ possessionis*, comme aussi l'hypothèse où, grâce à l'*accessio possessionum*, le nouveau possesseur peut joindre sa possession à l'ancienne, nous devons décider que l'*usucapio libertatis* ne peut

être établie que par une possession nouvelle, exercée sans interruption pendant tout le temps légalement exigé, pourvu qu'elle soit
commencée *nec vi, nec clam, nec precorio* et que, pendant toute la
durée du délai, la persistance de la contradiction, qu'elle oppose à
l'existence de la servitude, ne soit due ni à la violence ni à la clandestinité.

Nous l'avons dit, c'est dans la contradiction, opposée en fait à
l'existence de la servitude, que consiste la prise de possession indépendamment de laquelle le possesseur du fonds assujetti ne peut
prétendre posséder la liberté de son fonds; c'est sur la continuation effective de cette contradiction, en d'autres termes, sur le
maintien de l'état de fait créé par l'acte contraire à la servitudé,
comme aussi sur la persistance de la prétention qu'il manifeste et
qu'il implique, qu'est fondée l'*usucapio libertatis* qui ne peut,
du reste, s'accomplir que si cette contradiction n'est entachée ni
de clandestinité, ni de précarité, ni de violence. Nous devons en
conclure qu'elle doit être interrompue dès que ne se trouvent plus
réunis chez l'*usucapiens*, les deux éléments constitutifs de sa *quasi
possessio*, dès que celle-ci vient à être entachée d'un vice qui ne
lui permet plus de fonder une *usucapio*.

C'est ainsi que tout acte impliquant une abdication expresse ou
tacite de la prétention que suppose la *quasi possessio*, comme
aussi tout fait amenant la cessation de l'état de fait, qui manifeste
cette prétention, ont évidemment pour effet d'interrompre le cours
de l'*usucapio libertatis*. On doit de même, sans difficulté, reconnaître cette portée à tout fait de nature à amener la cessation
de l'état de fait contraire à la servitude, si, d'ailleurs, il n'a pu être
maintenu que par la violence puisque la quasi possession est désormais entachée d'un vice qui ne lui permet plus de fonder une
usucapio.

A ce point de vue, il est incontestable que, dans le cas au
moins où elles émanent de celui qui a droit à la servitude, une

opposition même vaincue, une protestation dédaignée ont, sans contredit, un effet interruptif puisque, s'il est continué, l'exercice de la servitude prend certainement le caractère d'une possession violente, ainsi que cela ressort bien nettement d'un passage d'Ulpien, la loi 1, p. 5 et s. (Quod vi aut clam XLIII, 24) :

« Vi factum videri Quintus Muxius scripsit si quis contra,
« quum prohiberetur, fecerit : et mihi videtur plena esse Quinti
« Mucii definitio .. Sed et si contra testationem, denunciationem
« que fecerit : idem esse Cascellius et Trebatius putant ; quod
« verum est. »

Cette *quasi possessio* interrompué ne peut désormais entrer en ligne de compte dans le calcul de l'*usucapio*, et celle-ci ne pourra ultérieurement être obtenue que par une nouvelle prise de possession de la servitude, réalisée et exercée *nec vi, ner clam nec precario* pendant tout le temps légalement exigé.

Il n'est pas douteux que l'*accessio possessionum* ne soit admise en cette matière, où elle doit être soumise aux mêmes conditions que dans l'usucapion ou la *prescriptio longi temporis*; c'est dire qu'elle ne peut être invoquée que par un héritier en possession réelle du fonds que le *de cujus* a utilement commencé à posséder libre de toute servitude, ou par un ayant-cause à titre particulier qui, comme son auteur, possède utilement dans ce but le fonds qu'il s'agit de libérer, en d'autres termes en exerce *nec vi, nec clam, nec precario* la propriété pleine et entière.

Toutes les règles que nous venons de préciser restent les mêmes, alors que les délais de la *longi temporis præscriptio* sont étendus par Justinien au non usage comme à l'*usucapio libertatis*.

Nous sommes ainsi arrivés au terme des explications que nous avions à présenter sur l'interruption naturelle du cours de la prescription.

Nous avons vu que partout elle s'analyse en une cessation de l'état de fait, en une perte de la possession que la prèscription, répondant à une nécessité incontestable, a mission de consolider soit en lui assurant l'autorité du droit, soit en obligeant le titulaire même du droit usurpé à respecter l'usurpation qu'imprudemment il laissait se prolonger.

Partout aussi où nous l'avons vue se produire, nous avons reconnu que ses effets dérivent tous de cette idée que, pour fonder une prescription quelconque, la possession doit être continue, c'est-à-dire s'être prolongée pendant tout le délai requis sans que le possesseur en ait été même momentanément dépouillé, puisque, si elle en peut produire d'autres, ce n'est qu'indirectement par ce fait qu'elle oblige à commencer une possession nouvelle, possession qui doit évidemment revêtir les caractères qui permettaient à l'ancienne de fonder telle ou telle prescription.

DEUXIÈME PARTIE

DE L'INTERRUPTION CIVILE

L'interruption civile est une interruption produite dans le cours de la prescription par l'effet d'actes judiciaires ou conventionnels affirmant l'existence du droit que, directement ou indirectement, la prescription était en voie d'éteindre.

Nous diviserons en trois chapitres les explications que nous nous proposons de donner sur l'interruption civile de la prescription.

Dans un premier chapitre, nous rechercherons quel fut au juste le domaine que lui reconnut le droit romain ; nous déterminerons, dans un second chapitre, par quels actes elle peut être obtenue ; et enfin, dans un troisième, nous préciserons les effets mêmes attachés aux actes qui la peuvent produire.

CHAPITRE I

Nous avons eu déjà l'occasion de le dire, le domaine de l'interruption civile est, en théorie du moins, aussi vaste que celui de
la prescription même. Que celle-ci ait directement pour but et pour
effet l'extinction d'un droit, ou qu'elle ne la produise que par voie
de conséquence, comme dans l'usucapion, jamais elle ne saurait,
sans iniquité, s'accomplir au préjudice d'un droit, dont le respect
s'impose par cela seul qu'il est légalement affirmé ou reconnu.
Cependant, à Rome, il est incontestable que, en dépit même de
l'affirmation la plus énergique qui puisse être faite d'un droit,
le fait d'en poursuivre en justice la reconnaissance et la sanction,
le cours de l'usucapion pouvait continuer à courir et s'achever au
profit du possesseur actionné.

C'est là une solution qu'il est impossible de mettre en doute en
face des nombreux textes qui l'établissent. Gaïus (l. 18 *De rei
vind.* VI, 1) et Ulpien (l. 17, 1 *eodem*), en supposant une usucapion accomplie *post acceptum judicium*, se prononcent bien
formellement dans le sens d'une doctrine, que nous trouvons reproduite par Paul (l. 2, 21 *Pro emptore* XLI, 4) :

« Si rem alienam emero, et, cum usucaperem, eamdem rem
dominus a me petierit : non interpellari usucapionem meam litis
contestatione » :

et par Marcellus (l. 2, *Pro donato* XLI, 6) :

« Si is, qui alienam rem donaverit, revocare constituerit donatio-

« nem, etiam si judicium ediderit, remque cœperit vindicare, curret
« usucapio (1). »

Cette décision est une de celles par lesquelles le droit romain,
et surtout le droit romain primitif, manifeste des tendances ouvertement matérialistes. Pour lui l'élément essentiel de l'usucapion,
c'est l'élément extérieur et visible de celle-ci, c'est la possession ;
or, en dépit de l'action du propriétaire, la possession subsiste.
L'élément intellectuel de l'usucapion, la *bona fides*, n'est point, du
reste, nécessairement atteint, et le fut-il ce ne serait point une raison suffisante pour arrêter le cours de l'usucapion : *mala fides
superveniens non nocet*. Dès lors, puisque l'action même du propriétaire ne porte point atteinte aux conditions requises pour que
l'usucapion puisse courir, pourquoi lui donner l'effet d'en arrêter
le cours ?

C'est là une doctrine dont la rigueur eût été excessive, et contre
laquelle n'eût pas manqué de s'élever le préteur, toujours prêt à
prendre en mains la cause de l'équité contre la rigueur des principes, si les effets particuliers, que le droit romain reconnaissait à la
litis contestatio, n'eussent suffi à prévenir l'iniquité que, tout
d'abord, semblent consacrer nos textes. Or, c'est, à Rome, un
principe général que, dans le cas où le demandeur fait judiciairement reconnaître ses prétentions, il doit être mis dans la même
situation que s'il eût obtenu justice, au jour même de la *litis contestatio*, principe que Paul établit de la façon la plus générale
dans la loi 31, p. (*De Reb. Cred.* XII, 1) :

« Cum fundus vel homo per condictionem petitus esset, puto,

---

1. Dans l'hypothèse où le possesseur usucape *pro lucrativa causa* il y a lieu
de se demander si l'usucapion n'est pas interrompue dans le cas où la *litis
contestatio* révèle au possesseur qu'il exerce le droit d'un autre. C'est là une
question qui dépend de la question plus générale de savoir si la règle : *mala
fides superveniens non nocet*, est applicable alors que la *justa causa* du possesseur est *lucrativa*.

« nos hoc jure uti, ut, post judicium acceptum, causa omnis
« restituenda sit : id est omne quod habiturus esset actor, si litis
« contestandæ tempore solutus fuinet, »
et qu'il répète, dans la loi 35 (*De verb. sign.* L, 16), en décidant formellement que dans l'obligation générale de restitution,
qui naît au jour de la *litis contestatio*, se trouve comprise l'obligation de réparer les effets d'une usucapion accomplie *inter
moras litis* :

« Restituere autem is intelligitur qui simul et causam actori red-
« dit quam is habiturus esset, si statim judicii accepti tempore res,
« ei reddita fuisset, id est et usucapionis causam et fructum. »

Il en résulte, ainsi que le constate Gaïus (*De rei vind.* VI, 1),
que le défenseur qui usucape *inter moras litis*, doit non seulement
permettre au demandeur de reprendre matériellement possession de
la chose, mais encore lui en consentir une tradition translative de
propriété.

Grâce à cet effet de la *litiscontestatio*, il était donc possible
de maintenir, sans que l'équité proteste, la solution rigoureuse qui
découlait des principes primitivement admis.

La solution romaine n'était pas néanmoins sans inconvénients,
au cas où le possesseur avait concédé sur la chose des droits réels,
qui, par suite de l'usucapion accomplie *post acceptum judicium,*
se trouvaient avoir été constitués *à domino* et, comme tels, deve-
naient opposables au demandeur, inconvénients qui s'affirmaient
alors surtout que ce dernier se trouvait en présence d'un défendeur
insolvable. C'est pour prévenir ce danger que les Romains obli-
gèrent le défendeur, qui voulait éviter la condamnation, non seulement à consentir une tradition translative de propriété, mais encore à fournir une *cautio de dolo*, qui avait pour but de protéger
le demandeur contre les conséquences possibles d'une usucapion
accomplie *inter moras litis* au profit du défendeur, *cautio* dont

Gaïus (1. 18 ; 1. 20 *in fine. De rei vind.*) et Ulpien (1. 45 *eô-dem*) nous montrent l'existence et l'étendue.

Si telle était la solution admise en matière d'usucapion, il n'en était point ainsi dans *la præscriptio longi temporis* dont il est manifeste que la *litis contestatio* arrêtait le cours : c'est dire qu'elle admettait l'interruption civile.

Il me suffit de citer en ce sens les lois 2 et 10 (C. *De pr. l. temp.* VII, 33) :

« Longi temporis pæscriptio his qui bona fide acceptam posses-
« sionem, et continuatam nec interruptam inquietudine litis tenue-
« runt solet patrocinari. »

— « Nec bona fide possessionem adeptis longi temporis præs-
« criptio post moram litis contestatæ completa proficit : cum
« post motam controversiam in prœteritum æstimetur »,

La loi 26 (C. *de rei vend.* III, 32) :

« Moræ litis causam possessoris non instruunt ad inducendam
« longæ possessionis præscriptionem quæ post litem contestatam in
« prœterium æstimetur, »

Enfin la loi 2 (C. *ubi in rem act.* III, 19) :

«... Tanquam lite, quæ ei ingeritur ex eo die, quod possessor
« ad judicium vocatus est ad interrumpendam longi temporis
« præscriptio, contestata. »

Ces textes établissent d'une façon décisive que la *litis contesta-tio* n'a pas seulement pour effet d'empêcher que la *longi tempo-ris præscriptio* puisse désormais utilement s'accomplir, mais qu'elle en arrête le cours. Et, en effet, outre les expressions si nettes et si précises de la loi 2 (*ubi in rem*), les lois 10 *de pr. l. temps*) et 26 (*de rei vind.*) mettent hors de doute la solution que nous voulons établir, en nous indiquant, comment, une fois la *litis contestatio* intervenue, se fait le calcul du délai légalement exigé : *post litis contestatam in prœteritum æstimetur*, c'est-à-dire qu'il se fait dans le passé en prenant comme point de départ le jour de la *litis contestatio*. Or il en est tout autrement dans l'usucapion : le temps postérieur à la *litis contestatio* figure évidemment dans le calcul du délai.

J'ajoute que la solution que les textes sont unanimes à établir dans la *præscriptio longi temporis*, s'imposait en cette matière.

Et, en effet, ce n'est point directement sa possession qu'invoque le possesseur à l'effet d'y fonder un droit, c'est plutôt et surtout l'inaction du propriétaire qui perd non son droit mais la possibilité de le faire valoir en justice à l'encontre du possesseur dont il a laissé, pendant un certain temps, se prolonger l'usurpation. Fondée principalement sur l'inaction du propriétaire, il était logique que la *longi temporis præscriptio* ne pût continuer à courir et s'achever alors qu'avait cessé cette inaction. D'ailleurs, étant donné le moyen même par lequel le préteur assurait à la longue possession la protection que le droit civil ne lui accordait point, il était impossible de ne point tenir compte de l'action du propriétaire ; c'était une *præscriptio* que le défendeur faisait insérer en tête de la formule, *præscriptio* conçue en ces termes : Juge, si tu reconnais que Primus a possédé pendant dix ou vingt ans, déboute Secundus de sa demande. Or pour apprécier le fondement d'une demande quelle qu'elle soit, qu'elle soit contenue dans l'*intentio* du demandeur, ou dans une *præscriptio* du demandeur, le juge doit se placer au jour où elle lui est adressée, car s'il est un principe que doit reconnaître toute législation, soucieuse de mettre ses décisions en harmonie avec les données de l'équité, c'est bien que les lenteurs nécessaires de la justice ne peuvent nuire à ceux qui doivent y recourir, et, par suite, si, au jour de la *litis contestatio*, le demandeur pouvait encore faire valoir son droit à l'encontre du possesseur, l'injuste résistance de ce dernier ne saurait, en aucune façon, influer sur l'efficacité à son égard du droit du propriétaire.

Bien différentes étaient donc les solutions admises dans l'usucapion d'une part, et dans la *longi temporis præscriptio* d'autre part, en théorie du moins, car, en pratique, le résultat était à peu près le même : s'il est incontestable que dans le droit classique l'action du propriétaire est impuissante à arrêter le cours de l'usucapion, il n'est pas moins hors de doute que tout autre est la solution en matière de *longi temporis præscriptio*.

Reste à savoir à quelle solution s'est arrêté Justinien en fondant en une seule les deux institutions qui, dans le droit antérieur, protégeaient les *justæ possessiones*.

La question est controversée.

D'une part, on peut prétendre que Justinien a maintenu la doctrine admise en matière d'usucapion et, en ce sens, invoquer les textes qui nous ont permis d'affirmer que l'usucapion classique ne connaissait point l'interruption civile. D'autre part, on peut soutenir que c'est, au contraire, la solution, admise par le droit classique dans la *præscriptio longi temporis*, qui régit l'usucapion de Justinien et, en ce sens, argumenter de tous les textes que nous avons cités pour établir que, contrairement à ce qui avait lieu pour l'usucapion, l'action du propriétaire arrêtait le cours de la *præscriptio longi temporis*.

Je ne saurais passer sous silence les divers systèmes que nos anciens auteurs avaient imaginé pour concilier ces textes contradictoires.

Un premier système avance que, sous Justinien, l'usucapion des meubles reste soumise à la règle classique, tandis que l'usucapion des immeubles est régie par la même règle que la *præscriptio longi temporis*. Ce système, qui mettait nos anciens auteurs à leur aise pour concilier des textes contradictoires, ne saurait être admis, car, n'ayant aucune base rationnelle, il devrait trouver un appui formel dans les textes. Or ceux-ci ne sont nullement décisifs ; c'est ainsi que les textes, qui reproduisent l'ancienne règle admise dans l'usucapion, parlent de *res* en général et non de *res mobilis* et, par

— 135 —

suite, ce n'est qu'arbitrairement qu'on en peut restreindre la portée aux meubles.

Un deuxième système, plus général, car il embrasse toutes les prescriptions, mis en avant et développé par Bartole, range en trois classes les différentes *prœscriptiones* admises sous Justinien : les *prœscriptiones mere odiosœ, mere favorabiles vel mixtœ*. Les premières, *mere odiosœ prœscriptiones*, sont exclusivement fondées sur la négligence de l'ayant droit, sans aucune idée de faveur pour celui qui prescrit : elles doivent cesser de courir en même temps que la négligence qui leur sert de fondement et l'interruption en peut être produite *per solam executoris missionem*. Les *prœscriptiones mere favorabiles* courent au contraire par pure faveur pour celui qui prescrit, à cause de son juste titre et de sa bonne foi : telle est, sous Justinien, l'usucapion des meubles ; elles ne sauraient dès lors admettre aucune interruption autre que l'interruption naturelle : ni la citation en justice, ni même la *litis contestatio* ne peuvent en interrompre le cours. Enfin les *mixtœ prœscriptiones*, fondées à la fois sur la négligence de celui contre lequel elles courent et la faveur due à celui qui prescrit, telle est l'usucapion de dix à vingt ans, admettent l'interruption civile mais sans qu'elle puisse résulter de la simple *conventio*; la *litis contestatio* seule la peut produire.

Tous ces systèmes, ingénieux sans doute, mais absolument arbitraires sont nés de la nécessité de concilier les textes contradictoires que nous avons cités. Or, à notre avis, cette nécessité ne s'impose nullement. N'est-il pas, en effet, bien plus simple et bien plus naturel d'expliquer leurs contradictions par des progrès ou des changements survenus, que d'imaginer un système dans le but de tenter entre eux une conciliation plus ou moins satisfaisante? Si l'on devait regarder, comme le faisaient, du reste, les anciens commentateurs, toutes les décisions contenues dans l'ensemble de nos sources, comme l'expression d'un droit applicable sous Justinien, la conciliation qu'ils tentaient, serait vraiment nécessaire et il nous faudrait rechercher un système qui permit de l'opérer. Mais il ne faut pas oublier que l'ensemble de nos textes est le résultat d'un vaste travail de compilation, dans lequel ses rédacteurs ont réuni les fragments de différents jurisconsultes, appartenant surtout à l'époque classique, sans songer souvent à la mettre en harmonie avec les changements législatifs qui avaient pu se produire.

Les textes, qui repoussent l'interruption civile, se réfèrent à l'ancienne usucapion ; au contraire, les textes qui l'admettent ont trait à la *præscriptio longi temporis*, telle qu'elle existait dans le droit classique ; il n'y a pas à tenter la conciliation de ces textes, dont l'antinomie n'est qu'une des preuves nombreuses, de la difficulté qu'il y avait à écrire une législation homogène, en usant de semblables procédés législatifs.

Aussi, en cette matière, on ne peut, ce me semble, argumenter avec quelque sûreté que des textes émanant de Justinien lui-même, textes qui ne peuvent évidemment que se référer à l'institution unique dans laquelle il a fondu les deux institutions du droit classique. Mais, avant d'examiner ces textes eux-mêmes, il est bon d'indiquer auparavant à quelle solution Justinien devait être logiquement amené : à la solution admise pour l'usucapion ou à celle qui avait prévalu dans la *longi temporis præscriptio*.

Nous avons eu déjà l'occasion de le dire, si, à l'origine, tout autres étaient les effets de l'usucapion, tout autres ceux de la *præscriptio longi temporis*, l'intervention continue et puissante du préteur, énergiquement poussé dans cette voie par l'équité, qui ne pouvait que protester contre des différences absolument arbitraires, était arrivée à faire de cette dernière institution un véritable mode prétorien d'acquérir, en donnant au possesseur une action, la publicienne, ou une revendication utile, à l'aide de laquelle, pouvant *erga omnes* recouvrer sa possession perdue, le possesseur était vraiment dans une situation analogue à celle du propriétaire.

Que telle fût, en définitive, dans le droit classique, la portée de la *longitemporis præscriptio*, il n'est point permis d'en douter en face de la loi 10 (*Si serv. vind.*, VIII, 5), qui fournit un argument d'analogie vraiment décisif, il y a même un *a fortiori* bien légitime à étendre à la propriété ce qu'Ulpien établit pour un de ses démembrements :

« Si quis diuturno usu et longa quasi possessione, jus aquæ du-
« cendæ nanctus sit, non est necesse ei docere de jure, quo aqua
« constituta est, veluti vel ex legato, vel alio modo, sed utilem
« habet actionem ut ostendat per annos forte tot usum se non vi,
« non clam, non precario possedisse. »

Nous avons d'ailleurs sur ce point le témoignage formel de Justinien :

« Hoc enim et veteres leges (si quis eas recte inspexerit) sa-
« niebunt » (l. 8, C. *De Pr.*, VII, 39).

Dès lors, en fait, aucune différence n'existait plus, au moins dans leurs effets entre l'usucapion et la *præscriptio longi temporis* et, pour les mettre sur un pied d'égalité parfaite, il suffisait, ce que fait Justinien, de transformer en action directe l'action utile donnée au possesseur, c'est-à-dire de protéger sa possession par l'action même qui sanctionne le droit du propriétaire :

« Si quis longi temporis exceptionem sibi adquisierit, posteaque
« fortuito casu possessionem ejus rei perdiderit : posse eum etiam
« actionem ad vindicandum eamdem rem habere sancimus : hoc
« enim et veteres leges (si quis eas recte inspexerit) sancie-
« bant. »

Ainsi donc, la *præscriptio longi temporis* devient, au même titre que l'usucapion, un véritable mode d'acquisition de la propriété : elle ne permet plus seulement de maintenir la permanence d'un état de fait, elle donne à ce fait l'autorité du droit. Or, si

Justinien fait de la *longi temporis præscriptio* un véritable mode d'acquisition de la propriété, nulle part on ne voit qu'il ait abandonné l'ancienne règle du droit classique qui, alors que la *præscriptio longi temporis* était un simple moyen de défense, reconnaissait et, logiquement, devait reconnaître à l'action du propriétaire l'effet d'en interrompre le cours. Pourquoi, du reste, l'eût-il répudiée, puisque le droit classique l'avait conservée alors que la *præscriptio longi temporis* n'avait plus simplement pour effet de fournir au possesseur une exception contre l'action du propriétaire ? Dès lors, et cette conclusion me paraît certaine, le propriétaire peut, par l'exercice de l'action qui protège son droit, arrêter le cours de la *præscriptio longi temporis* alors que, sous Justinien, elle est devenue, à proprement parler, un mode d'acquisition de la propriété.

La loi 8, au Code, que nous venons de citer est le premier pas dans la voie de la fusion que Justinien était appelé à réaliser ; c'est, dis-je, le premier pas, j'ajoute qu'il était décisif, car il suffisait de poser nettement la règle que consacre cette loi, pour être fatalement conduit à la fusion des deux institutions du droit classique. Comment en effet s'expliquer désormais l'existence de ces deux institutions entre lesquelles n'existait plus qu'une différence tout arbitraire : l'étendue des délais de la possession ? Aussi, trois ans plus tard, en 531, Justinien rend-il la constitution célèbre (l. *unic. C. De usuc. transf.*) qui fond en une institution unique les deux institutions de l'ancien droit.

Nous venons de le dire, au moment où Justinien réalise sa réforme, il n'y a plus de différence entre l'usucapion et la *præscriptio longi temporis* qu'au point de vue des délais, et c'est seulement cette différence qu'il efface en décidant que désormais les délais de la *præscriptio longi temporis* seront ceux de l'usucapion. Aussi la transformation que Justinien prétend faire subir à l'usucapion est bien plus, en réalité, une suppression qui, en matière immobilière, ne laisse plus subsister que la *præscriptio longi temporis*. Pour se convaincre de l'exactitude de ce point de vue, il suffit de lire la constitution qui réalise cette prétendue transformation, comme aussi le *præmium* des Institutes (*De usuc.* II, 6) dans lequel Justinien renvoie à cette constitution :

« Et ideo constitutionem super hoc promulgavimus qua cautum « est ut res quidem mobiles per triennium, immobiles vero per « longi temporis possessionem, id est, inter præsentes decennio « inter absentes viginti annis, usucapiantur.... »

En résumé, alors que Justinien dit qu'il transforme l'usucapion, nous voyons qu'en réalité, il ne fait que décider que la *præscriptio longi temporis*, qui, depuis la loi 8 (C. de Pr., VII, 33), est devenue un mode d'acquisition de la propriété au même titre que l'ancienne usucapion, s'appliquera désormais à tous les immeubles qu'ils jouissent ou non du *jus italicum*, que le possesseur ait ou non le *jus commercii*, autant de distinctions qui n'étaient plus que des vestiges inutiles d'un ancien état de choses disparu, appelés eux-mêmes à disparaître bientôt (L. unic. C. *De nud. J. Quir. tol.* VII, 25). Or, nous l'avons montré tout à l'heure, cette prescription acquisitive de 10 à 20 ans, comme la *longi temporis præscriptio* primitive, admettait l'interruption civile. Est-il rationnel, est-il logique de considérer que le fait par Justinien d'augmenter son champ d'application de tout le domaine de l'usucapion ait eu pour conséquence de lui faire repousser une règle, dès longtemps admise, règle de beaucoup préférable à celle qui avait prévalu dans l'ancienne usucapion, puisque, avec elle, il n'y a nullement à craindre les dangers que l'autre laisse possibles et contre lesquels le droit classique avait dû prémunir le revendiquant, en obligeant le défendeur à fournir une *cautio de dolo* ?

Sans doute, en étendant au défendeur la prohibition d'aliéner la chose, objet du litige (L. 4, C. *De lit.* VIII, 37), Justinien avait bien diminué les dangers que pouvait présenter la règle classique : ils subsistaient néanmoins puisque, *pendente lite*, rien n'empêchait le possesseur de grever la chose de droits réels qu'aurait pu se voir opposer le revendiquant.

Nous sommes ainsi amenés à constater que la logique, non moins que l'équité, devait pousser Justinien à régir l'institution unique, par laquelle il remplace les deux institutions parallèles du droit classique, par la règle admise dans la *præscriptio longi temporis.*

Abordons maintenant les textes, car, de leur examen, dépend souverainement la solution de la controverse, puisque la logique et l'équité ne sauraient prévaloir contre un texte formel.

Ce texte, on prétend le trouver dans le § 3 des Instituts (*De of. jud.* IV, 17) qui, il faut le reconnaître, semble bien consacrer le système qui, dans le droit classique, régissait l'usucapion :

« Si ad exhibendum actum fuerit, non sufficit si exhibeat rem
« is cum quo actum est, sed opus est ut etiam rei causam debeat
« exhibere, id est, ut eam causam habeat actor, quam habiturus
« esset, si, cum primum ad exhibendum egisset, exhibita res fuis-
« set : ideoque, si inter moras litis usucapta sit res a possessore,
« nihilominus condemnabitur. »

A première vue, ce texte semble décisif, car il suppose qu'une usucapion a pu s'accomplir *inter moras litis,* supposition évidemment inadmissible si la nouvelle usucapion était interrompue soit par la demande en justice, soit même par la *litis contestatio.* Cependant, je n'hésite pas à repousser la conclusion qu'on pourrait se croire autorisé à tirer de ce texte, puisque, d'une part, elle conduirait à méconnaître des textes tout aussi formels dans le sens opposé et d'autant plus décisifs qu'ils consacrent la solution à laquelle la logique devait conduire ; et que, d'autre part, un examen attentif permet de restreindre singulièrement l'autorité qu'on lui veut donner.

Si nous considérons d'abord de quelle manière et à quel propos se trouve rappelée la règle de l'ancienne usucapion, nous voyons, de suite, que ce n'est pas d'une façon directe, par un texte qui ait précisément pour objet de statuer sur ce point, mais d'une façon purement incidente et à propos d'une autre règle, dont l'hypothèse rappelée était certainement l'application la plus remarquable et la plus frappante, et, par conséquent, celle qui doit naturellement se présenter à l'esprit alors que, par un exemple, on veut préciser et mettre en relief la règle dont il est question. Nous sommes, en effet, au titre *de officio judicis*, et notre texte a pour but de formuler le principe qui doit servir de règle au juge pour fixer l'étendue des restitutions qu'il doit ordonner et le montant des condamnations qu'il doit prononcer : il faut que le demandeur soit mis dans la même situation que s'il eût obtenu satisfaction au jour de sa demande. Or, nous l'avons dit déjà, la conséquence la plus remarquable de ce principe est bien certainement l'obligation, qui s'impose au possesseur, de restituer la chose, objet du litige, alors que, *pendente lite*, il en a réalisé l'acquisition par suite de l'achèvement de l'usucapion qu'au jour de la *litis contestatio* il était en voie d'accomplir. Il est, dès lors, facile de comprendre que, désireux de bien mettre en lumière la règle qu'ils avaient à préciser, les rédacteurs des Institutes aient rappelé l'exemple le plus frappant qu'on en puisse donner, sans songer qu'il avait cessé de pouvoir être cité comme tel dans la législation nouvelle, et l'antinomie qui en résulte est d'autant plus excusable que les innovations de Justinien étaient bien récentes et pouvaient, par suite, être facilement perdues de vue par des jurisconsultes imbus de l'ancienne règle admise dans l'usucapion classique.

Ainsi donc, en admettant même que la responsabilité du choix de l'exemple doive incomber aux rédacteurs des Institutes, il ne saurait avoir une autorité déterminante.

Mais, serait-ce faire à ces rédacteurs une injure gratuite que d'attribuer ce texte à la servilité si peu réfléchie dont la compilation de Justinien nous offre tant de traces manifestes ? Ayant à formuler le principe relatif à la matière qu'ils ont à traiter, non-seulement ils le prennent dans les écrits des jurisconsultes classiques mais c'est à ces mêmes écrits qu'ils vont emprunter l'exemple qu'ils en donnent sans examiner si, à l'époque où ils écrivent, l'hypothèse n'a pas, par suite de changements survenus dans la législation, cessé de pouvoir être citée comme un exemple de la règle qu'ils veulent préciser.

On peut donc, à mon avis, refuser à ce texte une autorité suffisante pour trancher le débat, d'autant plus que, ce texte écarté, on se trouve en présence de deux textes qui, à mon-sens, établissent d'une façon décisive l'opinion à laquelle je crois devoir me rallier.

C'est, en premier lieu, la loi 2 au C. (De an. except. VII, 40), Dans cette loi, Justinien, visant les différentes hypothèses dans lesquelles le préteur restituait en entier contre une usucapion que, par suite de circonstances indépendantes de sa volonté, le propriétaire n'avait pu prévenir, décide que le demandeur, qui, par suite de l'absence, de l'*infantia* ou de la démence de celui qui possède sa chose, se trouve dans l'impossibilité d'introduire sa demande (*intentionem suam proponere*), peut empêcher l'accomplissement de l'usucapion en adressant une requête au président de la province, ou tout au moins en usant d'un des procédés qu'il met à sa disposition : *et hoc*, dit l'empereur, *temporis interruptionem facere, et sufficere hoc ad plenissimam interruptionem*.

Ce texte me paraît décisif ; et, en effet, si, alors qu'il se trouve dans l'impossibilité d'introduire sa demande, il faut donner au propriétaire, dont le droit est usurpé, d'autres moyens d'interrompre l'usucapion, c'est donc que l'introduction de cette demande, quand elle est possible, produit ce résultat.

On nous objecte que ce texte peut suffisamment être expliqué par ce fait que, bien que continuant à courir après l'introduction de la demande, l'usucapion, alors qu'elle viendrait à s'accomplir avant le jugement, sera, en fait, inutile au possesseur.

Cette explication me paraît inffisante et par là même inadmissible. Que veut en effet Justinien ? C'est que le demandeur n'ait pas à souffrir de l'impossibilité où il se trouve d'introduire sa demande. Ce danger, comment le prévient-il ? C'est en donnant à certains procédés, qu'il indique, l'effet de suppléer l'introduction de la demande, actuellement impossible. Sans doute, ce texte ne précise pas spécialement les effets qu'eût produits l'introduction de la demande si elle eût été possible, mais il y a un *à fortiori* bien légitime à lui reconnaître tous les effets attachés aux différents moyens qui la peuvent suppléer. Donc si les différents moyens, énumérés dans notre texte, ont pour effet d'interrompre l'usucapion, et ce point est hors de doute, les expressions du texte étant on ne peut plus décisives : *et interruptionem temporis facere et sufficere hoc ad plenissimam interruptionem*, il me paraît incontestable que, lorsqu'elle est possible, l'introduction de la demande doit produire ce résultat.

A l'appui de notre solution nous pouvons aussi invoquer le texte de la novelle 119 (cap. VII), qui, comme le texte que nous venons d'examiner, suppose bien formellement que, dans la législation de Justinien, l'usucapion admet l'interruption civile, puisqu'elle ne peut, ce sont les expressions mêmes du texte, s'achever au préjudice d'un propriétaire *qui contestatus fuerit secundum leges emptorem aut donationem accipientem aut illum ad quem res alio quolibet modo translatæ sunt.*

On fait une dernière objection au système que nous soutenons : il prête, dit-on, à Justinien une innovation considérable, qui, étant données les habitudes de cet empereur, nous serait certainement, si tant est qu'il l'eût faite, révélée par des textes plus explicites et plus verbeux que ceux que nous pouvons invoquer.

Notre réponse sera bien simple : le système opposé prête à Justinien une innovation non moins considérable que celle que nous croyons devoir lui attribuer, puisqu'il suppose l'abrogation par

Justinien d'une règle qui était restée certainement en vigueur dans la *longi temporis præscriptio*, alors que, dans le droit classique, elle avait cessé d'être un simple moyen de défense; alors même que cet empereur en avait fait un véritable mode d'acquisition de la propriété au même titre de l'usucapion.

Comment croire, d'ailleurs, que Justinien, qui est loin de respecter scrupuleusement les anciens principes quand ils lui semblent contraires à l'équité, telle qu'il l'entend, ait non-seulement maintenu mais encore étendu l'ancienne règle de l'usucapion classique, quand, à plusieurs reprises, nous le voyons manifester la volonté formelle d'établir des différences marquées entre ceux qui négligent de veiller à la conservation de leurs droits et ceux qui se préoccupent de les sauvegarder (1).

Nous fondant sur les textes, d'accord en ce point avec la logique et l'équité, nous nous croyons donc autorisés à conclure que, sous Justinien, l'usucapion peut être civilement interrompue (2) et quoi qu'on en ait pu dire, cette solution nous semble bien préférable à celle qui avait prévalu dans le droit classique. Vainement prétend-on qu'on sacrifie ainsi l'intérêt des tiers, qui, ignorant le procès, auront pu traiter avec le possesseur ; mais un procès n'a rien de mystérieux : les tiers doivent ou, tout au moins, ont pu le connaître, car c'était à eux de se renseigner, et s'ils ont négligé

1. Voyez notamment en ce sens les lois 2 et 3 (C. *De an. excep.* VII, 40).

2. Dans le même sens voyez chez les anciens Voët (*ad Pand.* liv. XLI, t. III, pp. 19 et 20); Doneau (*Com. de jure civili*, l. V, cap. IV, p. 9; cap. XXI), et parmi les modernes Ortolan (Explication des Inst. n° 538), et M. Desjardins (Nouv. rev. hist. Tom. I).

- Les auteurs allemands se prononcent en général pour le système opposé ; Savigny (§ 261, Tom. VI, p. 55 et s.); de Vangerow (p. 316); Maynz (T. I, § 143, E. p. 759); Demangeat (2° édition, T. I, p. 537 et 538), se range à la même opinion, qui paraît aussi celle de M. Accarias (T. I p. 588, n. 3).

de le faire, je ne vois pas qu'on doive faire prévaloir leur intérêt sur celui du revendiquant qui, lui, n'a rien à se reprocher (1).

Il n'est pas douteux que, sous Justinien, comme dans le droit classique, la *quasi possessio longi temporis*, admise dans les servitudes, ne soit interrompue par l'exercice de l'action négatoire, puisque, comme la *præscriptio longi temporis*, elle ne fut, à l'origine, qu'un simple moyen de défense, et que la transformation, grâce à laquelle elle devint un véritable mode d'acquisition de la servitude, ne saurait avoir eu, à ce point de vue, plus d'influence que n'en eut la transformation analogue que subit la *præscriptio longi temporis*.

Reste à préciser les effets de l'action confessoire sur le cours des délais du non usage ou de l'*usucapio libertatis*.

Nous trouvons, en cette matière et pour les mêmes raisons, admise la doctrine rigoureuse, qui avait prévalu dans l'usucapion : la *litis contestatio* n'empêche pas que les délais du non usage, soit de l'*usucapio libertatis* continuent à courir et que, par suite, l'extinction de la servitude puisse, directement ou indirectement, être obtenue en dépit de l'exercice judiciaire du droit. Ulpien l'établit formellement dans la loi 5, 5 (*Si ususf. pet.* VII, 6) pour l'usufruit et, pour les servitudes réelles, dans la loi 8, 4 (*Si serv. vind.* VIII, 5). Mais, de même que l'usucapion ne pouvait être utilement accomplie après la *litis contestatio*, de même le propriétaire du fonds assujetti ne pouvait pas davantage profiter soit du non usage, soit de l'*usucapio libertatis*, dont les délais ne s'étaient achevés qu'*inter moras litis*. Les deux lois, que nous avons citées

---

1. Le moyen de concilier tous les intérêts, c'est dans les législations qui admettent le principe de la publicité d'obliger le revendiquant à rendre publique la demande qu'il exerce par une annotation faite en marge sur les registres destinés à assurer la publicité des droits réels : c'était le système proposé par Bellot dans le projet de loi par lui présenté en 1827 devant le conseil représentatif de Genève.

plus haut, nous montrent le propriétaire du fonds assujetti obligé de rétablir la servitude éteinte, et l'une d'elles, la loi 5, (*Si ususf. pet* VII, 6) décide que non-seulement le propriétaire du fonds libéré devait rétablir la servitude, mais encore fournir une *cautio* dont le rôle et l'étendue étaient semblables à ceux de la *cautio de dolo*, imposée au possesseur qui restitue la chose usucapée par lui *inter moras litis*.

Bien qu'aucun texte ne permette de l'affirmer, il est logique d'admettre que la règle classique, admise en cette matière est abandonnée sous Justinien en même temps que dans l'usucapion; il serait vraiment singulier qu'en étendant à nos deux institutions les délais de la *præscriptio longi temporis,* Justinien n'ait point entendu les régir par la règle qui y avait prévalu et qu'il applique à l'usucapion.

En résumé, dans le dernier état du droit romain, l'interruption civile a une portée vraiment générale; nous avons maintenant à déterminer quels sont les actes qui la peuvent produire.

CHAPITRE II

A Rome, les actions étaient perpétuelles comme les droits auxquels elles servaient de sanction ; quelque longue qu'ait été son
inaction, quelque profond que soit l'oubli dans lequel il a laissé son
droit, le titulaire était toujours autorisé à l'établir judiciairement et
à réclamer à la justice les moyens d'obtenir la satisfaction qui lui
reste due.

Ce principe toutefois n'était pas absolu ; certaines actions
civiles et la plupart des actions prétoriennes devaient, à peine de
déchéance, être intentées dans un délai préfixe. Mais c'était là des
dérogations toutes spéciales, qui, s'expliquant par des raisons par-
ticulières aux hypothèses en vue desquelles elles étaient écrites, ne
portaient vraiment aucune atteinte au principe de la perpétuité des
droits.

La première et, du reste, la seule dérogation générale à ce
principe avant la constitution de Théodose II fut l'établissement de
la *præscriptio longi temporis*, qui, pour assurer à la propriété le
caractère de certitude et de fixité qu'elle doit revêtir, limite à une
période déterminée le droit pour le propriétaire de faire cesser toute
usurpation de nature à la fonder. C'était, en réalité, dans cette hypothèse, faire de la revendication une action temporaire, et partant
il était logique de la régir alors par la règle admise en matière d'actions temporaires : *Actiones quæ tempore vel morte pereunt semel inclusæ judicio salvæ permanent.* L'action est perpétuée du
jour où elle est *inclusa judicio*, c'est-à-dire du jour où, en accep-
tant la formule, les parties ont formé le contrat par lequel elles re-

mettent à un juge le droit de trancher le litige pendant entre elles, en un mot, du jour de la *litis contestatio.* C'est dès lors à ce moment que le juge devra se placer pour examiner si le propriétaire était encore en droit de faire cesser l'usurpation commise à son préjudice et, par suite, si, à ce moment, le délai de la *præscriptio longi temporis* n'est point encore expiré, c'est vainement que le possesseur continuera sa possession jusqu'à l'expiration du délai : la *præscriptio* permet au possesseur de s'opposer à l'introduction tardive d'une action, mais non de paralyser les effets d'une action introduite en temps utile.

Ainsi donc les Romains étaient logiquement amenés à reconnaître à la *litis contestatio* l'effet d'arrêter le cours de la *præscriptio longi temporis*; mais c'est à elle seule qu'ils reconnurent cet effet.

C'est ainsi que Scévola refuse bien nettement à une simple protestation l'effet d'arrêter le cours de la *præscriptio longi temporis*, qu'est en voie d'accomplir le possesseur à qui elle est adressée, alors qu'elle émane du propriétaire lui-même (l. 13, Pro Emptore, XLI, 4) :

« Alienam aream bona fide emit, et ante impletam diutinam
« possessionem ædificare cœpit : ei denunciante domino soli intra
« tempora diutinæ possessionis duraverit. Quæro utrum interpel-
« lata sit, an cœpta perseveravit? Respondit secundum ea quæ
« proponerentur, non esse interpellatum. »

L'introduction même de la demande, tant qu'elle n'est pas suivie de la *litis contestatio*, est insuffisante à interrompre la *longi temporis præscriptio*; tous nos textes s'accordent, en effet, à imposer à celui qui veut prévenir l'extinction *tempore* de l'action qui lui compète, l'obligation de faire *litis contestatio*, rigueur qu'il est, du reste, assez difficile de comprendre, puisque la prescription ne se justifie, en équité du moins, que si elle ne peut frapper qu'un propriétaire inactif et négligent.

Elle s'explique par les mêmes raisons qui ont porté les Romains à fixer seulement au jour de la *litis contestatio*, le moment où doit être faite l'appréciation du juge, au lieu de la faire remonter, comme l'équité l'eût demandé, au jour même de l'introduction de la demande : c'est dire que, comme cette dernière solution, elle ne se justifie guère que par une raison historique.

Sans doute, on peut dire que jusqu'à la *litis contestatio*, l'objet et les éléments du litige ne sont pas fixés d'une façon définitive, que c'est, par suite, à ce jour seulement que la justice est vraiment saisie de la demande.

Mais il est plus exact de ne voir dans la solution romaine qu'un souvenir de la procédure primitive.

Autrefois, quand le rôle du magistrat consistait seulement à diriger les formalités de la *legis actio*, la *litis contestatio* devait, presque toujours, avoir lieu le jour même de la comparution des parties devant le magistrat, car ces solennités, à l'exemple de tous les actes juridiques, devaient évidemment être accomplies sans solution de continuité (1). Rien de plus rationnel, dans cet état de choses, que de placer l'examen du juge à l'époque de la *litis contestatio*. Mais, plus tard, à l'époque formulaire, quand la procédure *in jure* put se prolonger des semaines et même des mois, cette règle aurait dû être corrigée; la tradition, si puissante à Rome, suffit à la faire maintenir alors qu'avaient disparu les raisons qui la justifiaient.

Ainsi donc, à l'époque classique, c'est à la *litis contestatio*, et à la *litis contestatio* seule qu'on reconnaît l'effet d'interrompre la *præscriptio longi temporis*.

Il en résulte que, comme la *litis contestatio* implique la pré-

---

1. La *litis contestatio*, son étymologie même l'indique (*litem contestari*), n'était autre chose que le fait par les parties de prendre à témoins les personnes présentes pour attester que les formalités de la *legis actio* avaient été remplies.

sencé et le consentement du défenseur aussi bien que du demandeur, le propriétaire, dont le droit est usurpé, est exposé à un double danger. Le possesseur peut, en ne comparaissant point ou en refusant d'accepter la formule, rendre impossible la *litis contestatio* et, partant, la même interruption civile de la *præscriptio longi temporis*.

Contre le premier danger, le mauvais vouloir du possesseur, le propriétaire est protégé par les conséquences rigoureuses qu'entraîne l'*indefensio* qui, nous le savons, donne lieu à une *missio in possessionem*, se dénouant en une *bonorum venditio*, dans toutes les hypothèses au moins où l'*indefensio* a pour cause le dol ou même la simple faute du défendeur (l. 2 ; l. 7, 1 et 2 *Quib. ex caus*, XLII, 4).

D'autre part, la *litis contestatio* peut être impossible, sans cependant que cette impossibilité soit due au mauvais vouloir du possesseur. En droit strict, dans cette hypothèse, le propriétaire n'avait d'autre ressource que d'interrompre, en fait, l'usurpation commise à son préjudice, ressource bien précaire puisqu'elle l'eût exposé à l'interdit *Unde Vi*. Il y avait donc là une violation flagrante de l'équité la plus élémentaire, violation qui réclamait impérieusement l'intervention du préteur. Cette intervention, du reste, ne se fit point attendre : usant de son *imperium*, le préteur restitue en entier contre toute usucapion ou toute *præscriptio* accomplie sans qu'il ait été possible au propriétaire du droit usurpé de faire *litis contestatio* avec l'usurpateur en voie d'usucaper ou de prescrire (1).

Les premières hypothèses, dans lesquelles il accorda la *restitutio in integrum*, furent sans doute celles où, par suite de l'ab-

---

1. Bien que la *litis contestatio* n'interrompe pas l'usucapion, nous avons vu précédemment que le propriétaire a un aussi puissant intérêt à faire *litis contatio* avec le possesseur, que si cette dernière avait comme, dans la *longi temporis præscriptio*, un effet interruptif.

sence *reipublicæ causa* ou de la capture par l'ennemi du possesseur en voie d'usucaper ou de prescrire (1), il était impossible au
propriétaire, désireux de sauvegarder ses droits, de l'appeler *in
jus* et de faire avec lui *litis contestatio* : ce sont du moins les
deux hypothèses textuellement prévues dans l'édit rapporté par
Ulpien (l. 1, 1 *Ex. quib. caus.* IV, 6). Mais, et c'est là un point
hors de doute, la solution donnée dans ces deux hypothèses ne
tarda pas à être généralisée et cette généralisation fut d'ailleurs
faite aussi large que le demandait l'équité : c'est ce que constate
Ulpien, en développant la dernière phrase de l'édit :

« Item inquit prætor, si qua alia mihi justa causa videbitur, in
« integrum restituam. Hæc clausula edicto inserta est necessario :
« multi enim casus evenire possunt qui deferrent restitutionis auxi-
« lium, nec singulatim enumerari possunt, ut quotiens æquitas
« restitutionem suggerit, ad ham clausulam erit descendendum.
« (l. 26, 9. Te Quib. caus. IV, 6). »

Le préteur, en cette matière, n'obéit donc qu'aux seules considérations de l'équité, qui détermine souverainement les hypothèses
où doit être admise la *restitutio in integrum*. Voici pourtant la
règle qu'on peut formuler : la *restitutio* doit être accordée dans
tous les cas où nous éprouvons un préjudice, par suite d'un événement qui nous a empêché de veiller à la conservation de nos droits
en rendant impossible la *litis contestatio*, sans que nous soyons
en rien responsables de cet événement. C'est la règle qui ressort
d'un texte de Paul, la loi 16 (*eodem*) :

« Non enim negligentibus subvenitur : sed necessitate rerum
« impeditis. Totumque istud arbitrio prætoris temperabitur ; id
« est, ut ita demum restituat, si non negligentia sed temporis
« augustia non potuerunt litem contestari. »

---

1. Le dernier peut posséder par l'intermédiaire de ses esclaves ou de ses fils
de famille.

Le danger qui peut résulter pour le propriétaire de l'impossibilité où il peut se trouver de faire *litis contestatio* avec le possesseur se trouve ainsi conjuré de la façon la plus énergique par la législation prétorienne.

Telle est la législation classique ; reste à savoir si, alors qu'eut disparu le système formulaire, c'est toujours à la *litis contestatio* et à la *litis contestatio* seule qu'est reconnu l'effet d'interrompre la *longi temporis præscriptio*.

Et d'abord que la *litis contestatio* survive à la disparition du système formulaire, c'est un point qui me paraît hors de doute. En effet, à l'époque formulaire, il est bien certain qu'elle existait dans les *cognitiones extraordinariæ* : cela me paraît démontré par le texte même du sénatus consulte Juventien (l. 20, 6 *De her. pet.* V, 3) ; l'hypothèse qu'il prévoit textuellement rentre certainement dans la compétence judiciaire du *procurator Cæsaris*, ce qui exclut l'application du système formulaire et, cependant le sénatus consulte parle d'une *litis contestatio*.

S'il en était ainsi alors que la procédure *extra ordinem* était exceptionnelle, on ne voit pas pourquoi il en eût été autrement quand, par suite de la réforme de Dioclétien, elle devint d'une application générale, d'autant plus que nombre de textes postérieurs à cette réforme parlent encore d'une *litis contestatio*.

Quant à la détermination du moment où elle se place, elle ne peut être faite d'une manière aussi rigoureuse et aussi précise que dans la procédure formulaire, où l'acceptation de la formule marquait très exactement le moment où on la devait fixer. Nous trouvons cependant cette détermination faite dans un texte, la loi 1 (C. *de Lit. Cont.* III, 9) qui décide que la *litis contestatio* se place au moment même où les parties ont sommairement exposé devant le juge leurs prétentions respectives :

« Lis enim tunc contestata videtur, cum judex per narrationem
« negotii causam audire cœperit (1). »

Cette constitution appartient aux empereurs Sévère et Antonin,
et, par suite, à une époque où le système formulaire est encore en
pleine vigueur : on ne la saurait donc entendre que d'une *per-
secutio extraordinaria*, c'est-à-dire d'une procédure où le magistrat est lui-même juge, ce qui explique du reste la qualification que
lui donne le texte. C'est à ce même moment qu'elle continue à se
placer alors que la procédure *extra ordinem* est devenue la règle :
c'est bien ce qui résulte formellement d'un texte de Justinien, la
loi 14, 1 (C. *de judiciis*, III, 1) qui ne fait du reste que reproduire les dispositions du rescrit des empereurs Antonin et Sévère.

Cette loi me paraît d'autant plus décisive à ce point de vue,
qu'elle reproduit ces dispositions d'une façon tout à fait incidente,
qui n'accuse évidemment aucune idée d'innovation. Il s'agit de
fixer le moment où les avocats doivent prêter le serment qu'il leur
impose : c'est, dit-il, au moment de la *litis contestatio, cum lis
fuerit contestata,* moment qu'il précise en ajoutant *post narrationem propositam et contradictionem objectam* : c'est, on le
voit, la solution même que nous avons trouvée écrite dans le rescrit ci-dessus cité.

1. Un texte de Paul, la loi 33 (*De obll. et ac.* XLIV, 7) semble placer ce
moment au jour même où le défendeur a connu la demande introduite
contre lui :

*Constitutionibus, quibus ostenditur heredes pœna non teneri, placuit, si vivus
conventus fuerat, etiam pœnæ persecutionem transmissam videri : quasi lite
contestata cum mortuo,*

Mais il me paraît bien légitime d'expliquer : *si vivus conventus fuerat,* en
disant que le jurisconsulte entend par là non seulement la simple introduction
de la demande, mais l'exposition de cette demande, en présence du défendeur
devant le magistrat chargé de la juger. Nous trouvons, en effet, d'autres textes
où les mots *convenire, conventus* sont employés alors qu'il y a non seulement
introduction de la demande mais *litis contestatio* intervenue : tel est manifestement le sens de cette expression dans la loi 8 *in pr.* (*De nox. act.* IX, 4), et
dès lors rien de plus légitime que de lui donner le même sens dans la loi 33.

La *litis contestatio* existe donc toujours même sous Justinien, où elle se place, comme dans le droit classique, au moment où les deux parties ont sommairement exposé leurs prétentions devant le juge compétent.

Cette première question résolue, revenons à celle que nous posions tout à l'heure : est-ce toujours à la *litis contestatio*, et à la *litis contestatio* seule que se trouve attaché l'effet interruptif qui lui était reconnu par le droit classique? Dans les premiers temps de la procédure extraordinaire, l'affirmative me paraît certaine : d'une part, en effet, nous ne trouvons aucun texte qui nous permette de supposer un changement de la règle précédemment admise ; d'autre part, les différents moyens par lesquels le demandeur peut introduire sa demande, l'*in jus vocatio*, le *vadimonium*, la *litis denunciatio* même restent, comme à l'époque formulaire, des actes purement privés, auxquels il était, par conséquent, difficile de reconnaître un effet aussi important que celui d'interrompre la *præscriptio longi temporis*, ou d'empêcher que l'usucapion puisse désormais utilement s'achever.

Ainsi, même après Dioclétien, c'est donc toujours la *litis contestatio* qui, seule, peut interrompre une prescription en voie de s'accomplir.

Toutefois si la règle classique survécut à la chute du système formulaire, je crois pouvoir affirmer que, même avant Justinien, la législation impériale l'avait abandonnée.

D'une part, en effet, dès l'époque de Constantin, nous voyons apparaître et se substituer aux anciens modes d'introduction de l'instance de nouveaux procédés qui ne sont plus des actes simplement privés. C'est ainsi que ce prince enlève ce caractère à la *litis denunciatio* en décidant qu'elle devra désormais être rédigée ou constatée par un officier public, chargé aussi de la faire parvenir au défendeur (l. 12, C. Th. *de Den. vel. ed.* II, 4). De même nous voyons s'introduire la *rescripti editio*, procédé d'un usage exceptionnel, consistant dans un rescrit impérial que le demandeur provoque et qui renvoie les parties devant un juge déterminé (l. 4 et 5, C. Th. *eodem*), ainsi que le *libellus conventionis* (1), requête adressée au magistrat lui-même, qui, l'un et l'autre, doivent être signifiés au défendeur par le ministère d'un huissier, *executor litium*, signification qui porte le nom techni-que de *conventio*.

D'autre part, en l'année 424, Théodose II proscrit d'une façon générale le principe de la perpétuité des droits, qui, peut-être, avait été déjà complètement abandonné, dès l'époque de Constantin, dans les *actiones in rem speciales*, car il paraît bien résulter des termes de cette constitution, qu'elle ne fait qu'étendre aux *actiones in rem de universitate* et aux *in personam actiones*, une règle déjà admise dans les *actiones in rem speciales* :

« Sicut in rem speciales, ita de universitate ac personales » (l. 1, Ch. Th. De act. c. t. fin. IV, 4).

Quoi qu'il en soit, il est incontestable que la prescription nouvelle introduite par la constitution que nous venons de citer n'est plus soumise à la règle admise à l'époque classique. J'ajoute qu'il devait en être ainsi, car, généralisant le système des actions temporaires, on était fatalement conduit à perfectionner et à faciliter à chacun les moyens de sauvegarder ses droits et, dans ce but, il était tout naturel de reconnaître aux nouveaux modes d'introduction de l'instance, l'effet exclusivement attaché, dans le droit antérieur, à la *litis contestatio*. C'est là un point que nos textes mettent hors de doute : la *conventio*, c'est-à-dire la signification du rescrit obtenu du prince ou de la requête adressée au magistrat, suffit désormais à prévenir l'extinction *tempore* des actions prescriptibles, comme le faisait, dans le droit classique, la *litis contes-*

---

1. Ce dernier procédé paraît être devenu sous Justinien le procédé de droit commun.

latio pour les actions temporaires. C'est ce qu'établissent manifestement la loi 1 (C. Th. De act. c, t. fin. IV, 14) et la loi 3 (C. de pr. XXX, vel. XL, an. VII, 39), qui, sur ce point, reproduit fidèlement la constitution précédente :

« Quœ ergo antea non molœ sunt actiones, triginta annorum
« jugi silentio, ex quo jure competere cœperunt vivendi ulterius non
« habeant facultatem : ..., nisi allegato sacro rescripto, aut in
« judicium postulatione deposita, fuerit subsecuta per exceculo-
« rem (1) conventio. »

La même solution est aussi bien formellement écrite dans le prœmium de la loi 7 (*C. eodem*) :

« Si non interruptum fuerit silentium, ut lege cautum, id est,
« per solan conventionem.... »

Et surtout dans le paragraphe 5 de cette même loi :

« Per ham detentionem interruptio fit preteriti temporis et multo
« magis quam si esset interruptio per conventionem introducta... »

D'ailleurs si ces textes laissaient subsister quelques doutes, la loi 3 (C. de An. Ex. VII, 4) est bien de nature à les dissiper :

« Qui obnoxium suum in judicium clamaverit, et libellum con-
« ventionis ei transmiserit videri jus suum cum in judicium de
« duxisse et esse interrupta temporum curricula.

Il est, en effet, difficile de dire en termes plus positifs que les effets autrefois attachés à la *litis-contestatio*, la *deductio in jus* et, par suite, l'interruption de prescription, seront désormais produits par la *conventio*.

Si telle est, sur les prescriptions extinctives de 30 ans, l'effet incontestablement reconnu à la *conventio* par Théodose et Justinien et peut-être même déjà par Constantin à la *litis denuncia- tio*, si tant est qu'il ait introduit la prescription trentenaire dans

____

1. Ces mots « *per exceculorem* » ne se trouvent pas dans la constitution de Théodose ; leur addition n'offre d'ailleurs aucun intérêt.

les *speciales in rem actiones*, il me paraît certain, la logique, l'équité s'accordaient à le réclamer, qu'on ne pouvait manquer de leur reconnaître un effet analogue sur le cours de la *longi temporis præscriptio*, d'autant plus que le système du droit nouveau présentait de bien grands avantages sur le système du droit classique, puisqu'il ne permet point au défendeur de retarder le moment où se peut produire l'interruption.

La loi 2 C. (De An. Excep. VII, 40), nous fournit d'ailleurs un argument d'analogie qui me paraît établir, d'une façon décisive, que l'innovation, par nous constatée, n'est nullement limitée au domaine des prescriptions nouvelles. Dans cette loi Justinien s'occupe de fournir soit au *dominus*, soit au *creditor* qui, par suite de l'absence, l'*infantia* ou la démence de son adversaire, *intentionem suam proponere non potest*, des moyens, autres que ce dernier, d'interrompre la prescription qui court contre lui. Puis, il fait suivre l'énumération des différentes ressources qu'il met à la disposition de celui que menace la prescription de cette conclusion générale :

« Et hoc sufficere ad omnem temporalem interruptionem sive
« triennii, sive longi temporis sive triginta vel quadraginta an-
« norum sit. »

Voilà donc la *præscriptio longi temporis* textuellement mise sur la même ligne que la prescription purement extinctive au point de vue des modes d'interruption, dans le cas au moins où celle-ci ne peut être obtenne par l'exercice judiciaire du droit menacé par la prescription, c'est-à-dire quand le titulaire du droit ne peut, ce sont les expressions mêmes du texte, *intentionem suam proponere*. Or, nous l'avons prouvé, dans la prescription purement extinctive, la prescription de trente ou quarante ans, le titulaire du droit usurpé ou lésé, *intentionem suam proponit* et interrompt ainsi la prescription par la seule *conventio*. Est-il dès lors vraisemblable d'admettre que la *litis contestatio* reste nécessaire quand il s'agit d'interrompre une *præscriptio longi temporis*, alors que Justinien la met sur la même ligne que les prescriptions de trente et quarante ans au point de vue des modes d'interruption exceptionnels qu'il introduit. ? Aussi je crois bien légitime de conclure que du jour où elle devint interruptive de la prescription trentenaire, c'est-à-dire du jour où celle-ci eut été introduite, la *conventio* dut produire un effet analogue sur le le cours de la *præscriptio longi temporis*, à moins de se résigner à admettre que, suivant la nature et les caractères de l'usurpation commise à son préjudice, il est plus ou moins facile au propriétaire de *proponere intentionem suam* et d'interrompre ainsi la prescription.

D'ailleurs, nous devons le dire avant de terminer, cet effet reconnu désormais à la *conventio* ne peut être produit par elle que si elle est régulièrement faite et à la condition que la demande soit portée devant le juge compétent. En ce sens, on peut invoquer, du reste, l'analogie de la loi 7, (*C. ne de stat.*, VII, 21), et généraliser la solution, donnée par elle pour une hypothèse particulière.

Dans le cas où le demandeur ne peut valablement assigner le possesseur : celui-ci est absent, il est *infans* ou *furiosus*, c'est-à-dire dans les différentes hypothèses où le préteur restituait *in integrum* contre l'usucapion ou la *præscriptio longi temporis* accomplie sans qu'il ait été possible au propriétaire de prévenir, par la *litis contestatio*, la consolidation définitive de l'usurpation commise à son préjudice, Justinien énumère (l. 2, *C. de Am. Excep.*, VII, 40) différents procédés, auxquels il donne les mêmes effets qu'à l'assignation régulièrement faite. C'est d'abord une requête adressée au préteur ou au président de la province et, en leur absence, à l'évêque ou au *defensor civitatis*. Ces personnes elles-mêmes faisant défaut, il suffit d'afficher, au domicile du possesseur, une protestation notariée, ou, si la ville n'a pas de tabellions, signée par trois témoins.

Après avoir ainsi déterminé les actes susceptibles d'interrompre civilement la *præscriptio longi temporis* et, par là même, les actes qui, empêchant d'abord soit l'*usucapio*, soit les délais du non usage ou de l'*usucapio libertatis*, de s'accomplir utilement se voient, en ces matières, attribuer le même effet que dans la *longi temporis præscriptio*, il nous reste à préciser les actes de nature à produire le même résultat dans la prescription nouvelle introduite par Théodose II.

Dans l'ancien droit, c'était, nous l'avons vu, la *litis contestatio* seule qui pouvait prévenir l'extinction *tempore* d'une action temporaire. Dans la suite, le même effet fut reconnu à l'*oblatio precum*, requête adressée à l'empereur et accueillie par lui, ainsi que cela résulte formellement d'un rescript des empereurs Arcadius et Honorius, la loi 1 (*C. Quand.*, lib. I, 20) :

« Dubium non est, contestationem litis intelligi, etiam si nos-
« træ fuerit tranquillitati preces oblatæ : easque adversus here-
« dem quoque ejus, in quem porrectæ sunt, vel ab herede ejus,
« qui meruit, exerceri. »

Ce sont là les deux seuls procédés, la *litis contestatio* et l'*oblatio precum* par lesquels, avant Théodose, il soit possible de prévenir l'extinction *tempore* d'une action temporaire. Mais quand, en 424, cet empereur eut proscrit l'ancien principe de la perpétuité des droits, en décidant que toutes les actions, autrefois perpétuelles, seraient désormais éteintes si elles n'étaient exercées dans un délai de trente et, exceptionnellement, de quarante ans courant du jour où, pour la première fois, elles auraient pu l'être, il était de toute justice qu'on facilitât en même temps le moyen pour le créancier, de prévenir l'extinction de ses droits par l'expiration du délai dans lequel, à peine de déchéance, il devait désormais le faire valoir. C'est dans ce but, que dans la législation nouvelle, on reconnut l'effet interruptif à l'exercice judiciaire comme aussi à tout acte qui, émanant du débiteur, implique nécessairement l'existence du droit sujet à prescription ; l'équité impose, sans conteste, ces deux modes d'interruption car l'un et l'autre excluent avec la même énergie la présomption d'extinction qui permet de justifier les effets de la prescription.

Et d'abord l'exercice judiciaire des droits prescriptibles en prévient l'extinction par prescription comme, dans l'ancien droit, il prévenait l'extinction des actions temporaires : seulement et c'est ici que s'affirme la différence entre le droit ancien et le droit nouveau, l'effet, qui n'était autrefois reconnu qu'à la *litis contestatio* seule, est désormais attaché à la signification, *conventio*, par laquelle le demandeur fait porter à la connaissance du défendeur soit la demande introduite contre lui à condition qu'elle soit portée devant un juge compétent (1), soit la *rescriptio editio* obtenue de l'empereur.

C'est, en effet, la solution que mettent bien nettement en lumière les textes par nous précédemment examinés à propos de l'interruption civile la *præscriptio longi temporis* : la loi 1 (C. Th. *De act. c. t. fin.* IV, 14) les lois 3 et 7, pr. et 5 (C. I. *De pr.* XXX, vel XL, an. VII, 39), et surtout la loi 3 C. (*De an. Exc.* VII, 40) qui établit de la façon la plus décisive que c'est désormais à la *conventio* que sont attachés les effets autrefois reconnus seulement à la *litis contestatio*.

Si, par suite de l'absence ou de l'incapacité du défendeur, il est impossible de lui faire valablement signifier la demande introduite ou qu'il y a lieu d'introduire contre lui, Justinien met à la disposition du demandeur les mêmes moyens qui permettent au propriétaire de prévenir le danger de même nature que pourrait lui faire courir l'incapacité ou l'absence du possesseur. (l. 2 *C. De An. Excep.* VII,40).

Ainsi, sous la réserve de ces différents procédés qui la peuvent suppléer lorsqu'elle est impossible, c'est à la *conventio* et à la

1. Argument par analogie de la loi 7 (C. *Ne de statu.* VII, 21).

conventio seule que sont reconnus les effets autrefois reconnus à la *litis contestatio.* Tout autre acte serait insuffisant : c'est ainsi que pas plus une sommation extra judiciaire qu'une demande judiciaire non signifiée ne sauraient être interruptives

L'oblatio precum, elle même, est impuissante à interrompre la prescription nouvelle :

« Nec sufficiant, nous dit Justinien lui même, precibus oblatis « speciale quoddam (licet per annotationem) promisisse respon- « sum, vel etiam in judiciis allegasse (l. 3, *C. De Pr. XXX vel* « *XL an.*, VII,39). »

Ce dernier mode d'interruption ne reste applicable, dans la lé- gislation nouvelle, qu'aux actions prétoriennes et annales :

« Temporales actiones, quœ per oblationem precum et ad eas res- « criptionem perpetuantur, definire necessarium esse duximus, « ne quis putet ad alias etiam quœ certis taxantur temporibus, « hoc pertinere. Sciant igitur omnes eas tantummodo per oblatio- « nem precum et ad eas rescripta perpetuari, quœ a prœtore cons- « titutœ annali tempore coartatœ sunt (l. 2 *C. Quando lib.* I,20).»

Nous devons, de l'exercice judiciaire du droit considéré comme interruptif de prescription, rapprocher une cause d'interruption ci- vile qui présente avec lui la plus grande analogie : je veux par- ler de l'introduction d'une instance arbitrale que Justinien nous présente formellement comme interruptive de prescription :

« Generaliter definimus conventum in scriptis apud compromissa- « rium judicem factum, ita temporis interruptionem inducere, quasi « in ordinario judicio lis fuisset inchoata (l. 5,1 *C. De Rect. arb.* « II,56). »

Ce n'est pas seulement à l'exercice judiciaire du droit, mais en- core à la reconnaissance qui peut en être faite, qu'est attribué l'effet d'interrompre la prescription en voie de s'accomplir, reconnaissance qui, alors qu'il s'agit d'une prescription reposant sur la possession, doit être considérée comme une interruption naturelle, car, émanant d'un posseseur, elle implique nécessairement une abdication de *l'animus domini* et, par suite, la perte de la possession : nous n'avons donc pas à nous en occuper.

On doit ici entendre par reconnaissance, un acte juridique auquel est associé le débiteur, acte qui, expressément ou tacitement, constate l'existence du droit qu'il n'est plus dès lors possible de supposer éteint, et qui, par le fait de cette constatation, reçoit, pour ainsi dire, une nouvelle énergie.

Et d'abord ce doit être un acte juridique où figure le débiteur. Cette condition est d'évidence : la reconnaissance n'est en réalité autre chose qu'un aveu, et l'aveu un acte essentiellement personnel. On ne saurait dès lors considérer comme constituant une reconnaissance, un simple avertissement donné au débiteur, pas plus qu'une cession de créance dans laquelle on ne le fait point intervenir.

Il faut, en second lieu, que cet acte constate expressément ou suppose nécessairement l'existence du droit soumis à la prescription. Pas de difficulté pour la reconnaissance expresse. Quant à la reconnaissance tacite, elle résulte de tout acte qui implique nécessairement l'existence de la dette ou du droit en question. C'est ainsi que le paiement des intérêts implique reconnaissance et, par suite, interrompt la prescription de la dette principale, ainsi que le constate la loi 7, 5 (C. De pr. XXX, *vel.* XL an. VII, 39) :

« Exceptionem etiam triginta vel quadraginta annorum in illis
« contractibus, in quibus usuræ promissæ sunt, ex illo tempore
« initium capere sancimus ex quo debitor usuras minime persolvit. »

Il en serait de même d'un paiement partiel expressément fait à titre d'acompte, en ce qui concerne le surplus de la dette :

« Alii ex reis promittendi ad certos creditores debitum agno-
« verunt vel per solutionem vel per alios modos quos in anterio-
« ribus sanctionibus interruptionis inveniamus positos (l. 5, C. De
« *De duob. rei*, VIIII, 40). »

Tel est aussi l'effet qu'on doit attacher et que, du reste, attachent les textes à la constitution d'une nouvelle garantie, affectée à la sureté d'une dette ancienne :

« Si quis debitorum ad agnoscendum suum debitum secun-
« dam cautionem in creditorem exposuerit : tempora memoratarum
» præscriptionum interrupta esse videbuntur, quantum ad priorem
« cautionem pertinet, quæ scilicet innovata permansit tam in per-
« sonalibus quam in hypothecariis actionibus (l. 7, 5, De Pr.
« XXX, *vel*. XL an. VII, 39). »

Ce même texte (l. 7, 5, *in principio*), reconnaît un effet analogue au fait par le créancier de détenir les choses sur lesquelles existe, au profit de sa créance, une hypothèque précédemment constituée :

« Si quis eorum, quibus aliquid debetur, res sibi suppositas
« sine violentiâ tenuerit : per hanc detentionem interruptio fit præ-
« teriti temporis si minus effluxit triginta vel quadraginta annis. »

La restriction : *sine violentia*, qu'indique le texte est fondée sur ce que toute possession obtenue par la violence peut être enlevée par un interdit et même, d'après les règles nouvelles introduites sous les empereurs, entraîne la perte du droit lui-même.

Nous devons enfin indiquer le constitut, qui, déjà dans le droit classique, pouvait rendre sans danger pour le demandeur l'expiration du délai dans lequel il doit à peine de déchéance, former une action temporaire (1), ainsi que le constate Ulpien dans la loi 18, 1 (*de Pecun. const.*, XIII, 5) et que, dans le droit nouveau on peut, pour cette raison, considérer comme une cause d'interruption civile de la prescription.

Ayant ainsi successivement déterminé les actes susceptibles de produire l'interruption civile de la prescription, nous passons à l'examen des effets qu'on leur doit reconnaître.

---

1. Qu'importe au créancier de ne plus pouvoir former son ancienne action puisqu'il peut par l'action *de pecunia constituta* obtenir ce que lui aurait procuré l'ancienne.

CHAPITRE III

DES EFFETS DE L'INTERRUPTION CIVILE

Interrompue naturellement, la prescription l'est nécessairement *erga omnes* : il n'en saurait être ainsi de l'interruption civile. En effet, tandis que l'interruption naturelle résulte d'un fait matériel, l'interruption civile dérive d'un acte judiciaire, la *litis contestatio* et plus tard la *conventio*, ou d'une convention, la reconnaissance expresse ou tacite. Or, à l'inverse du fait matériel, l'acte judiciaire ou conventionnel a une existence toute relative et, par suite, ne peut produire les effets absolus que nous avons reconnus aux faits qui entraînent l'interruption naturelle. Ce sont donc certaines personnes seulement qui peuvent invoquer l'interruption civile ou s'en voir opposer les effets et, dès, lors avant de préciser quels sont au juste ces effets, il importe de déterminer à l'égard de quelles personnes ils sont produits.

La règle, en cette matière, est : *Interruptio non fit de persona ad personam.* Cette règle, nous ne la trouvons point écrite dans nos textes ; mais ils la supposent par les exceptions qu'ils y apportent et notamment c'est bien cette règle qu'implique la loi 5 (C. *de Duob. reis*, VIII, 40). D'ailleurs qu'est-il besoin de la trouver consacrée par un texte, puisqu'elle dérive de la notion même des actes qui peuvent produire l'interruption civile ? Ces actes sont en effet ou judiciaires ou conventionnels. Or, c'est un principe commun à tous ces actes qu'ils n'existent que vis-à-vis de ceux qui y ont été parties, en ce sens que c'est seulement contre eux qu'on en peut invoquer les effets : c'est dire que la prescription ne peut être civilement interrompue qu'à l'égard des personnes qui, soit par elles-mêmes, soit par un représentant autorisé à cet effet, ont figuré aux actes susceptibles de la produire.

Cette règle n'est pas sans exception.

Une première exception doit y être apportée en cas de corréalité active ou passive : nous la trouvons indiquée dans la loi 5 C. (*de duob. reis* VIII, 40), qui nous montre en même temps que, avant Justinien, cette exception était controversée :

« Sancimusque in omnibus casibus quos noster sermo com-
« plexus est, aliorum devotionem, vel agnitionem vel ex libello
« admonitionem aliis débitoribus præjudicare et aliis prodesse
« creditoribus. »

Dans cette loi, Justinien n'a en vue que le cas où il y a corréalité entre co-créanciers, ou co-débiteurs, *rei stipulandi vel rei promit-tendi*; c'est par suite d'une erreur que Domat, dans son commentaire sur cette loi, l'applique même dans les rapports entre co-créanciers et co-débiteurs simplement conjoints ; les expressions mêmes du texte, la rubrique même du titre où il est placé, se refusent à une pareille extension. Du reste, dans cette hypothèse, on ne voit aucune raison de nature à autoriser une dérogation à la règle : *Non interruptio fit de persona ad personam.* Il y a autant de dettes et de créances distinctes qu'il y a de créanciers ou de co-débiteurs, sans qu'il y ait, d'ailleurs, à distinguer suivant que la pluralité des sujets actifs ou passifs est initiale ou ne s'est qu'ultérieurement produite, car c'est un principe, de tout temps admis, à Rome, que la division des créances ou des dettes s'opère de plein droit :

« Ea quæ in nominibus sunt non recipiunt divisionem : cum
« ipso jure in portiones hereditarias ex lege duodecim tabulorum
« divisa sint (l. 6, C. *Fam. ercisc.* III, 36).

Bien plus, nous ne croyons pas devoir étendre l'exception écrite dans la loi 5, au cas où plusieurs débiteurs sont tenus *in solidum* d'une même obligation, sans qu'il y ait entre eux corréalité, par

exemple alors que plusieurs voleurs sont, à l'occasion du même
vol, soumis à la *condictio furtiva*, la prescription interrompue
contre l'un n'est point, par là même, interrompue contre les autres.
Les termes de la loi 5 ne se réfèrent qu'aux créanciers ou débiteurs
corréaux, or, comme il s'agit d'une exception aux principes, l'interprétation stricte est de rigueur. D'ailleurs quand plusieurs personnes sont tenues *in solidum* d'une même obligation, sans qu'elles
se soient engagées dans les liens de la corréalité, on ne peut supposer entre elles le mandat tacite qui permet d'expliquer juridiquement l'exception apportée à la règle en cas de corréalité.

Doit-on, en cas d'indivisibilité, apporter une exception comme
pour le cas de corréalité?

Bien que nous ne puissions nous prévaloir d'aucun texte, il me
paraît certain qu'il faut ici appliquer la règle, par cela seul qu'il
n'y est point dérogé. Sans doute, comme l'obligation dont il s'agit
est insusceptible de prestations partielles, le débiteur, à l'égard
duquel la prescription est interrompue, doit l'exécuter pour le tout,
seulement il sera en droit de demander compte au créancier de ce
fait que la prescription étant acquise à ses co-débiteurs, il se trouve
seul exposé à tout le fardeau de la dette, alors qu'il ne la devait
supporter qu'en partie.

Enfin, quand une dette est garantie par une caution personnelle
ou réelle, doit-on étendre à la caution l'effet d'une reconnaissance
émanant du débiteur principal, ou de la signification à lui faite, et,
réciproquement, interrompue à l'égard de la caution, la prescription
l'est-elle à l'égard du débiteur principal? Je crois qu'il faut ici
appliquer la règle, car pas plus dans les textes que dans les principes, nous ne trouvons les motifs d'une dérogation, bien que
Pothier et, à sa suite, les rédacteurs du Code civil se soient pro-
noncés pour l'opinion contraire. En effet, ce n'est pas une seule et
même créance qu'a le créancier contre le débiteur principal et contre
la caution, ce sont deux créances distinctes, nées de contrats diffé-

rents, et sanctionnées l'une par l'action née du contrat principal, l'autre par l'action *ex stipulatu* ou l'action hypothécaire ; il n'y a nullement, comme en cas de corréalité active ou passive, une seule et même créance ou une seule et même dette. La loi 5 (C. *De duob. reis*, VIII, 40), en décidant que la reconnaissance de l'un des codébiteurs ou la signification qui lui est faite interrompt la prescription à l'égard de tous les autres, en apporte cette raison :

« Quum ex una stirpe, unoque fonte unus effluxit contractus, « vel debiti causa ex eadem actione apparuit... »

Or, les cautions, réelles ou personnelles, ne se trouvent nullement dans les termes de cette loi : quoique débiteur de la même chose que le débiteur principal, elles doivent en vertu d'un contrat autre que celui par lequel il est lui-même obligé, et l'action qu'a le créancier contre elles n'est nullement l'action qu'il a contre le débiteur principal.

Nous devons, par *a fortiori*, décider que la reconnaissance du débiteur personnel ou la signification à lui faite ne suffit nullement à interrompre la prescription de l'action hypothécaire dans le cas où l'immeuble hypothéqué est aux mains d'un tiers détenteur. La loi 3 (C. *De an. except.* VII, 40) semble, de prime abord, contraire à notre solution : mais il est facile de voir qu'elle prévoit seulement l'hypothèse où l'immeuble hypothéqué se trouve encore dans le patrimoine du débiteur personnel lui-même.

Ainsi donc, à mon avis, c'est seulement en cas de corréalité active ou passive que les jurisconsultes romains dérogèrent à la règle qui ressort nécessairement du caractère relatif par eux reconnu, soit à l'acte judiciaire, soit à la convention. —

Ce n'est pas seulement au point de vue des personnes à l'égard desquelles ils existent, que nous avons à déterminer l'étendue des effets que produisent les actes susceptibles d'interrompre civilement le cours de la prescription, c'est encore au point de vue des droits dont elle prévient l'extinction.

C'est, ici, la base même de la prescription extinctive qui va nous permettre d'en apprécier et d'en fixer les limites.

Cette base, nous le savons, c'est le non exercice prolongé du droit, c'est son long oubli : ce qu'éteint la prescription c'est, pour employer les expressions mêmes des textes, le *jus taciturni- tate sopitum*, il en résulte que c'est seulement le droit reconnu ou judiciairement exercé qui doit se trouver soustrait à l'extinction par prescription, d'où la règle : *Non interruptio fit de re ad reum, nec de quantitate ad quantitatem.*

Il y avait même, à Rome, des raisons ou plutôt des précédents de nature à faire interpréter cette règle avec la plus grande ri- gueur. En effet, les actes judiciaires, susceptibles d'interrompre civilement le cours de la prescription, la *litis contestatio* et, plus tard, la *conventio*, sont les actes mêmes qui opèrent la *deductio in jus*, c'est même pour cette raison qu'ils sont interruptifs de prescription. Or, comme dans le droit ancien, la *deductio in jus* avait les conséquences les plus graves, on avait été conduit à in- terpréter de la façon la plus stricte les actes qui l'opéraient, et il n'est rien d'étonnant que ce système d'interprétation, depuis long- temps admis, ait d'abord prévalu dans notre matière : c'est bien, d'ailleurs, ce que suppose Justinien dans la loi 3 (C. *De an. except.*, VII, 40).

Mais on ne devait pas tarder à s'élever contre lui et Justinien, dans la loi que nous venons de citer, non-seulement le proscrit formellement mais décide qu'on doit désormais s'attacher au sys- tème d'interprétation contraire. On ne saurait qu'approuver cette décision, car l'interprétation la plus large des actes de nature à produire l'interruption de prescription est aussi favorable, que l'était, dans l'ancien droit, l'interprétation la plus stricte de ces mêmes actes, alors qu'ils donnaient lieu à l'*exceptio rei in judi- cium deductæ*. C'est ainsi, que la prescription de l'action hypo- thécaire est interrompue par l'introduction de l'action personnelle dont elle est l'accessoire et réciproquement, que, conçu en termes généraux, le *libellus conventionis* signifié au défendeur, interrompt la prescription de toutes les actions que le demandeur peut avoir à exercer contre lui :

« Sancimus itaque nullam in judiciis in posterum locum habere
« talem confusionem : sed qui obnoxium suum in judicium cla-
« maverit et libellum conventionis ei transmiserit licet generaliter
« nullius causæ mentionem habentem vel unius quidem specialiter
« tantummodo personales actiones, vel hypothecarias continentem,
« nihilominus videri jus omne suum in judicium deduxisse et esse
« interrupta temporum curricula. »

Après avoir ainsi fixé l'étendue des effets de l'interruption civile, soit au point de vue des personnes à l'égard desquelles elle est produite, soit au point de vue des droits dont elle prévient l'extinction, il nous reste à déterminer quels sont au juste ses effets, détermination que nous devons faire à propos de chacun des actes qui la peuvent produire car il n'est pas possible de la faire d'une façon générale.

Et d'abord, supposons l'interruption produite par la *litis contestatio* ou plus tard par la *conventio*, en un mot par l'exercice judiciaire du droit.

Ces deux actes présentent ce caractère commun qu'ils sont introductifs d'instance. Or, c'est, en réalité, celle-ci qui est interruptive de prescription, et quand on attribue cet effet soit à la *litis contestatio*, soit à la *conventio*, c'est parce qu'elles marquent le début de l'instance qu'elles introduisent.

Il est dès lors manifeste que tant que l'instance est pendante, une nouvelle prescription ne peut pas plus commencer que l'ancienne continuer à courir.

Si l'instance vient à se terminer par un jugement, c'est ce dernier qui règle souverainement le sort du droit litigieux, il ne peut plus être question ni de l'action antérieure, ni de sa prescription.

Mais le jugement, alors que le juge est saisi, ne peut intervenir que si les parties suivent l'instance : restent-elles inactives, la question se pose de savoir si l'instance peut rester indéfiniment pendante et, par suite, la prescription rester indéfiniment interrompue ?

A l'origine, nous trouvons les *Judicia* divisés en *judicia legitimæ* et en *judicia imperio continentia* (Gaïus IV, 104).

Les premiers, tout d'abord perpétuels (1), virent, par l'une des *leges Juliæ judiciariæ*, leur durée restreinte à dix-huit mois à partir de la *litis contestatio*; quant au *judicia imperio continentia* le principe, admis dès l'origine et d'où leur vint leur dénomination, fut qu'ils pourraient subsister jusqu'à l'expiration des fonctions du magistrat qui avait délivré la formule, mais qu'ils ne subsisteraient jamais plus longtemps (Gaïus IV, 105).

Le jugement n'étant pas intervenu dans les délais ci-dessus, le juge était dessaisi et, d'autre part, la *deductio in jus* conservant son effet extinctif, il en résultait que le droit du demandeur se trouvait définitivement perdu.

Si ces règles fussent restées en vigueur, il est d'évidence que la question qui nous occupe ne se poserait point. Il n'en fut point ainsi.

D'abord la règle admise en ce qui concerne les *judicia imperio continentia* devint impraticable, au moins dans les provinces impériales, quand, aux magistrats désignés pour une période déterminée et fixée à l'avance, succédèrent des fonctionnaires nommés par les empereurs, qui les pouvaient librement déplacer ou révoquer. Il est assez difficile, en l'ab-

---

1. Il est plus que probable que, en investissant un citoyen de la mission de juger une affaire, le préteur fixait un délai dans lequel le jugement devait être rendu ; la *lex Julia* n'aurait eu alors d'autre effet que de fixer législativement ce délai quand le magistrat aurait omis de faire lui-même cette fixation.

sence de textes, de déterminer par quels expédients on obvia aux dangers qu'eût présentés la règle primitive, ce qu'il y a de certain c'est que la règle primitive fut abandonnée, puisque nous voyons Paul dans la loi 49, 1 (*De judic.* V, 1) décider que les juges, nommés par un *prœses*, peuvent encore et doivent juger sous les successeurs du magistrat qui les a institués :

« Judices a præside dati solent etiam in tempus successorum
« ejus durare et cogi pronunciare (1). »

Quant à la *lex Julia*, il est seulement un point certain, c'est que sa décision, reposant sur la distinction du *jus* et du *judicium*, ne dut pas survivre à l'abrogation du système formulaire : peut-être disparut-elle avant cette époque et, d'ailleurs, il est fort douteux qu'elle ait jamais été applicable hors de Rome (2).

Si la péremption introduite par la *lex Julia* n'est pas ou n'est plus applicable, si, d'autre part l'ancienne règle admise dans les *judicia imperio continentia* a cessé d'être observé en même temps qu'elle cessait d'être possible, la seule solution, à laquelle, en l'absence de textes, il soit légitime de nous arrêter, c'est que l'instance pouvait indéfiniment se prolonger et, avec elle, les effets que son introduction a pu produire, notamment l'interruption civile de la prescription. C'est, du reste, la solution que nous voyons, à l'époque classique, formellement adoptée et consacrée par un rescrit des empereurs Antonin et Sévère, la loi 1 (C. *De pr. l. temp.* VII, 33):

« Cum post motam et omissam quæstionem res ad nova dominia
« bona fide transierint, et exinde novi viginti anni intercesserint

1. Un texte d'Ulpien, la loi 13, 1 (*De jurisp.* II 1), qu'on pourrait invoquer en sens contraire n'est nullement décisif. Il porte que les magistrats ne peuvent *judicare jubere eo die quo privati futuri essent.* Voici simplement quelle me paraît être la pensée du jurisconsulte : le *judicium* est nul si le juge est expressément chargé de prononcer sa sentence à une époque où le magistrat, qui lui donne ses pouvoirs, ne sera plus en fonctions.

2. Savigny notamment prétend qu'elle ne fut jamais applicable que dans Rome même.

« sine interpellatione, non est inquietanda, quæ nunc possidet,
« persona : quæ sicut accessione prioris domini non utitur, qui est
« inquietatus : ita nec impedienda est, quod ei mota controversia
« sit. Quod si prior possessor inquietatus est : etsi postea per lon-
« gum tempus sine aliqua interpellatione in possessione remansit,
« tamen non potest uti longi temporis præscriptione, quod etiam
« in republica servari oportet. »

C'est aussi la même solution qui ressort, moins formellement
sans doute, mais assez clairement soit de la loi 10 (*eodem*), soit de
la loi 26 C. (*De Rei Vind*. III, 32.

Constantin, dans la loi 10 C. (*De acq. vel am. Pos*. VII, 32)
en donne cette explication que :

« Interpellatione et controversia progressa, non posse eum intel-
« ligi possessorem, qui licet possessionem corpore teneat, tamen ex
« interposita contestatione et causa in judicium deducta super jure
« possessionis vacillet ac dubitet. »

Cette explication, que Pothier se borne à reproduire, sans lui
donner plus de consistance et de clarté, est tellement vague qu'il
est impossible de s'en contenter. Aussi Cujas crut-il devoir la compléter en disant que la *litis contestatio* porte atteinte à la bonne
foi du possesseur, ce qui, par exception à la règle : *Mala fides
superveniens non nocet*, aurait pour conséquence de rendre la
præscriptio désormais impossible.

Mais, outre que rien n'est moins justifié que cette prétendue exception, il faut de plus, pour l'admettre, supposer que la *litis
contestatio* fait cesser la bonne foi du possesseur, supposition qui
n'a évidemment rien de légitime.

La seule explication possible du rescrit des empereurs Antonin
et Sévère est donc celle que nous avons fait pressentir : la *præscriptio longi temporis* ne peut s'achever parce qu'elle est indéfiniment interrompue, l'instance qui l'a produite pouvant indéfiniment se prolonger. N'est-il pas, dès lors, légitime de conclure de la

loi 1 (C. *De pr. l. temp.* VII, 33) que, même avant la disparition
du régime formulaire, les dispositions de la loi *Julia* avaient été
abandonnées, ou du moins n'étaient pas partout applicables.

Ainsi donc, jusqu'à Théodose II, par suite de l'absence d'une
institution analogue à notre péremption d'instance, au moins en ce
qui concerne la *præscriptio longi temporis*, l'interruption civile,
effectuée par l'introduction de l'instance, anéantit non-seulement le
bénéfice d'une possession antérieure, mais rend désormais inutile
ad præscriptionem, toute possession ultérieurement continuée par
le possesseur, à l'égard duquel elle s'est produite.

Dans le droit nouveau, quand, par suite de la réforme de Théodose II, toutes les actions sont devenues prescriptibles, il n'en est
point ainsi, au moins dans la prescription nouvelle organisée par cet
empereur, qui, dans la constitution même par laquelle il réalise sa
réforme, loi 1 *in fine* (C. Th. *De Ac. cert. temp. fin.* IV, 14)
décide que, comme tout autre droit, le droit déduit en justice se
prescrira lui-même par un laps de trente années :

« In eamdem rationem illis procul dubio recasuris, quæ post li-
« tem contestatam in judicium actione deducta, habitoque inter
« partes de negotio principali conflictu, XXX denuo annorum de-
« voluto curriculo, tradita oblivioni ex diuturno silentio compro-
« bantur. »

Cette partie finale de la constitution de Théodose n'est point reproduite dans la loi 3 (C. De Pr. XXX *vel* XL *an.* VII, 39) : la
raison de cette omission est que dans la loi 9 (*eodem*), Justinien
complète et modifie sur ce point les innovations de Théodose II.

D'une part, il les complète, en fixant, ce qu'avait omis Théodose,
le point de départ de la prescription du droit déduit : il le place au
jour où a été fait le dernier acte de procédure relatif à l'instance
engagée :

« Quod tempus (id est quadraginta annorum spatium) ex eo nu-

« merari decernimus ex quo novissima processit cognitio, post
« quam utraque pars cessavit ».

D'autre part, ainsi que l'établit le texte ci-dessus, il porte à quarante ans le délai que Théodose avait fixé à trente ans, voulant,
dit-il, marquer une différence entre le créancier qui n'est jamais
sorti de son silence et celui qui a au moins protesté et cherché à
établir son droit :

« Cum non sit similis, qui penitus ab initio tacuit, ei qui pos-
« tulationem deposuit et in judicium venit et subiit certamina, li-
« tem autem implere per quosdam casus præpeditus est. »

Il en résulte que, si elle ne le rend point imprescriptible, la *deductio in jus* a au moins cet effet que, une fois déduit en justice,
un droit simplement personnel ne peut plus désormais être éteint
que par le même laps de temps que l'action hypothécaire : quarante années (l. 1, 1 *in fine* C. *De An. Excep.* VII, 40).

En présence de ces textes, il y a lieu de se demander si la loi
1 C. (De pr. l. t. VII, 33) continue à exprimer la règle applicable
à la *longi tempori pœrscriptio* et, par suite, aux différentes institutions auxquelles Justinien en étend les règles et les délais ?

La question est controversée.

Pour ma part, je crois devoir adopter l'affirmative (1) qui s'appuie sur le texte formel de la loi 1 C. (De pr. l. t. VII, 33) et sur
plusieurs autres textes du Code, qui impliquent la même solution :
les lois 10 (eodem), 26 (De rei vind.) et 10 (De ac. vel am. pos.).
Pour répudier la solution de ces textes, il faudrait qu'un texte,
émanant de Justinien, en détruise l'autorité. Or, pas plus dans la
loi 9 C. (De pr. XXX vel XL an. VII, 39) que dans la loi 1, 1
C. (De an. Exep. VII, 40) nous ne trouvons un texte de nature à
permettre de révoquer en doute la solution si nette et si précise de
la loi 1 (De pr. l. t. VII, 33). Bien au contraire, dans ces deux

1. Savigny se prononce pour l'opinion contraire.

lois, Justinien semble n'avoir en vue que les actions personnélles : c'est bien, en effet, ce qui paraît ressortir des termes mêmes de la loi 9, *in principio* :

« Sœpe quidam suos obnoxios in judicium vocantes...» (1).

Et quant à cette phrase de la loi 1, 1, qui porterait à croire qu'elle est absolument générale :

« Exceptis omnibus actionibus, licet personales sint, quæ in judicium deductæ sunt... »

Elle s'explique par ce fait qu'après la *deductio in jus* et par l'effet de cette *deductio*, une action, même simplement personnelle, se trouve désormais soumise aux mêmes délais que l'action hypothécaire.

En résumé, tandis que, dans la prescription nouvelle introduite par Théodose II, l'effet interruptif de l'instance ne saurait se continuer, lorsque cette instance est, en fait, abandonnée, il se perpétue dans la *præscriptio longi temporis* et, par suite, dans les institutions auxquelles Justinien en applique les principes et les délais, de telle sorte que, restant aux mains du possesseur inquiété par l'introduction d'une instance, la possession ne peut désormais fonder une *longi temporis præscriptio*, mais seulement une prescription de 30 et, sous Justinien, de 40 ans, dont le point de départ se place au jour où a été fait le dernier acte de procédure relatif à l'instance engagée. Il me paraît, en effet, certain que la loi 1 C. (De pr. l. t. VII, 33) n'est nullement exclusive de la prescription purement extinctive des actions réelles, qui, alors qu'elles avaient été introduites, étaient bien, sous Théodose, prescriptibles par 30 ans, car la partie finale de la loi 1 (C. Th. De act. c. temp. fin.

---

1. Quant à cette autre phrase du même texte : *Licet personalis actio ab initio fuerit instituta...*, on ne peut nullement s'en faire un argument en faveur de notre opinion, car il est évident qu'elle n'a pour but que de faire ressortir l'innovation de Justinien, qui consiste à donner à l'action personnelle, une fois déduite, le même délai qu'à l'action hypothécaire.

IV, 14) se réfère bien à toutes les actions, dont il est parlé au début de cette loi et, partant, aux *speciales in rem actiones*, qui, sous Justinien, ne peuvent plus être prescrites qu'après l'expiration d'un délai de quarante années courant du jour du dernier acte de procédure.

Sans doute, Justinien dans la loi 9 (C. de pr. XXX, vel. XL, an. VII, 39), alors qu'il complète et modifie sur ce point les décisions législatives contenues dans la partie finale de la constitution de Théodose II, ne se réfère textuellement qu'aux actions personnelles, nous l'avons nous-même constaté, mais je ne crois pas cependant que, contre toute logique et toute vraisemblance, la constitution de Justinien ne vise pas toutes les actions que comprenaient, dans ses dispositions, la constitution qu'elle complète et modifie. Il n'en reste pas moins acquis que la décision de la loi 1, C. (de pr. l. t. VII, 33) est une véritable anomalie, qu'on ne peut guère expliquer, sous Justinien, que par la tendance manifeste de ce prince à restreindre le champ d'application de la prescription acquisitive, tendance qu'il affirmera, quelques années plus tard, d'une façon bien plus énergique et bien plus exhorbitante en décidant, dans la novelle 119 (cap. 7), que l'aliénation faite à l'insu du véritable propriétaire, par un possesseur de mauvaise foi, ne placera plus l'acquéreur *in viâ usucapiendi* et que le vice d'une semblable aliénation ne pourra être couvert que par la prescription de trente ans.

Reste une dernière question à résoudre à propos des effets de ce premier mode d'interruption civile de la prescription : c'est la question de savoir si les effets qu'il a pu produire ne sont jamais susceptibles de disparaître, en d'autres termes si, dans le droit nouveau, nous ne trouvons pas une institution analogue à notre péremption d'instance.

Dans la période qui s'étend de l'abrogation du système formulaire jusqu'à la législation de Justinien, il est bien difficile de déterminer par quelles règles fut remplacée l'ancienne division des *judicia legitima vel imperio continentia* : nous ne trouvons, en effet, dans nos sources, que décisions de détails rendues dans le but de restreindre la durée des instances, relatives à certaines actions : telles sont les lois 8 C. (*De Dolo Malo*, II,21), 5, *pr*. C. (*De In Int. Rest.* II, 53), 2 C. (*De Naufragiis* XI, 5).

Sous Théodose, nous voyons seulement le principe de la prescription trentenaire appliqué aux droits déduits en justice : ce n'est nullement la péremption d'instance.

C'est seulement sous Justinien, que nous rencontrons une disposition générale, la loi 13, 1 C. (De judiciis III, 1) qui, dans le but d'empêcher qu'une instance puisse indéfiniment rester pendante, organise une institution analogue à notre péremption d'instance.

Dans son paragraphe premier, cette constitution impose aux juges l'obligation de trancher, dans un délai de trois ans, du jour de la *litis contestatio*, les litiges portés devant leur tribunal, et cette obligation Justinien la sanctionne (p. 8 eodem) par une amende, proportionnée d'ailleurs à la dignité du magistrat, auquel incombe la responsabilité du retard, sans que ce retard puisse alors, et c'est de toute justice, avoir aucune influence sur les droits respectifs des parties.

Si le retard ou l'arrêt de la procédure tient à l'absence du défendeur, il est de toute justice que les droits du demandeur n'aient nullement à en souffrir, et que ce dernier ne puisse, par là, être dépouillé d'aucun des effets que l'introduction de l'instance a pu produire à son profit et, notamment, l'interruption de la prescription qui courait contre lui.

Si, au contraire, c'est de l'inaction ou de la négligence du demandeur que naît l'arrêt de la procédure, il eût été aussi logique qu'équitable de tenir pour non avenue l'introduction de l'instance, et, partant, de regarder la prescription comme non interrompue, alors surtout que, dans la législation nouvelle, cette décision n'aurait eu nullement pour conséquence la perte du droit déduit, la *deductio in jus* n'ayant plus l'effet extinctif que lui reconnaissait le droit classique.

Telle est la solution admise dans notre droit : est-ce la solution de Justinien ?

Il nous faut, pour résoudre cette question, examiner le paragraphe 2 de notre texte, paragraphe qui se réfère à l'hypothèse où l'arrêt de la procédure est le fait du demandeur. Dès qu'il ne reste plus que six mois avant l'expiration du délai de trois ans fixé dans le paragraphe précédent, il sera permis au juge (*licentia erit judici...*), sur la réquisition du défendeur, (*parte fugiente actoris absentiam incusante*), d'ordonner la comparution du demandeur. Si, après trois appels successifs et séparés chacun par un intervalle de dix jours, celui-ci néglige de se présenter, le juge doit procéder à l'examen de l'affaire. Se trouve-t-il suffisamment éclairé, il prononce un jugement qui, soit qu'il admette, soit qu'il repousse ses prétentions, s'impose au demandeur comme s'il avait été rendu en sa présence, les dépens étant, quoiqu'il arrive, mis à sa charge. Au contraire, l'affaire n'est-elle point en état d'être jugée, le juge, après avoir condamné le demandeur aux dépens, doit, ce sont les expressions mêmes des textes, *relaxare partem fugientem ab observatione judicii*.

Est-ce à dire que l'introduction de la demande doive être considérée comme non avenue au point de vue des effets qu'elle a pu produire, ou bien la *relaxatio* n'a-t-elle d'autres résultats que d'obliger le demandeur, s'il veut de nouveau faire valoir son droit, à introduire une nouvelle demande, les effets de la première, entre autres l'interruption de prescription, restant acquis ?

La question est importante, puisque, suivant qu'on se prononce pour l'une ou pour l'autre de ces deux opinions, il faut décider ou bien que la demande ne peut plus être intentée dès que se seront écoulés trente ans dont le point de départ se doit placer au jour où, pour la première fois, elle eût pu l'être, ou quelle pourra être formée tant que ne se seront point accomplis quarante ans à partir de la date du dernier acte de procédure relatif à l'instance engagée.

A s'en tenir au texte de la loi 13,2 (*De judiciis*), il semble bien que Justinien donne à la peremption d'instance les effets mêmes que lui reconnaît notre droit actuel : je ne crois pas cependant qu'on puisse admettre cette solution en présence de la généralité des termes de la loi 1, *in fine* (*De An. Excep*. VII, 40 :

« Exceptis omnibus actionibus, licet personales sint, quæ in judi-
« cium deductæ sunt et cognitionalia acceperunt certamina et postea
« silentio traditæ sunt : in quibus non triginta, sed quadraginta an-
« nos esse expectandos, ex quo novissimum litigatores tacuerunt lex
« nostra antea promulgarit, »

Car les termes de la loi 13,2 ne sont ni assez formels, ni assez précis pour qu'il soit permis, en les invoquant, de décider que la péremption demandée et obtenue suffise à effacer l'interruption qui s'est produite, sans quoi on arriverait à mettre un créancier *qui et postulationem deposuit et in judicium venit, et subiit certamina litem autem implere per quosdam casus præpeditus est*, sur la même ligne qu'un créancier *qui penitus abinitio tacuit*, alors que la volonté manifeste de l'empereur est de mettre ces deux créanciers dans une situation toute différente.

De ce que le défendeur est *relaxatus ab observatione judicii*, il ne résulte nécessairement qu'une chose, c'est que l'instance dans laquelle il était engagé a cessé d'être pendante et que, par suite, s'il veut de nouveau faire valoir son droit, le demandeur devra introduire une demande nouvelle ; il n'en résulte nullement que l'on ne doive désormais tenir aucun compte de l'introduction de l'ancienne notamment en ce qui concerne l'interruption de prescription par elle produite.

Ma conclusion est donc que, même périmée, l'instance ne laisse pas d'avoir interrompu la prescription et, par suite, l'introduction d'une demande nouvelle, relative au même droit, reste possible pendant un délai de 40 ans, à compter du jour où l'instance périmée a cessé d'être interruptive, c'est-à-dire du jour où a été fait le dernier acte de procédure relatif à cette instance.

Ainsi donc, si nous voulons résumer les effets de l'interruption civile produite par l'exercice judiciaire du droit sujet à la prescription, nous devrons dire qu'ils arrêtent le cours de la prescription tant que se prolonge l'instance introduite : que si, en fait, cette instance vient à être abandonnée, c'est seulement par une prescription de 30 et, sous Justinien, de 40 ans à compter de la date du dernier acte de procédure, que peut être éteint le droit, objet de la demande, et cela quelle que soit la prescription interrompue : qu'enfin ces effets restent acquis alors que l'inaction du demandeur a permis au défendeur d'obtenir la péremption de l'instance introduite et non suivie contre lui.

Nous devons rapprocher de l'interruption civile obtenue par l'exercice judiciaire du droit, l'interruption qui résulte de l'introduction d'une instance arbitrale. Là aussi il est d'évidence que tant que se continue l'instance, une nouvelle prescription ne peut commencer à courir.

Si, en fait, cette instance vient à être abandonnée, on devra, à mon avis, appliquer la solution écrite dans la loi 9, C. (*De pr.* XXX, *vel* XL an. VII, 3), et décider, par conséquent, que le droit, objet de l'instance, ne peut plus être éteint que par une prescription de quarante ans à compter du jour où a commencé l'inaction des parties engagées dans l'instance. Il résulte bien nettement, en effet, de la loi 5, 1 *in fine* (*De rect. arb.* II, 56) que Justinien a voulu, au point de vue de l'interruption de prescription, mettre l'instance arbitrale sur la même ligne que l'instance judiciaire :

« Et generaliter definimus conventum in scriptis apud compro-

« missarium judicem factum ita temporis interruptionem inducere,
« quasi in ordinario judicio lis fuisset inchoata. »

Passons aux effets de l'interruption civile produite par le moyen
des différents procédés que Justinien met à la disposition du demandeur, alors qu'il lui est impossible d'introduire valablement une
demande judiciaire contre le défendeur qui est absent ou incapable. Tous ces procédés, la requête adressée au président de la province, ou, à son défaut, à l'évêque ou au *defensor civitatis,* comme
aussi l'affichage de l'écrit notarié ou revêtu des signatures de trois
témoins, par lequel il est possible de suppléer à l'absence des magistrats ci-dessus indiqués, tous ces procédés, dis-je, sont des actes qui se parfont *uno momento* et qui, par suite, à la différence
de l'introduction d'une instance, ne peuvent produire d'effets que
sur le passé, sans jamais les étendre à l'avenir ; c'est dire que, du
jour même où ils ont été faits, commence une prescription nouvelle.

Mais quelle sera cette prescription ? Ce doit être, à mon avis, la
prescription qui était en voie de s'accomplir au jour où l'interruption s'est produite, la prescription de trente ou de quarante ans,
l'usucapion de trois ans, ou la *præscriptio* de dix à vingt ans, si
d'ailleurs, à ce moment, le défendeur est en mesure de commencer
cette prescription interrompue. Et, en effet, bien que dans la loi 2
(C. *De Ann. Excep.* VII, 40) Justinien nous dise, en se référant
à ces divers procédés d'interruption de prescription :

« Et hoc sufficere ad plenissimam interruptionem.... »,
je ne crois pas cependant qu'on doive ici appliquer la décision de
la loi 1 C. (*De pr.* l. t. VII. 33) pas plus que celle de la loi 9 C.
(*De Pr.* XXX *vel* XL *an.* VII, 39), qui, toutes deux, supposent
l'interruption produite par l'introduction d'une instance. D'ailleurs,
spécialement en ce qui concerne la *præscriptio longi temporis,* est-
ce que les motifs apportés par Constantin, dans la loi 10 C. (*De
Acq. vel am. Pos.* VII, 32) à l'appui de la solution de la loi 1 C.
(*De Pr.* l. *temp.*) peuvent s'appliquer aux divers actes interrup-

tifs prévus dans la loi 2 (C. *De an. Excep.* VII, 40) puisqu'ils s'effectuent arrière du possesseur?

Reste à préciser les effets de l'interruption civile due à la reconnaissance du droit que la prescription était en voie d'éteindre.

Nous n'avons, bien entendu, à nous occuper ici que de la reconnaissance interruptive de la prescription introduite par Théodose, car dans les prescriptions précédemment organisées, qui toutes reposaient sur la possession, elle constituait, comme d'ailleurs dans le droit nouveau, une interruption naturelle, puisqu'elle implique une abdication de l'*animus domini*, et partant la perte de la possession.

D'une façon générale nous pouvons dire de la reconnaissance ce que nous venons de dire des procédés que Justinien, alors que l'introduction d'instance est impossible, met à la disposition de celui contre lequel court la prescription : produite par des actes qui se parfont *uno momento*, la reconnaissance n'a qu'un effet immédiat et actuel et, par suite, une nouvelle prescription commence au jour même où la reconnaissance a interrompu celle qui était en voie de s'accomplir. Toutefois, et c'est d'évidence, il n'en saurait être ainsi quand l'acte, d'où résulte la reconnaissance, ne se parfait point *uno momento* ou du moins se continue, pour ainsi dire, par des effets qui, comme l'acte lui-même, impliquent l'existence de la dette. C'est ainsi que la constitution d'un gage pour sûreté d'une dette ancienne, interrompt non-seulement le cours de l'ancienne prescription mais s'oppose à ce qu'une nouvelle puisse commencer tant que la chose engagée reste aux mains du créancier gagiste : c'est du moins la solution qui ressort *a fortiori* de celle que nous trouvons écrite dans la loi 7, 5 *in principio* (C. *De pr.* XXX *vel* XL *an.*) :

« Si quis eorum, quibus aliquid debetur, res sibi suppositas sine « violentia tenuerit : per hanc detentionem interruptio fit præteriti « temporis... »

Nous arrivons ainsi au terme des développements que nous avions à fournir sur les effets des actes susceptibles de produire l'interruption civile du cours de la prescription et nous avons, par là même, achevé la série d'explications que nous nous proposions de donner sur l'interruption civile de la prescription dans le droit romain.

DROIT FRANÇAIS

Admise par notre ancien droit avec toute l'étendue qu'on était arrivé à lui reconnaître dans le dernier état du droit romain, la prescription a conservé, sous l'empire du Code civil, la double fonction qu'elle avait alors : elle consolide les possessions, elle met un terme à l'exercice des droits.

Mais, en même temps que, par son admission même, il donnait satisfaction aux nécessités qui l'imposent et qui la légitiment, le législateur s'est avec raison préoccupé de sauvegarder les droits privés dans les limites au moins où la prescription ne saurait les atteindre, sans en constituer une violation manifeste, et c'est à cette préoccupation que répond la section première du quatrième chapitre du titre de la prescription, sous la rubrique : des causes qui interrompent la prescription.

La prescription peut être interrompue naturellement ou civilement. Grâce à ces deux modes d'interruption, la prescription ne peut consolider une possession que là où, en fait, elle se présente vraiment comme l'expression d'un droit, de même qu'elle ne peut consacrer l'extinction d'un droit qu'au préjudice de celui qui néglige de l'affirmer et de le faire reconnaître.

C'est à l'étude successive de ces deux sortes d'interruption que nous consacrerons les développements qui suivent, nous occupant dans une première partie, de l'interruption naturelle et de ses effets, réservant la seconde à l'interruption civile et à son influence sur le cours de la prescription.

PREMIÈRE PARTIE

DE L'INTERRUPTION NATURELLE ET DE SES EFFETS

Parmi les différents droits qui peuvent entrer dans la composition d'un patrimoine, il en est dont l'exercice donne lieu à des actes extérieurs et visibles, qui en accusent matériellement l'existence, en même temps qu'ils en indiquent le titulaire ou du moins celui qui se prétend tel : c'est le droit de propriété, ce sont les divers démembrements de ce droit, les servitudes réelles ou personnelles.

Il en résulte qu'à l'inverse des autres droits qui ne se peuvent manifester que par une affirmation légale et dont il est, par suite, impossible d'entraver matériellement l'exercice la propriété et les servitudes peuvent être l'objet d'une affirmation de pur fait, consistant dans l'exercice même de l'un des pouvoirs qui y sont compris, affirmations de fait par là même exposées à des contradictions ou à des troubles de même nature.

Une double conséquence en découle au point de vue qui nous occupe, l'interruption de prescription.

D'une part, là où l'affirmation de fait qui résulte de l'exercice de certains droits est susceptible de fonder une prescription acquisitive, il est manifeste qu'un simple fait matériel peut avoir pour effet d'interrompre le cours de cette prescription par cela même qu'il peut rendre impossibles les actes matériels dont la reproduction régulière et continue constitue la possession que consolide la prescription.

D'autre part, un fait de même nature peut suffire à prévenir l'extinction par prescription de ceux des droits de cette catégorie qui y seraient exposés, puisqu'il peut être tel qu'il en affirme l'existence et que, nous l'avons dit, il y aurait iniquité manifeste à ce que la prescription pût éteindre un droit en dépit de l'affirmation qui en serait faite.

Ainsi donc un simple fait matériel peut être de nature à interrompre le cours de la prescription : l'interruption est alors dite naturelle. C'est cette interruption que nous allons étudier d'abord quand elle arrête le cours d'une prescription acquisitive, puis quand elle interrompt une prescription extinctive.

CHAPITRE I

Il n'entre point dans le cadre de nos études de déterminer quels sont, au juste, parmi les droits, dont l'exercice donne lieu à des actes matériels ou se manifeste au moins par une situation de fait extérieure et visible, ceux qui, sous l'empire du Code civil, peuvent faire l'objet d'une acquisition par prescription (1), il nous suffit, au point de vue qui nous occupe, de constater que le domaine de la prescription acquisitive est nécessairement restreint à ces droits : c'est dire qu'un simple fait matériel est susceptible d'interrompre toute prescription acquisitive, en d'autres termes que toute prescription acquisitive peut être naturellement interrompue.

Il s'agit donc seulement de déterminer de quels faits peut résulter l'interruption naturelle puisque l'étendue de son domaine ne saurait faire doute.

En droit romain, et les textes sont formels sur ce point, nous établissions la corrélation la plus intime entre l'interruption naturelle de l'usucapion ou de la *longi temporis præscriptio* et la perte même de la possession, devons-nous la maintenir dans notre droit et, partant, décider que tout fait, de quelque nature qu'il soit, doit par cela seul qu'il entraîne la perte de la possession, interrompre naturellement le cours de la prescription que le possesseur était en voie d'accomplir ?

La négative me paraît certaine : elle est formellement écrite dans le texte de l'article 2243 :

1. La question est discutée pour l'emphytéose ; elle ne saurait l'être en ce qui concerne l'usufruit.

Il y a interruption naturelle, lorsque le possesseur est privé pendant plus d'un an de la jouissance de la chose soit par l'ancien propriétaire, soit même par un tiers.

C'est donc seulement quand le possesseur vient à être privé de la jouissance de la chose prescriptible, en d'autres termes, quand, par le fait d'autrui, il perd *corpore* la possession de cette chose que, au point de vue du législateur français, il y a interruption naturelle. Celle-ci, ne saurait dès lors, résulter d'un fait intellectuel, l'abdication de l'*animus domini*, car s'il est incontestable que cette abdication entraîne la perte de la possession, il n'est pas moins certain qu'elle ne peut rentrer dans le texte de l'article 2243 et qu'il serait, par conséquent, inexact de la considérer comme une cause d'interruption naturelle de la prescription.

Du reste, l'abdication volontaire de possession, autrement que dans les hypothèses où elle est la conséquence de la reconnaissance du droit d'un tiers, est une hypothèse d'école que la vie réelle ignore et, par suite, doit-on s'étonner que les rédacteurs du Code, qui ne font nullement œuvre de théorie, aient négligé de la considérer ou, du moins, de la mentionner comme une cause d'interruption naturelle, alors qu'ils ne la regardaient point comme telle dans les seules hypothèses où, en pratique, elle soit susceptible de se produire.

Ainsi donc, et quelles que soient les réserves qu'on puisse faire sur l'exactitude théorique du point de vue où s'est placé le législateur, il me paraît certain qu'il n'a considéré la prescription, comme naturellement interrompue que dans les hypothèses où c'est par suite d'un fait matériel que le possesseur, en voie de prescrire, est dépouillé de sa possession.

Bien plus, il résulte de ce même texte que l'interruption naturelle ne saurait résulter de ce seul fait que le possesseur a cessé l'exercice matériel de sa possession, s'il n'est pas d'ailleurs mis par le fait du propriétaire ou d'un tiers dans l'impossibilité d'accomplir les actes qui la constituent.

Sur ce point, le législateur ne fait, d'ailleurs, que se conformer aux principes : le possesseur, tout en cessant de jouir, peut continuer à posséder : il en pourra sans doute résulter que sa possession manquera d'un des caractères exigés pour que la possession soit de nature à fonder une prescription, la continuité ; mais l'exactitude juridique, non moins que le texte de l'article 2243, ne permettent point de dire que la possession et, partant, la prescription soit interrompue quand le possesseur cesse de jouir.

Il y a interruption naturelle, nous dit l'article 2243, lorsque le possesseur est privé de la jouissance de la chose, soit par l'ancien propriétaire, soit même par un tiers. Le texte ajoute : pendant plus d'un an ; toute dépossession n'est donc point de nature à entraîner l'interruption naturelle, qui ne peut résulter que d'une privation de jouissance, prolongée pendant plus d'une année, sans que d'ailleurs on puisse exiger un an et un jour : dès qu'il y a une année révolue, la loi est satisfaite.

Le législateur s'est, avec raison, écarté, sur ce point, des traditions romaines que déjà, dans notre ancienne jurisprudence, on tendait à repousser :

« Quelques auteurs, nous dit Pothier (Prescription par. 40), pensent que, dans notre droit, on ne doit point regarder comme interrompue la possession de celui qui a été dépossédé par violence lorsqu'il a été rétabli dans l'année. »

C'est l'opinion de ces auteurs qu'ont consacrée les rédacteurs du Code civil. Écoutons Bigot-Préameneu : « La règle de la possession annale a toujours été suivie en France à l'égard des immeubles : elle est la plus propre à maintenir l'ordre public. Si l'occupation momentanée d'un fonds suffisait pour priver des effets de la possession ce serait une cause de désordre ; chaque possesseur serait à tout moment exposé à la nécessité d'avoir un procès pour justifier son droit de propriété. D'ailleurs c'est pendant la révolution d'une année que les produits d'un fonds ont été recueillis : c'est pendant une pareille révolution qu'une possession publique et continue a pris un caractère qui empêche de la confondre avec une simple occupation. »

On ne saurait que louer le législateur de s'être émancipé de la tradition romaine, en refusant de considérer comme une cause d'interruption naturelle une perte momentanée de la possession. Cette rigueur, dont les inconvénients étaient singulièrement atténués, à Rome, par la brièveté des délais de l'usucapion, aurait présenté dans notre droit, qui a justement étendu les délais de la prescription, le grave danger de prolonger outre mesure l'incertitude de la propriété.

Il ne s'est, du reste, affranchi de la tradition que dans de justes limites, car c'est, à mon avis, aller trop loin dans cette voie que de dénier, comme l'a fait le droit anglais (Gunderman Engl. Priv. T. I, p. 179) (1), toute influence, en ce qui concerne l'interruption de prescription, à une privation injuste de la possession quelle qu'en puisse être la durée : on ne doit pas, en effet, oublier que la possession est la base essentielle de la prescription acquisitive.

Le laps de temps fixé par l'article 2243, pour que la dépossession entraîne l'interruption naturelle, s'explique et se justifie par la théorie admise, dans notre droit, en matière d'actions possessoires.

Quiconque est par le fait d'autrui dépouillé d'une possession qu'il exerce depuis plus d'une année peut, en agissant dans l'année du trouble, recouvrer son ancienne possession (23 Pr. civile). S'il n'agit point, le possesseur reconnaît, par là même, que sa possession n'était qu'une usurpation et rien de plus juste que de n'en tenir

---

1. En ce qui concerne l'interruption naturelle de la prescription des servitudes le droit anglais admet le système de notre article 2243, dont il ne s'écarte que pour la prescription de la propriété.

désormais aucun compte. Au contraire, s'il agit et pourvu que son action soit formée dans l'année du trouble, il sera réintégré par cela seul qu'il fournira la preuve d'une possession annale antérieure à ce trouble et, dès lors, rien de plus naturel que de considérer comme subsistant encore une possession qu'il lui est si facile de rétablir.

Au reste, pourvu que la demande soit introduite dans l'année, peu importe que le possesseur ait été, en fait, privé, pendant plus d'une année, de la possession de la chose, puisque si, par suite du succès de sa demande, il vient à être réintégré, il n'aura pas été, légalement du moins, privé de la jouissauce pendant plus d'une année, les effets du jugement, rendu en sa faveur, remontant au jour de l'introduction de sa demande.

Ainsi donc, pour être interruptive de prescription, la dépossession doit être annale et encore, pendant tout ce laps de temps, doit-elle être absolue. La Cour de cassation l'a jugé le 11 juillet 1838 (Dalloz, *Prescription*, n° 467) et on ne saurait qu'approuver sa décision, qui ressort du texte même de l'article 2243 ; les expressions dont se sert le législateur : il faut que le possesseur ait été privé de la jouissance, impliquent en effet qu'il s'agit d'une dépossession complète, absolue.

Ce n'est point à dire qu'on ne doive tenir aucun compte des troubles qui ne font qu'entraver la jouissance du possesseur. Pour être utile à la prescription la possession doit être paisible et de simples obstacles apportés à son exercice sont certainement de nature à lui ôter ce caractère ; mais si, par suite de tels actes, la prescription ne peut s'accomplir, ce n'est point à une interruption survenue dans le cours de la possession qu'on doit lui attribuer cette impossibilité.

Dès que, pendant plus d'un an, le possesseur a été privé de la jouissance de sa chose, il y a interruption naturelle sans qu'on ait d'ailleurs à rechercher comment ou par qui le possesseur a été dépouillé. La loi dit expressément qu'il importe peu que la dépossession soit le fait du propriétaire ou d'un tiers : à ce propos on doit relever l'expression inexacte, dont se sert l'article 2243, quand il parle de l'ancien propriétaire, alors qu'il devrait dire le propriétaire puisque la prescription n'est que commencée. Il n'y avait pas en effet à distinguer ; comme la possession, la dépossession est un fait matériel et par là même absolu. Dès qu'elle s'est produite sans que, dans l'année du trouble, le *dejectus* ait obtenu ou au moins demandé sa réintégration, la prescription est interrompue et c'est là un effet de la dépossession, qui, comme le fait même dont il découle, se produit nécessairement *erga omnes*.

C'est pour la même raison qu'il n'y a pas à rechercher si la dépossession est ou non le résultat d'une violence : sans doute, toute violence est coupable, mais par cela seul qu'il ne tente point de la réprimer, le possesseur reconnaît le bien fondé du droit de celui qui l'a dépouillé et, par suite, il n'y a rien d'inique à déclarer interrompue la prescription qu'il était en voie d'accomplir.

On s'est demandé si la privation de jouissance résultant d'un cas fortuit ou de force majeure, l'inondation notamment (c'est bien le seul cas pratique où la question se puisse poser), devait être considérée comme une cause d'interruption naturelle ?

Bien que d'Argentré (sur l'art. 266 de la Cout. de Bretagne, c. IV, n° 10) et Dunod (part. 1, ch. IX) aient enseigné l'affirmative, je ne crois pas qu'il soit aujourd'hui possible de la soutenir. Le texte de l'article 2243 me paraît, en effet, décisif en faveur de l'opinion contraire, d'autant plus que le tribunal d'appel de Grenoble avait proposé, dans ses observations sur le projet du Code, de conserver, sur ce point, la doctrine de l'ancien droit, observations dont n'ont évidemment pas tenu compte les rédacteurs du Code puisqu'ils n'ont rien changé au texte primitif de notre article. D'ailleurs la solution donnée, dans notre ancien droit, par d'Argentré et Dunod me semble être le résultat d'une confusion entre l'interruption et la discontinuité. Quand par un obstacle, tel que l'inondation, le possesseur est mis dans l'impossibité de faire les actes qui constituent sa possession, celle-ci cesse d'être continue et, par suite, la prescription devient impossible sans qu'il soit nécessaire, pour expliquer cette impossibilité, de faire intervenir l'idée d'interruption.

Les règles que nous venons de préciser n'ont rien de spécial à l'interruption naturelle de la prescription du droit de propriété; l'interruption naturelle de la prescription des servitudes, qui admettent ce mode d'acquisition, est régie par les mêmes principes car, comme celui du droit de propriété, leur exercice est protégé par des actions possessoires dont la portée est identique.

Dans ces différentes hypothèses c'est, on le voit, à un pur fait matériel qu'est attaché l'effet interruptif : la remarque est importante au point de vue des modes de preuve, à l'aide desquels celui qui prétend la prescription interrompue peut établir l'existence du fait qui a pu produire l'interruption naturelle : sans difficulté, on devra l'admettre à prouver par témoins l'interruption dont il se prévaut.

Sachant dans quels cas on peut dire qu'il y a interruption naturelle et comment on la peut prouver, il nous reste à en préciser les effets.

L'interruption naturelle ne produit qu'un seul effet : elle rend inutile la possession exercée avant que soit intervenu le fait qui a entraîné l'interruption. Mais elle n'empêche nullement une nouvelle prescription de commencer le jour où l'ex-possesseur reprend sa possession, sauf que c'est de ce jour seulement que pourra se faire le calcul du laps de temps requis pour que la prescription soit acquise. Bien plus, elle ne saurait avoir aucune influence sur les conditions mêmes de la nouvelle prescription : c'est la même prescription qu'il était en voie d'accomplir lors de sa dépossession, que devra commencer et achever l'ex-possesseur. Aurait-il prescrit par trente ans, c'est la prescription trentenaire qu'il devra accomplir, et si l'usucapion de dix à vingt ans courait à son profit, c'est par une possession de dix à vingt ans qu'il arrivera à la prescription. Toutefois, relativement à l'usucapion de dix à vingt ans, une difficulté peut s'élever, car la possession n'en est pas la seule et unique condition ; la bonne foi est, nous le savons, une condition essentielle de cette prescription, au moins au moment où commence la possession qui, d'ailleurs. est de nature à la fonder. Dès lors se pose la question de savoir si cette bonne foi est requise chez le possesseur au moment où il reprend la possession dont il a été dépouillé, au moment où, par conséquent, il commence une nouvelle usucapion ? C'est l'affirmative que nous trouvons écrite dans les textes du droit romain, mais il est permis de croire que, sur ce point, le Code civil s'est écarté des traditions romaines. Le texte de l'article 2269 me paraît formel : il suffit que la bonne foi ait existé lors de l'acquisition. C'est par suite ajouter à la loi que de l'exiger à un autre moment ; dès que la bonne foi existe lors de l'acquisition, la loi est satisfaite, l'usucapion peut s'accomplir. C'est l'opinion de presque tous les auteurs (1).

Il résulte de la nature même des faits susceptibles de la produire que toute personne peut se prévaloir de l'interruption naturelle. Qu'importe la personne du *dejiciens*, c'est la dépossession et la dépossession seule qu'il faut considérer puisque c'est elle qui entraîne l'interruption naturelle. Or, c'est là un fait matériel, comme tel existant *erga omnes*, et dont, par suite, peuvent se prévaloir tous ceux qui ont intérêt à ce que la prescription ne soit point acquise. Le texte de l'article 2243 ne laisse aucun doute à ce sujet.

Si, à cet égard, les effets de l'interruption naturelle sont absolus, il importe de les limiter à un autre point de vue, au point de vue de ce que j'appellerai leur étendue réelle. C'est la notion même de l'interruption naturelle qui va nous permettre de fixer ces limites.

1. Voyez les citations dans Aubry et Rau, t. II, n° 78, § 215.

La cause de l'interruption naturelle c'est la dépossession subie par le possesseur en voie de prescrire et la privation de la jouissance qui en résulte pour lui, à la condition toutefois qu'il la laisse se prolonger pendant plus d'une année. Dès lors si c'est seulement de la jouissance d'une partie du fonds dont il était en voie de prescrire la propriété que le possesseur est dépouillé, je ne vois aucun motif de ne pas limiter à cette partie l'interruption de prescription, à la condition, bien entendu, que l'autre partie du fonds soit utilement possédée *ad præscriptionem*, en d'autres termes, c'est l'étendue même de la dépossession qui doit fixer l'étendue de l'interruption naturelle.

CHAPITRE II

DE L'INTERRUPTION NATURELLE DE LA PRESCRIPTION EXTINCTIVE

Bien que l'interruption naturelle figure parmi les règles générales applicables à toutes les prescriptions, il est d'évidence qu'elle n'est possible dans la prescription extinctive que dans les cas où celle-ci s'applique à un droit dont l'affirmation peut résulter d'un simple fait matériel : c'est dire qu'on doit limiter son domaine à la prescription extinctive des divers démembrements de la propriété, puisque la propriété elle-même ne saurait être directement éteinte par prescription.

Appliquant aux démembrements de la propriété, le principe général écrit dans l'article 2262, le législateur décide qu'ils seront, comme tout autre droit, éteints par un non usage de trente ans. Il en résulte que le fait de les exercer aura pour effet d'interrompre le cours du non usage, puisque la prescription ne saurait, sans iniquité, consacrer l'extinction d'un droit affirmé par son titulaire, sauf à déterminer quels caractères doit revêtir ce fait pour être interruptif de prescription. Or, c'est là une question qu'il est impossible de résoudre sans distinguer entre les divers démembrements dont la propriété est susceptible.

S'agit-il d'un usufruit, il s'éteint, avons-nous dit, par cela seul que l'usufruitier n'a pas exercé son droit pendant plus de trente ans : tout acte de jouissance fait sur la chose, aura donc pour conséquence d'interrompre les délais du non usage, puisque l'usufruit consiste précisément dans le droit de faire des actes de jouissance sur la chose qui y est soumise.

Il n'est pas d'ailleurs nécessaire que l'acte de jouissance émane de l'usufruitier lui-même : il peut être le fait d'un fermier, d'un acheteur, d'un donataire, puisque l'usufruitier peut louer, vendre ou donner son droit, comme aussi d'un mandataire ou même d'un simple gérant d'affaires qui jouit au nom de l'usufruitier absent : c'était déjà la solution romaine (L. 38, D. *de usufructu*) ; c'est aussi celle qui doit prévaloir sous l'empire du Code civil.

Dans le cas où l'usufruitier a donné à bail ou vendu son droit, la question se pose de savoir si, alors que l'acheteur ou le fermier ne jouissent point de la chose, le fait par l'usufruitier de toucher les intérêts du prix, ou de percevoir les loyers ou fermages, doit être considéré comme un acte de jouissance interruptif du non usage ? L'affirmative avait prévalu à Rome ; c'est notamment la solution de Marcien, et celle de Gaïus dans les lois 38 et 39 (*De usufructu*, VII, 1). Pothier (*Du douaire*, n° 251) admettait cette opinion que Proudhon (T. VI, n° 2110) a reproduite sous l'empire du Code civil et que soutient M. Laurent (T. VII, n° 63).

L'article 595, dit-on, admet que l'usufruitier peut exercer son droit de deux manières : ou jouir par lui-même, ou jouir par l'intermédiaire d'un tiers, auquel il a loué ou vendu l'exercice de son droit, et, par suite, tant que, d'une manière ou de l'autre, l'usufruitier profite de son droit, on ne peut dire qu'il y a non usage.

Je ne crois pas devoir adopter cette opinion.

C'est dans l'intérêt du nu-propriétaire que la loi décide que l'usufruit sera éteint par un non usage de trente ans. Par suite, pour savoir s'il y a ou non usage du droit, c'est au point de vue du nu propriétaire et non de l'usufruitier qu'il faut se placer. Or, au regard du nu propriétaire, il n'y a qu'une jouissance exclusive du non usage, c'est celle qui porte matériellement sur la chose elle-même, dans ce cas seulement elle le touche et lui devient opposable. D'ailleurs, en cas de vente du droit, ce n'est point à l'usufruitier mais à l'acquéreur que nuira le non usage et si, en cas de loüage du droit, c'est bien l'usufruitier qui aura à subir les conséquences du non usage, on doit reconnaître que l'hypothèse n'est guère de nature à se présenter, car il est bien improbable qu'un fermier paie ses fermages sans jouir de la chose louée. C'est en ce sens que se prononcent la plupart des auteurs (1).

Pour que le non usage soit interrompu, il n'est pas, d'ailleurs, besoin que le droit soit exercé dans toute sa plénitude, il suffit que l'usufruitier exerce lui-même ou qu'on exerce en son nom un seul des actes de jouissance compris dans l'usufruit. Dès que l'usufruitier use de son droit, ne fut-ce que partiellement, on ne peut dire qu'il y ait non usage, à moins que l'usufruit ne porte sur deux fonds séparés, mais alors il y a autant de droits distincts qu'il y a de fonds.

Quid si l'acte exercé sur la chose n'est pas de ceux par lesquels l'usufruitier doit exercer sa jouissance? Pothier (Du Douaire, n° 250), reproduisant la solution d'un texte des Instituies, le paragraphe 4 (*De usufructu*, l. II, § 4), décide que, nonobstant ces actes, il n'y a pas moins non usage : « Le droit d'usufruit, dit-il, étant le droit de se servir de la chose pour les usages pour lesquels elle est destinée, lorsqu'il s'en sert pour d'autres usages, ce n'est pas de son droit d'usufruit qu'il use. »

Sous l'empire du Code civil, ou s'accorde à repousser cette opinion de Pothier. Si, en effet, l'usufruitier ne jouit pas comme il devrait jouir, il y aura jouissance abusive, mais il n'y aura pas non usage. Or, autre chose est l'abus de jouissance, autre chose le défaut de jouissance. L'usufruitier qui abuse affirme son droit et veut le maintenir tandis que celui qui n'use pas, semble reconnaître qu'il n'a pas de droit ou abdiquer le droit qui existe à son profit (2).

Les différentes règles que nous venons de préciser doivent être,

---

1. Demolombe (X, n° 695); Aubry et Rau (t. II, p. 510, n° 11). Gary (p. 224 n° 278).

2. Demolombe (X, n° 696); Laurent (t. VII, n° 63).

par analogie, appliquées à l'interruption naturelle de la prescription d'un droit d'usage.

Arrivons aux servitudes réelles : ici nous devons distinguer entre les servitudes discontinues et les servitudes continues.

S'agit-il d'une servitude discontinue, c'est-à-dire d'une servitude dont l'exercice exige le fait actuel de l'homme, le fait matériel de l'usage du droit suffit à interrompre les délais du non usage. Peu importe, du reste, de qui il émane, du propriétaire du fonds dominant, de son fermier, ou même d'une personne qui n'a aucune qualité pour représenter dans sa jouissance ; dès que le droit est matériellement exercé, n'importe par qui, on ne peut dire qu'il y ait non usage, et, par suite, le droit ne pourra être éteint avant que ce soit écoulé un délai de trente années, sans que le droit soit à nouveau exercé.

S'agit-il, au contraire, d'une servitude continue, c'est-à-dire d'une servitude qui s'exerce par elle-même, par cela seul que subsiste la situation de fait qui la révèle et qu'elle permet de maintenir, il ne peut évidemment être question de non-usage, que dans le cas où le propriétaire du fonds dominant laisse s'accomplir un fait de nature à s'opposer désormais à l'exercice de la servitude, ou constituant précisément un des actes qu'elle avait pour but d'empêcher, en d'autres termes et, pour parler le langage de la loi, un fait tel qu'on puisse voir en lui l'acte contraire de la servitude exigé par l'article 707. De cet acte contraire, résulte une situation de fait incompatible avec l'existence de la servitude et qui, par conséquent, ne peut être maintenue que si le propriétaire du fonds dominant néglige l'exercice de son droit. C'est donc dans le maintien de la nouvelle situation de fait, créée par l'acte contraire, que consiste le non-usage de la servitude, ce qui nous conduit à décider que si l'ancien état des lieux vient à être rétabli, la servitude pouvant dès lors s'exercer d'elle-même, il ne pourra plus être question de non-usage.

Nous sommes ainsi amenés à reconnaître à tout fait, de nature à effacer les manifestations extérieures et les conséquences matérielles de l'acte contraire, l'effet d'interrompre naturellement les délais de non-usage, sans qu'il y ait d'ailleurs à examiner de qui émane ce fait et c'est logique, car, puisqu'il y a non-usage par cela seul qu'un acte contraire se produit, sans qu'on ait à rechercher sa cause ou son auteur, ce non-usage doit cesser dès que, par suite d'un fait quelconque, vient à disparaître l'état des lieux résultant de l'acte contraire.

En ce qui concerne la preuve et les effets de l'interruption naturelle en matière de prescription extinctive, nous n'avons qu'à renvoyer à ce que nous avons dit dans la section précédente : les mêmes solutions, que nous donnions alors, restent applicables puisque c'est par un fait de même nature, un fait matériel, qu'est produite l'interruption.

DEUXIÈME PARTIE

DE L'INTERRUPTION CIVILE

Si certains droits seuls, la propriété et les divers démembrements de ce droit, sont susceptibles de s'affirmer par des actes purement matériels, il est, au contraire, incontestable qu'un droit quelconque peut être légalement affirmé, c'est-à-dire faire l'objet d'actes juridiques, qui en constatent expressément ou en impliquent nécessairement l'existence. Or, nous l'avons dit déjà, s'il est impossible de mettre sérieusement en doute la légitimité même de la prescription, en face des nécessités sociales auxquelles elle répond, c'est à la condition que, directement ou indirectement, elle ne puisse jamais arriver à consacrer l'extinction d'un droit en dépit de l'affirmation qui en serait légalement faite par celui auquel il appartient de s'en prévaloir. C'est cette injustice manifeste que prévient le législateur en organisant l'interruption dite civile, en d'autres termes, en arrêtant le cours de la prescription dès que vient à se produire un acte, qui, légalement, affirme l'existence du droit que la prescription pouvait être en voie d'éteindre.

De cette notion de l'interruption civile, il résulte que son domaine peut être aussi vaste que celui de la prescription même et qu'on la conçoit tout aussi bien arrêtant le cours de la prescription acquisitive que celui de la prescription exstinctive, puisque tout droit est susceptible d'être légalement affirmé. C'est, du reste, ce domaine que, sous Justinien au moins, le droit romain était arrivé à lui reconnaître; c'est celui que lui donna notre ancienne jurisprudence; c'est ce même domaine que lui ont assigné les rédacteurs du Code civil, j'ajoute qu'ils devaient le lui assigner.

Et d'abord que la prescription extinctive soit interrompue par l'affirmation légale du droit qu'elle était en voie d'éteindre, c'est une solution qu'impose non-seulement l'équité la plus élémentaire mais le fondement même de cette prescription. Il ne peut, en effet, s'agir de rendre définitive l'inaction du créancier, alors que cette inaction a cessé ou que, par suite d'une reconnaissance émanée du débiteur lui-même, il est manifestement impossible de l'expliquer par une libération survenue.

Dans la prescription acquisitive, au contraire, l'admission de l'interruption est due à des considérations d'équité, bien plutôt qu'elle ne tient à la notion même de cette prescription (1), mais ces considérations sont si justes et si puissantes qu'il serait impossible de n'en point tenir compte, sans faire de la prescription acquisitive une véritable spoliation.

Ce n'est point à dire qu'on ne puisse y répondre qu'en donnant à l'affirmation légale du droit usurpé, un effet identique à celui qu'on lui doit reconnaître dans la prescription extinctive, mais c'est, à mon avis, y répondre de la manière la plus simple en même temps que la plus efficace. Je n'ignore pas que le système qui, à Rome, avait prévalu dans l'usucapion classique trouve encore, parmi les jurisconsultes allemands, des défenseurs convaincus, mais je ne crois pas qu'on doive se rendre à leurs arguments. Vainement prétendent-ils que, dans le cas au moins où la prescription vient à s'accomplir *inter moras litis* (et c'est bien alors surtout que l'erreur des tiers est excusable, puisqu'il n'en peut être ainsi que si l'usurpateur possède depuis longtemps), ce système ménage les intérêts des tiers qui, ignorant

1. Ce n'est point tout à fait exact en ce qui concerne la reconnaissance que notre droit regarde comme une cause d'interruption civile alors qu'elle émane d'un possesseur. Mais est-ce que la reconnaissance interruptive d'une prescription acquisitive ne doit pas, en théorie, et il ne s'agit ici que de considérations théoriques, être considérée, plutôt comme une cause d'interruption naturelle plutôt que comme une cause d'interruption civile?

le procès, ont pu traiter avec le possesseur et acquérir des droits sur l'objet litigieux sans que pour cela le droit du propriétaire soit sacrifié.

Mais un procès n'a rien de mystérieux, les tiers ont pu et dû le connaître ; c'était à eux de se renseigner sur le droit du possesseur et, par suite, on ne saurait faire prévaloir leur intérêt sur le droit du propriétaire, qui, dans le cas au moins où le possesseur devenu propriétaire *pendente lite* est insolvable, serait véritablement sacrifié. D'ailleurs, il est un moyen infaillible de mettre le système de notre droit à l'abri de tout reproche, ce serait d'obliger le propriétaire à porter sa demande à la connaissance des tiers en organisant un système de prénotations, imité des législations allemandes, prénotations qui devraient être faites sur les registres destinés à assurer la publicité, des droits réels immobiliers (1). Or quand les inconvénients d'une solution sont de nature à être effacés par la publicité, il est bien permis de croire qu'elle est l'expression d'une vérité législative, puisque, dans la mesure du possible, le système de la publicité la plus complète doit être le but suprême et le dernier mot des législations modernes.

Après avoir ainsi précisé le domaine de l'interruption civile, il nous reste à examiner dans un premier chapitre de quels actes elle peut résulter, et, cet examen terminé, nous consacrerons un second chapitre à la détermination des effets qu'ils peuvent produire.

1. Le grand projet de publicité des droits réels immobiliers, présenté, le 21 décembre 1827, par MM. Bellot, Rossi et Girod, devant le conseil représentatif du canton de Genève, contenait un article conçu : Celui qui poursuit en justice un droit réel sur un immeuble, pourra, pendant la litispendance, rendre publique sa demande par une prénotation, sur le registre des droits réels (art. 209). Et l'article 213 de ce même projet reconnaissait à cette prénotation, dans le cas au moins où la demande portait sur la propriété elle-même, l'effet d'arrêter le cours de toutes les inscriptions de droits réels sur cet immeuble, sur lequel ne pourraient être prises que des prénotations.

CHAPITRE I

DE QUELS ACTES PEUT RÉSULTER L'INTERRUPTION CIVILE.

En même temps qu'il admettait la prescription, notre ancien droit s'était préoccupé de faciliter, au créancier comme au propriétaire, des moyens de prévenir l'extinction de son droit. C'est ainsi que, déjà au XIIIe siècle, Beaumanoir mentionne une première cause d'interruption civile de la prescription, faire sa demande :

« Si uns hons demande à un autre muebles ou catix, soit par lettres où en autre manière, et il s'est soufers de fere sa demande par l'espasse de vingt ans, puis le terme de la dette : cil à qui la demande est fete n'en est pas tenu à répondre, se li demanderes n'a resnable cause par lequele li tans est courus sans demande fere. » (*Coutûmes de Beauvoisis,* éd. de Beugnot, ch. VIII, n. 2).

Lors de la rédaction des coutumes, alors que toutes s'accordent à déclarer que la prescription ne peut s'accomplir qu'à la condition de ne pas être interrompue (1), bien peu de coutumes se préoccupent de déterminer de quels actes peut résulter l'interruption civile

1. Souvent les textes coutumiers se contentent d'exiger une possession paisible ou pacifique (Coutume de Lille, ch. XVII, 2 ; Cambray XVII, 1 ; Bretagne ; art. 273), mais il n'est pas douteux que par ces mots, ils visent l'interruption civile : « La demande en justice fait que possession est plus paisible, » dit Domat (Lois civiles III, Tit. VII, sect. V. n° 15) ; « La possession cesse d'être paisible par l'interpellation judiciaire, » dit aussi Pothier (C. d'Orléans XIV, n° 26). Dans l'ancienne comme dans la nouvelle rédaction de la Coutume de Paris (anc. cout. ch. IV art. 66, 67 et 68. — Nouv. Cout. art. 113, 114 et 118, nous lisons : « sans inquiétation » ; « sans interruption », se trouve dans la nouvelle coutume de Melun (ch. IX, 169) ; « sans contredit ni empêchement », dit la coutume générale de Lorraine (t. XVIII, 1).

ou du moins celles qui s'expliquent sur ce point, notamment la coutume du Bourbonnais (ch. III, art. 34), la coutume du Berry (T. XII, art. 13), n'ont qu'une autorité limitée à leur propre territoire.

Dans le silence des coutumes, et en présence des systèmes contradictoires auxquels donnaient lieu les textes romains (1), c'était donc à la jurisprudence et à la doctrine de déterminer les causes d'interruption civile. Dès la fin du xvie siècle, cette détermination est à peu près faite, et on s'accorde à reconnaître comme une cause d'interruption civile la demande portée en justice, unanimité qui serait due, s'il faut en croire les écrits de nos anciens auteurs, à l'adoption de la règle canonique sur la bonne foi requise en matière d'usucapion.

La demande judiciaire interrompt la prescription parce qu'elle fait cesser la bonne foi ; c'est l'explication de tous les auteurs qui s'occupent de la question (Ferrière, Paris 1685, sur l'art. 113, gl. 5, n° 9 ; Bourjon, l. III, t. XXII, ch. 2, sect. III, 17 et 22). Douteuse au moins, quand elle s'applique à une prescription qui requiert la bonne foi, elle était inacceptable dans les prescriptions, dont l'accomplissement n'est nullement subordonné à la bonne foi du débiteur ou du possesseur ; c'est par elle néanmoins que, par une confusion bien singulière, on continue à expliquer l'effet reconnu à la demande judiciaire alors qu'elle interrompt des prescriptions qui n'exigent nullement la bonne foi de celui qui prescrit. Cette confusion est manifeste dans deux textes de Chabrol :

1. Le système de Bartole, distinguant, au point de vue de l'interruption civile, trois classes de prescriptions, était, en général, suivi dans les pays de droit écrit ; il était aussi soutenu par des légistes coutumiers, notamment par d'Argentré. Seulement on s'accordait à ne faire que deux catégories des trois classes indiquées par Bartole ; les *mere favorabiles* et les *mixtæ præscriptiones* sont placées sur la même ligne, ne peuvent être interrompues que par la contestation en cause ; quant aux *mere odiosæ præscriptiones*, on se contente de la simple assignation.

« L'interruption civile constitue nécessairement le débiteur en mauvaise foi. — Une saisie-arrêt, si elle n'est notifiée au débiteur, ou s'il n'est assigné pour la voir confirmer, n'interrompt pas non plus sa prescription, parce que sa bonne foi continue, tant qu'il n'est pas légalement instruit des poursuites faites par son créancier. »

Le même effet, qu'on reconnaît à la demande judiciaire, on l'attribue aussi et pour la même raison, au commandement, à la saisie-arrêt notifiée au débiteur, à la saisie réelle qui ne peut, d'ailleurs, produire l'interruption au profit d'autres créanciers que le saisissant que du jour où ils ont formé opposition à la saisie. Quant à la reconnaissance du droit contre lequel court la prescription, il n'était pas douteux qu'on dût lui donner un effet analogue à celui qn'on attribuait à la demande judiciaire ; l'interruption de la prescription s'imposait même ici avec bien plus d'évidence, car, bien mieux que la demande en justice, elle porte une atteinte certaine et décisive à la bonne foi du débiteur ou du possesseur dont elle émane.

Il suffit de parcourir les articles de notre section, pour se convaincre que les rédacteurs du Code civil n'ont fait que conserver comme telles, dans notre droit, les différentes causes d'interruption civile admises par notre ancienne jurisprudence, alors cependant que, rejetant la règle canonique pour revenir à la règle du droit romain : *mala fides superveniens non nocet* (1), il semblerait bien qu'ils eussent dû repousser les conséquences en même temps et par cela même qu'ils se décidaient à proscrire le principe.

Ils les ont acceptées pourtant et ils devaient les accepter.

Dans le fait, par notre ancienne jurisprudence, de rattacher à la

---

1. Bien que la règle canonique ait prévalu, la règle romaine avait cependant toujours trouvé des défenseurs ; c'est elle que soutiennent notamment d'Argentré (sur l'article 266 de la coutume de Bretagne, ch. VI, n° 21), et Charondas (Paudectes de droit français, l. 12, ch. XXII).

mauvaise foi qu'ils étaient censés produire, l'effet qu'elle reconnaissait aux différents actes qu'énumèrent nos articles 2244 à 2248, il y avait seulement une confusion, une erreur théorique à laquelle devait mettre fin la proscription de la règle qui lui avait donné cours, sans que, pour cela, on dût repousser les décisions qu'elle avait inspirées. Si, en effet, notre ancienne jurisprudence avait pu voir, dans les différentes causes d'interruption civile par elle admises, des actes susceptibles de constituer le débiteur ou le possesseur en mauvaise foi, c'est que tous ces actes contiennent l'affirmation de l'existence actuelle du droit qu'il usurpe ou méconnaît, et partant la suppression de la règle canonique devait avoir pour seul effet de faire dégager le véritable fondement de l'interruption civile : l'affirmation du droit dont la lésion donne lieu à la prescription.

Mais, de même que nos anciens auteurs avaient refusé l'effet de porter légalement atteinte à la bonne foi du débiteur ou du possesseur à tout acte susceptible d'attester à ses yeux l'existence actuelle du droit qu'il est en voie de prescrire, de même les rédacteurs du Code civil n'ont pas reconnu à toute affirmation, à une diligence quelconque de la part de celui qui se prétend fondé à réclamer un droit, la puissance d'interrompre civilement le cours de la prescription. Multiplier inconsidérément les causes d'interruption civile, ce serait, en effet, oublier les intérêts supérieurs au nom desquels s'impose et se légitime la prescription, ce serait anéantir les bienfaits de cette institution, car, les délais succédant aux délais, la certitude, qu'elle a pour but d'assurer aux droits privés, se trouverait indéfiniment retardée. A ce point de vue, on ne peut qu'approuver la sage conciliation faite par les rédacteurs, entre le droit de l'individu et celui de la société ; c'est en effet seulement à une affirmation résultant d'un acte tel qu'il rende d'ores et déjà ou soit au moins de nature à rendre *ex post facto* certaine l'existence actuelle du droit menacé, qu'ils reconnaissent l'effet d'interrompre la prescription, c'est dire qu'il l'ont refusé à toute affirmation, qui se présente comme une simple prétention, partout ailleurs que dans le cas où elle a pour suite nécessaire une décision ultérieure qu'il est légitime de présumer dès qu'est liée la procédure qui y doit conduire.

Il nous faut maintenant préciser et passer à l'examen successif des différentes causes d'interruption civile énumérées dans nos articles.

SECTION I

De la citation en justice.

La première cause d'interruption civile indiquée par l'article 2244 est la citation en justice. On la peut définir : un acte par lequel une personne, agissant par ministère d'huissier appelle une autre personne devant un tribunal pour voir prononcer sur la prétention qui fait l'objet de la demande.

Cet acte prend le nom d'ajournement ou assignation quand c'est devant un tribunal de première instance qu'est appelé le défendeur, de requête quand il est introductif d'instance devant une juridiction administrative, il conserve le nom générique de citation quand l'affaire est portée devant un juge de paix. Il est à peine besoin de dire que c'est dans son sens le plus général que l'article 2244 emploie le mot citation. Notre droit actuel ignore la contestation en cause ; déjà, dans notre ancienne jurisprudence, on avait généralement repoussé l'opinion de certains auteurs, de d'Argentré et de Charondas notamment, qui, sur la foi des textes romains, continuaient à la regarder comme nécessaire à l'interruption de certaines prescriptions du moins, et on se contentait d'un ajournement libellé, c'est-à-dire d'un exploit contenant les conclusions et sommairement au moins les moyens de la demande, c'est du moins la définition même qu'en donne l'ordonnance de

1667 (Tit. II, art. 1) qui décide au même temps que tout exploit non libellé doit être considéré comme non avenu.

A prendre à la lettre le texte de notre article 2244, il semblerait que pour être interruptive de prescription, la demande doive être formée par exploit d'huissier, car alors seulement elle constitue, à proprement parler, une citation en justice.

Rien ne serait moins justifié que cette interprétation rigoureuse du texte, qui n'aboutirait rien moins qu'à une violation manifeste de l'esprit même de la loi. Ce que l'article 2244 dit de la citation, il faut l'entendre de toute demande en justice même non formée par exploit d'huissier. Cela est de tradition : « On comprend aisément, dit Dunod (1), que la demande formée par l'une des parties dans le cours d'une instance déjà commencée, a le même effet que l'assignation pour interruption de prescription : comme si cette demande avait été proposée par manière de compensation ou de reconvention. » Or, la tradition est souveraine dans une matière traditionnelle surtout quand elle a pour elle la double autorité de la logique et de l'équité.

La prescription suppose l'inaction de celui au préjudice duquel elle peut s'accomplir : c'est dire qu'elle ne saurait s'achever dès qu'agit le créancier ou le propriétaire dont le droit est menacé par elle.

Qu'importe qu'elle ne soit point revêtue des formalités de l'ajournement, dès que la demande est valablement introduite, le droit est affirmé devant ceux qui le doivent reconnaître et, par suite, la prescription doit être interrompue. La jurisprudence est unanime en ce sens ; elle énonce cette proposition comme un principe : « Attendu, dit la Cour de cassation (rejet 12 déc. 1826) (2) qu'une demande signifiée en jugement (il s'agit d'une demande reconven-

1. *Traité des prescriptions*, part. I, chap. IX, p. 57.
2. Dalloz (Prescription, n° 478, 1°).

tionnelle) a incontestablement l'efficacité d'interrompre la prescription. — Attendu, dit la cour de Metz dans un arrêt du 12 mars 1819, qu'il importe peu que la demande nécessaire pour interrompre la prescription soit une demande principale ou qu'elle ne soit qu'accessoire à une autre demande relative au même objet (1). »

La Cour de cassation a, de même, par un arrêt du 19 juillet 1841 (2), reconnu cet effet à la demande en intervention formée par un créancier dans une instance en partage en vertu de l'article 882 du Code civil : « Attendu, dit-elle, qu'une demande en intervention a tous les caractères exigés dans un acte interruptif de prescription et doit être assimilée à une demande judiciaire ou à une citation en justice. » Ainsi donc, dès qu'il y a demande en justice, et il y a demande en justice dès que la justice est saisie, de quelque manière qu'elle soit saisie, la prescription doit être interrompue. Les difficultés ne peuvent donc porter en cette matière que sur la question de savoir si la justice est ou non saisie.

Ainsi, on s'est demandé si une requête, à fin d'obtenir l'assistance judiciaire, devait être considérée comme interruptive du droit que le demandeur se propose d'exercer. A mon avis, la question ne peut faire doute : celui qui demande à plaider gratuitement n'agit point encore, la justice n'est point saisie et, par suite, la prescription ne saurait être interrompue.

On a dit, de même, que la citation en référé devait interrompre la prescription de l'action à laquelle se propose d'arriver le demandeur. Il me paraît impossible de l'admettre. Et, en effet, la citation en justice n'interrompt la prescription qu'autant qu'elle peut être considérée comme l'exercice du droit menacé par la prescription, en un mot si elle engage une instance qui se doive terminer par une décision portant sur le fonds même du droit. Or telle n'est pas

1. Dalloz (Prescription, n° 478, 2°).
2. Dalloz (Presc. n° 479, 4°).

la citation en référé : réservant le fonds même du droit, elle demande seulement au juge d'ordonner une mesure provisoire, au profit de qui il appartiendra, suivant une décision ultérieure, l'instance qu'elle engage laisse en dehors l'action principale, qu'il est impossible de considérer d'ores et déjà comme formée, puisque c'est du résultat de la mesure proposée que dépendent et la question de savoir s'il y aura lieu à l'intenter et souvent aussi celle de savoir contre qui elle devra être formée. Dès lors, il ne peut s'agir de reconnaître à l'assignation en référé la puissance d'interrompre la prescription de l'action principale, sans qu'il y ait du reste à distinguer suivant que le futur demandeur y exprime ou non son intention formelle d'agir au cas où la mesure par lui provoquée établirait son droit, une intention d'agir, quelque manifeste qu'elle soit, ne pouvant équivaloir à une action exercée. Au reste, de même que la sommation extrajudiciaire et à la différence de la demande relative au fonds même du droit, la citation en référé n'a nullement une suite nécessaire, car rien ne prouve que, une fois les résultats de la mesure provisoire acquis, le demandeur ne laissera pas les choses en l'état et ne négligera pas d'introduire son action. Sans doute, le législateur considère bien comme une cause d'interruption civile la citation en conciliation, bien que, à l'instar de l'assignation en référé, elle ne soit que le préliminaire de l'action et non l'action elle-même, mais alors il a soin de fixer le délai dans lequel doit être introduite celle-ci pour que son effet interruptif remonte au jour de la citation en conciliation. Et d'ailleurs, à la différence de cette dernière, la citation en référé ne s'impose jamais au demandeur ; il a deux voies ouvertes pour faire valoir son droit : aller devant le juge des référés ou agir au principal. Sans doute, il ne peut en les employant simultanément cumuler à son profit les avantages de ces procédures, puisque dès qu'un tribunal est saisi au principal, c'est à lui seul, et non au juge des référés, qu'il appartient d'ordonner les mesures provisoires, même urgentes, relatives à l'instance pendante devant lui, mais c'est au demandeur de voir le parti qu'il lui convient de prendre et de n'avoir recours à la voie plus rapide de l'assignation en référé que s'il n'a pas à craindre de voir s'achever les délais de la prescription (1).

D'autre part, on a denié à la production que le créancier fait de son titre dans l'ordre d'un immeuble, vendu par expropriation forcée sur son débiteur, l'effet d'interrompre la prescription. C'est à tort, suivant moi. S'il n'y a pas citation, il y a certainement demande en justice, car il me semble impossible de ne point considérer comme telle la demande formée, à fin de collocation de sa créance, par un créancier qui produit dans un ordre, demande qui n'est pas seulement dirigée contre les autres créanciers qui prétendent à la distribution, mais contre le débiteur lui-même qui est essentiellement partie à l'instance. C'est ce qu'a jugé la Cour de Grenoble par un arrêt du 2 juin 1831, rapporté dans Dalloz (Prescription, 479, 4°).

Pour être interruptive de prescription, la citation doit être valable en la forme, sans qu'il soit, d'ailleurs, besoin qu'elle soit donnée devant le juge compétent : telles sont les solutions écrites dans les articles 2246 et 2247, 1°.

La disposition de l'article 2247, 1° n'est qu'une application rigoureuse mais logique de la règle : *quod nullum est nullum producit effectum* ; celle de l'article 2246 au contraire est une dérogation à cette même règle, dérogation qui s'explique par des considérations d'équité. La véritable difficulté est de justifier la différence établie par le législateur entre la nullité pour vice de forme et la nullité pour incompétence. On lit dans l'exposé des motifs : « L'ancien usage de France, contraire à la loi romaine,

1. La question est actuellement pendante devant la chambre civile de la cour de Cassation. La cour de Paris, par un arrêt du 12 mai 1877 (Sirey 1877, II, 195) et la cour d'Amiens, le 16 mars 1880 (Sirey 1880, II, 317) se sont prononcées dans le sens de l'opinion que nous venons de soutenir.

était qu'une action libellée interrompait la prescription, lors même qu'elle était intentée devant un juge incompétent; cet usage, plus conforme au maintien du droit de propriété, a été conservé. »

L'argument de Bigo-Préameneu ne prouve rien, car il prouve trop: il ne rend pas certainement compte de la différence qu'établit le législateur entre les deux causes de nullité. Si, dans un cas, le législateur croit devoir se prononcer en faveur du propriétaire contre le possesseur, pourquoi dans l'autre sacrifie-t-il le droit du propriétaire à l'intérêt du possesseur ? le respect dû au droit de propriété, la faveur qu'il mérite, justifieraient, dans les deux cas, la même dérogation. N'est-il pas aussi dur de rendre le demandeur responsable de la moindre faute commise par l'officier ministériel, qui a dressé l'exploit, qu'il serait rigoureux de lui faire supporter le poids d'une erreur par lui commise au point de vue de la compétence ? Sans doute, dans le premier cas, le préjudice, si préjudice il y a, engagera la responsabilité de l'officier ministériel; mais cette responsabilité peut être illusoire, si l'officier ministériel est insolvable, et, d'ailleurs, le préjudice peut être si grand ou de telle nature que cette responsabilité soit impuissante à le réparer.

Logiquement, le législateur devait donc donner la même solution dans les deux cas : appliquer la solution rigoureuse qui découlait des principes, ou donner satisfaction à l'équité en repoussant l'application de la règle : *Quod nullum est nullum producit effectum.*

On a dit que l'assignation donnée devant un juge incompétent est néanmoins un acte valable en la forme, ayant, par suite, une existence légale, qu'on ne saurait reconnaître à l'acte nul en la forme; c'est la justification que MM. Aubry et Rau apportent de la différence établie par nos textes (1). Mais il est bien peu probable que ce soit effectivement cette idée, aussi subtile que d'ailleurs elle est juridique, à laquelle aient obéi les rédacteurs du Code civil.

---

1. Aubry et Rau (T. II, n° 46, § 215).

La vérité est qu'ils ont cru trouver dans notre ancienne jurisprudence la distinction que reproduisent nos articles. Or, c'est là une erreur, car cette distinction n'a jamais existé, dans notre ancien droit, aussi radicale du moins et aussi absolue qu'elle résulte de nos textes. C'est ainsi que, si nous trouvons deux arrêts du Parlement de Paris, le premier du 17 juillet 1515, le second du 1er juillet 1627, décidant que l'assignation, même donnée devant un juge incompétent, suffit à interrompre la prescription, nous trouvons un autre arrêt de ce même parlement, rendu le 30 avril 1763, conformément aux conclusions de l'avocat général Lepelletier de Saint Fargeau, observant que, en cas de nullité de l'exploit pour vice de forme, les cours pouvaient tendre une main secourable aux parties, qui, par le fait d'un huissier, se trouveraient déchues d'une action légitime.

Pothier, lui-même, qui, dans le paragraphe 51 (Tr. de la Prescr.), présente, comme absolue, la solution écrite dans notre article 2246, est, au contraire, bien plus réservé, dans le paragraphe 697 de son traité Des Obligations, où il n'admet cette solution que dans le cas où la compétence était douteuse.

D'autre part, Dunod, d'accord, sur ce point, avec nombre d'auteurs, ne fait aucune différence entre les deux causes de nullité, en ce sens qu'il déclare non avenus, au point de vue de l'interruption de prescription, aussi bien l'assignation donnée devant un juge dont l'incompétence est notoire que l'exploit entaché d'une nullité grossière (Traité des Prescriptions, p. I, ch. IX).

Ainsi la distinction radicale et absolue, établie par nos articles 2246 et 2247-1°, ne se justifie pas plus par la tradition que par les principes et l'équité, et on doit regretter que lors de la rédaction définitive de ces articles, on n'ait pas tenu compte de deux observations en sens opposé présentées, l'une par le tribunal d'appel de Rennes, proposant de tempérer la solution de l'article 2246 en décidant que l'incompétence, dont il parle, ne devrait point être entendue d'une incompétence notoire et absolue (1) ; l'autre par le tribunal de cassation, demandant qu'on ajoutât à l'article 28 du projet, devenu l'article 2246, un paragraphe ainsi conçu : « Il en est de même d'une assignation qui ne serait nulle que par un vice qui ne toucherait pas à la certitude que la copie est parvenue à celui qu'on veut empêcher de prescrire. »

Quoi qu'il en soit, la distinction a été maintenue, dans la rédaction définitive, aussi radicale, aussi absolue que dans le projet et, par suite, il faut se résigner à l'appliquer dans les termes où la loi l'a posée. Ainsi, quelque grave que soit l'erreur commise au point de vue de la compétence, que ce soit même une incompétence *ratione materiœ*, l'assignation restera interruptive de prescription : au contraire, quelque légère que soit l'irrégularité qui entache l'exploit, on ne devra en tenir aucun compte, à condition que la nullité en soit prononcée. Cette dernière restriction s'impose car, les nullités n'existant jamais de plein droit, la citation subsiste tant qu'elle n'est point annulée et, par suite, jusque-là, la prescription reste momentanément interrompue, et cette interruption est même susceptible de devenir définitive si le défendeur laisse couvrir la nullité qu'il pouvait invoquer, déchéance qui, du reste, est de nature à se présenter bien souvent puisque l'article 173 du Code de procédure civile déclare couvertes les nullités d'exploits ou d'actes de procédure par cela seul qu'elles ne sont point invoquées avant toutes défenses ou exceptions autres que l'exception d'incompétence (166 et 171 de pr. civ. combinés).

Reste à déterminer quand une citation est nulle en la forme ? C'est à cette question que répond l'article 61 du Code de procédure

---

1. Sur ce point, le code civil prussien contient une disposition qu'il serait désirable de voir adopter par notre législation civile : la citation donnée devant un juge incompétent n'interrompt la prescription que si, dans l'année qui suit la déclaration d'incompétence, l'affaire est portée devant le tribunal compétent.

civile, en énumérant les différentes mentions que doit, à peine de nullité, renfermer l'exploit d'ajournement.

On a agité, à ce propos, la question de savoir si le préliminaire de conciliation était une forme dont l'omission entraîne la nullité de la citation en justice ? L'affirmative ne me semble pas douteuse : elle ressort *a fortiori* du texte de l'article 65 du Code de procédure civile : « Il sera donné, dit cet article avec l'exploit, copie du procès verbal de non conciliation, ou copie de la mention de non comparution, à peine de nullité. »

Ce texte me paraît décisif. On objecte, c'est l'argument de Mourlon (T. III, n° 1385) que la loi, dans l'article 65, suppose le cas où le préliminaire de conciliation a eu lieu, sans d'ailleurs prononcer la nullité de l'assignation lancée avant que soit intervenu le préliminaire de conciliation : tout ce qui résulte de l'omission de la tentative de conciliation, c'est que la demande a été portée devant un tribunal incompétent et, partant, on doit appliquer la disposition de l'article 2246.

L'article 2246 me paraît hors de cause. Le juge saisi, sans que les parties aient préalablement tenté de se concilier, alors que la loi l'exigeait, n'est nullement incompétent puisque c'est bien lui qui doit connaître de la demande mais il n'en peut connaître avant que soit intervenu le préliminaire de conciliation. Toute la question est donc de savoir si l'assignation est nulle par cela seul qu'elle n'a point été précédée de la tentative de conciliation. Or, c'est là une question, qui, à mon avis, ne peut faire doute en face du texte de l'article 65. En effet, si le juge ne peut recevoir la demande, en d'autres termes si l'assignation est nulle par cela seul que n'y est pas jointe la mention du préliminaire de conciliation, c'est bien qu'il est essentiel pour que la demande soit valablement introduite. Il serait vraiment absurde qu'en dépit de l'omission du préliminaire de conciliation, la prescription soit interrompue, alors qu'elle ne pourrait l'être par cela seul qu'il n'en serait point fait mention dans l'assignation.

Alors que la demande en justice a été valablement introduite et que, par suite, elle est de nature à interrompre la prescription, ce n'est point à dire que l'interruption de prescription soit, dès à présent, un fait acquis. Bien au contraire, elle est susceptible d'être effacée par certains événements qui peuvent ultérieurement se produire : c'est ce qui arrive notamment quand le demandeur se désiste ou laisse périmer l'instance, ou encore lorsque sa demande vient à être rejetée. Dans ces différentes hypothèses, la demande est considérée comme non avenue et, dès lors, on n'a plus à tenir compte des effets qu'elle avait pu produire.

Et d'abord supposons que le demandeur se désiste de sa demande ; l'interruption de prescription est regardée comme non avenue, nous dit l'article 2247. Quand la loi parle, dans ce texte, d'un désistement de la demande, il est bien certain qu'elle n'a point en vue un désistement portant sur le droit lui-même, désistement qui ne serait autre qu'une renonciation entraînant l'extinction du droit qui en fait l'objet. Or il est d'évidence qu'une fois le droit éteint il ne peut plus s'agir de prescription. Aussi le désistement, que vise l'article 2247, n'a-t-il trait qu'à la procédure, c'est le désistement dont il est question à l'article 403 du Code de procédure civile : « Le désistement, nous dit ce texte, lorsqu'il aura été accepté, emportera de plein droit consentement que les choses soient remises de part et d'autre au même état qu'elles étaient avant la demande. » Il en résulte que la demande est censée n'avoir point été introduite et, par conséquent, on ne peut maintenir les effets qu'elle avait pu produire, ce qui n'empêche nullement, du reste, le demandeur de former une nouvelle demande, si, avant que la prescription soit acquise, il vient à découvrir de nouveaux titres qui lui permettent d'établir le droit dont précédemment il n'aurait pu apporter que des preuves insuffisantes.

Il est un cas où on doit refuser au désistement l'effet que lui attribue pourtant l'article 2247 dans les termes les plus généraux :

c'est le cas où il est fondé sur l'incompétence du tribunal devant lequel la demande a été portée. La Cour de Caen l'a jugé, le 8 février 1843 (Dalloz, Usage n° 147, 1°), et on ne peut qu'approuver la doctrine de cet arrêt. L'incompétence du tribunal devant lequel est porté la demande, n'empêche nullement la prescription d'être interrompue : dès lors, il va de soi que le désistement ne peut avoir plus d'effet que le jugement qui prononce l'incompétence.

L'article 2247 décide, en second lieu, que l'interruption doit disparaître quand le demandeur laisse périmer l'instance.

Telle était déjà la solution qui avait prévalu dans notre ancienne jurisprudence, non toutefois sans rencontrer de vives résistances, parfaitement justifiées d'ailleurs alors qu'on rattachait l'effet attribué à l'exploit d'ajournement à (la mauvaise foi qu'il était censé produire, mauvaise foi que ne pouvait faire disparaître la péremption en même temps qu'elle effaçait l'instance. La Coutûme de Bourbonnais, de 1521, contenait même un article ainsi conçu : « Et ont effet lesdites interruptions, combien que les exploits des susdits ne soient poursuivis ou que l'instance sur ce commencée soit périé. »

L'ordonnance de Roussillon (1563), en décidant formellement la question dans son article 15, aurait dû faire cesser la controverse, si plusieurs parlements, notamment ceux de Toulouse et de Grenoble, n'avaient refusé de l'enregistrer. Cette controverse, et pour le même motif, survécut même à l'ordonnance de 1629 dont l'article 91 reproduisait la disposition de l'article 15 de l'ordonnance de Roussillon.

C'est avec raison que notre article 2247 reproduit la disposition de ces deux ordonnances.

La péremption d'instance n'est au fonds qu'un désistement tacite résultant de l'inaction prolongée du demandeur, car celui qui entend conserver les avantages qu'a pu lui procurer l'introduction d'une instance ne reste pas trois ans dans l'inaction la plus complète. Or ce n'est qu'après une discontinuation de poursuite prolongée pendant trois ans que la péremption peut être demandée et obtenue (397, Code de pr. civ.).

Je dis demandée et obtenue, car la péremption n'a pas lieu de plein droit : elle doit être prononcée par le juge et se couvre, d'ailleurs, par les actes valables que peuvent faire les parties, même après l'expiration du délai de trois années (399 et 400, P. civ.). C'est un désistement tacite, avons-nous dit, et si, dès lors, on ne peut lui attribuer plus d'effets que n'en saurait produire un désistement exprès, on est logiquement amené à lui reconnaître des effets analogues ; c'est ainsi que si, pas plus que lui, la péremption n'éteint l'action c'est-à-dire le droit lui-même, comme lui, elle emporte l'extinction de la procédure de telle sorte qu'on ne peut désormais opposer aucun des actes de celle-ci, ni s'en prévaloir. De là la conséquence écrite dans l'article 2247 : l'interruption de prescription est considérée comme non avenue parce que le demandeur ne peut plus invoquer la citation en justice qui l'avait produite. Il en résulte que le demandeur ne pourra ultérieurement intenter une nouvelle demande, relative au même droit, que si ce droit existe encore, c'est-à-dire si, au moment où l'instance est introduite, la prescription n'est point encore achevée, alors même que la nouvelle demande serait formée, avant qu'il y ait eu péremption de l'instance primitive et que, par suite, celle-ci continu erait à interrompre, momentanément du moins, la prescription commencée.

Le contraire a cependant été jugé par la Cour de cassation, dans un arrêt de rejet du 6 décembre 1875 (Dalloz 1877, Iᵉ p. 557), arrêt qui me paraît absolument méconnaître notre article 2247.

La péremption peut être demandée et obtenue dés que, pendant plus de trois ans, le demandeur a négligé de suivre l'instance par lui introduite, et, une fois la péremption acquise, l'instance est rétroactivement anéantie et, partant, ne peut plus, être invoquée comme cause d'interruption de la prescription. Or on ne peut considérer comme la suite, comme le développement de l'instance primitive, une instance nouvelle, distincte de l'ancienne (dans l'espèce qui a motivé l'arrêt, elle était engagée devant un autre tribunal), et qui peut bien plutôt être invoquée comme la preuve manifeste de l'abandon de l'ancienne; chaque instance vaut par elle-même et la validité des actes de l'une ne saurait couvrir la nullité des actes de l'autre.

Dès lors, si, pour que la seconde instance soit introduite en temps utile, le demandeur est obligé de se prévaloir de l'interruption de prescription produite par la première, et que celle-ci vienne plus tard à tomber en péremption, il me paraît impossible, pourvu que le défendeur puisse encore opposer la prescription, et nous le savons, elle peut être opposée en tout état de cause, il me paraît, dis-je, impossible d'échapper au texte de l'article 2247 et de ne point décider que l'introduction de la seconde instance est tardive.

Nous disons que la péremption n'a pas lieu de plein droit : en doit-on conclure que la prescription restera indéfiniment interrompue si le défendeur n'use point du droit que fait naître à son profit l'inaction du demandeur ?

Certains auteurs, notamment M. Chauveau (*Lois sur la Procédure.* Quest. 1413, p. 388), n'hésitent pas à s'arrêter à cette conclusion. En effet, disent-ils, la suite d'une instance ne peut être considérée comme une action réelle ou personnelle, et dès lors qu'importe la généralité de l'article 2262 ? En matière d'instances, la loi ne connaît qu'une seule prescription, la péremption, institution qui se suffit à elle-même et dont le législateur a pris soin de préciser soigneusement les règles, montrant évidemment par là qu'il n'entendait nullement se référer sur ce point aux règles du Code civil. Sans doute, dans notre ancienne jurisprudence, outre la péremption, on admettait bien une prescription de l'instance ; mais c'était là un simple usage qu'on ne peut plus prétendre en vigueur puisque le Code de procédure civile ne l'a point adopté , et que, en matière d'anciens usages, le silence de la loi est décisif (1041).

La plupart des auteurs se refusent à admettre que, dans notre droit, la vieille maxime : *Actiones semel inclusæ judicio salvæ permanent*, ait une portée aussi absolue (1).

On ne peut, dit-on, considérer comme une action la suite d'une instance, celle-ci n'est autre chose que l'action portée en justice, ce n'est point une action distincte ; mais dans le fait de pouvoir vous faire condamner, en cas que j'obtienne gain de cause, à délaisser à mon profit, à me restituer ou à me payer tout ce que j'aurais obtenu, dès le principe, si vous n'aviez point opposé à ma demande une injuste résistance, il y a bien un droit que j'acquiers contre vous, et un droit distinct de celui sur lequel se fonde ma réclamation ; dès lors, comme à tout droit répond une action, l'existence de ce droit implique celle d'une action qui le sanctionne.

Or l'article 2262 du Code Civil décide que toutes les actions, tant réelles que personnelles sont prescrites par trente ans et c'est là une règle générale applicable à toute action par cela seul que la loi elle-même ne l'y a point soustraite. Donc, comme toute autre action, l'action que j'ai acquise contre vous, en vertu de mon exploit introductif d'instance, se trouve soumise à la prescription trentenaire, indépendamment d'ailleurs de la prescriptibilité ou de l'imprescriptibilité de l'action portée en justice par cet exploit : c'est dire que le législateur soumet à la prescsiption de trente ans l'exploit introductif d'instance et l'instance qui en est la suite par cela seul qu'il y soumet les actions. La tradition est en ce sens. Vainement prétend-on que l'article 1041 enlève toute autorité à cette tradition. Ce serait vrai s'il ne s'était agi que d'un point d'usage.

1. Merlin (Repert. prescrip. Sect. III, § 8, n° 1 et 2); Aubry et Rau (t. II, n° 14, § 215); Laurent (Tome XXXII, n° 100).

Il n'en était rien et cette disposition n'était qu'un cas d'application des principes, en vertu desquels on déclarait les actions prescriptibles par tel ou tel laps de temps et, par suite, notre Code ayant consacré les principes admis alors, on ne voit point pourquoi il aurait répudié une des conséquences qu'on en tirait alors.

C'est cette opinion qu'a consacrée la jurisprudence, c'est du moins celle que professe formellement la Cour de Cassation, dans un arrêt de rejet du 23 novembre 1831 (Dalloz. Prescription 849,2°) : « Attendu, dit la Cour, qu'indépendamment de la péremption, qui est une espèce de prescription particulière aux instances, les actes de procédures restent soumis à la loi générale de la prescription trentenaire, qui fait cesser tous les droits, toutes les actions et tout l'effet des actes interruptifs qui remontent à plus de trente ans : d'où il résulte qu'alors même que la péremption n'a pas été déclarée, cette prescription peut être opposée à une assignation en reprise d'instance, s'il s'est écoulé plus de trente ans depuis le dernier acte de procédure. »

Ainsi donc, quand bien même le défendeur néglige de demander la péremption de l'instance que laisse pendante son adversaire, cette instance ne peut être indéfiniment reprise; trente ans après le dernier acte de procédure elle est éteinte par prescription, et, comme la prescription opère de plein droit, le défendeur peut s'en prévaloir par cela seul que s'est écoulé le laps de temps exigé pour que la prescription soit acquise (1).

L'article 2247 précise une dernière hypothèse dans laquelle se trouve effacée l'interruption produite par une demande en justice valablement introduite : c'est le cas où la demande vient à être rejetée. Au premier abord, il est difficile d'apercevoir l'utilité de cette disposition. Si la demande est rejetée, le défendeur n'a plus à in-

---

1. Nous examinerons plus loin la question de savoir si cette solution doit être maintenue, alors qu'il s'agit d'une instance relative aux matières que vise l'article 189 du Code de commerce.

voquer la prescription, l'autorité de la chose jugée le protège contre toute demande nouvelle relative au même droit et, par suite, à quoi bon décider que l'interruption de prescription, produite par la demande rejetée, est désormais non avenue ?

Toutefois il est facile de trouver des hypothèses, où la disposition finale de l'article 2247 pourra être appliquée. Tel est le cas où la demande en justice interrompt la prescription au profit de personnes à l'égard desquelles le jugement qui la rejette n'a point autorité : c'est, par exemple, un cocréancier solidaire qui voit rejeter la demande qu'il a formé contre le débiteur commun, ou encore le créancier d'une chose indivisible, qui est débouté de la demande introduite contre un seul de ses codébiteurs. Dans ces deux hypothèses, par l'effet de la demande en justice, la prescription est interrompue non-seulement au profit du créancier qui agit, mais au profit de tous les cocréanciers solidaires, non-seulement au regard du codébiteur actionné mais de tous ceux qui sont soumis à la même obligation (1199 et 2249), tandis que le jugement, qui intervient sur cette demande, ne peut pas plus être invoquée contre ceux qui n'y ont point été parties, qu'ils ne peuvent eux-mêmes s'en prévaloir. Il n'est, dès lors, point inutile que le Code ait songé à trancher la difficulté qui se serait alors présentée, en décidant en termes généraux qu'une demande rejetée doit être considérée comme non avenue en ce qui concerne l'interruption de prescription.

Les lois sur la procédure nous fournissent un cas d'application plus pratique peut être de notre article : Je veux parler du jugement de défaut-congé obtenu par le défendeur en vertu de l'article 154 du Code de procédure civile, et devenu définitif par l'expiration du délai pendant lequel l'opposition est possible, si toutefois ce jugement ne fait que relaxer le défendeur de l'assignation. Il en serait autrement s'il se prononçait sur le fonds même du droit ; on admet, en effet, que l'article 150 du Code de procédure civile doit s'appliquer au défaut du demandeur comme à celui du défendeur, par cela même qu'il ne distingue point entre eux : comme le demandeur le défendeur a bien droit à un jugement définitif.

La généralité de l'article 2247, qui, au point de vue de l'interruption de prescription, refuse tout effet à une demande rejetée nous permet aussi de trancher une controverse, qui a récemment donné lieu à un débat, dans lequel a dû se prononcer la Cour de cassation : c'est la question de savoir si l'article 2247 *in fine* doit être appliqué, alors que la demande n'a point été rejetée purement et simplement, mais seulement en l'état et faute de justification suffisante. La Cour, par son arrêt (1), décide formellement que le rejet de la demande met à néant l'interruption de prescription, à moins que, prononcé à titre provisoire, il ne laisse subsister l'instance elle-même. Je ne puis qu'approuver la doctrine de cet arrêt qui me paraît avoir fait une application exacte de notre texte, car il n'est point permis à l'interprète de distinguer quand la loi est générale, à moins que la distinction ne soit imposée par les principes. Or tel n'est point évidemment le cas. Bien au contraire on peut croire qu'en écrivant l'article 2247, le législateur avait précisément en vue les hypothèses auxquelles, dit-on, on ne devrait point l'appliquer : ce sont, en effet, celles qui se présentent le plus naturellement à l'esprit, quand on cherche des cas d'applications de ce texte, car les hypothèses, que nous avons nous-même précédemment citées, sont assez exceptionnelles pour qu'on soit fondé à croire qu'elles n'auraient point suffi à attirer l'attention du législateur.

Section II.

De la Citation en conciliation

L'article 2245 indique une seconde cause d'interruption de la prescription : « La citation en conciliation devant le bureau de

1. Arrêt de rejet du 8 janvier 1877 (Dalloz 1877, I, 81).

paix interrompt la prescription, du jour de sa date, lorsqu'elle est suivie d'une assignation en justice donnée dans les délais de droit » La citation en conciliation n'est point une citation en justice, car le juge de paix devant lequel le défendeur est appelé ne siège point comme juge quand les parties comparaissent devant lui. Il était donc nécessaire que la loi attribuât formellement à la citation en conciliation l'effet que lui reconnaît l'article 2245, car on n'aurait pu le lui accorder, en vertu du texte de l'article de 2244 et l'équité l'imposait vraiment, dans certaines hypothèses au moins, comme une cause d'interruption civile. Il serait, en effet, souverainement injuste que, par suite des formalités que la loi lui impose, le demandeur pût être mis dans l'impossibilité d'introduire sa demande en temps utile. Or, du moment que l'article 48 du Code de Procédure Civile faisait de la citation en conciliation le préliminaire de certains procès, c'était un devoir pour le législateur de songer à rendre sans danger pour le demandeur le retard qu'elle apportait à l'introduction de sa demande. C'est là la raison de notre article 2245.

La restriction finale, indiquée par ce texte, n'est que la conséquence des motifs mêmes qui ont amené le législateur à reconnaître à la citation en conciliation l'effet qu'il lui attribue. Si, dans les délais légaux, le demandeur ne la fait pas suivre d'une assignation relative au point litigieux sur lequel les parties ont vainement tenté de se concilier, c'est seulement à la date de celle-ci que sera interrompue la prescription, car, dans ce cas, le demandeur serait mal venu à prétendre, que c'est à la nécessité de citer son adversaire en conciliation, qu'est dû le retard apporté à l'introduction de sa demande.

L'article 57 du Code de procédure civile répond au renvoi de l'article 2245 en fixant à un mois le délai dans lequel la citation en conciliation doit être suivie de l'assignation pour que l'interruption de prescription remonte au jour de cette citation; quant au point de savoir si l'assignation est lancée en temps utile, il sera toujours facile de le vérifier, puisque, aux termes de l'article 65 du Code de procédure civile, la copie du procès-verbal de non-conciliation ou de la mention de non-comparution doit être donnée en même temps que l'exploit d'ajournement.

Ainsi donc, il résulte des articles 57 et 65 du Code de procédure civile que la citation en conciliation ne saurait interrompre la prescription, si elle n'est suivie dans le mois de sa date, d'une demande en justice, et, comme à l'exploit d'ajournement doit être jointe la copie du procès-verbal de non-conciliation ou de la mention de non-comparution, il importe, pour qu'il en soit ainsi, que l'un ou l'autre de ces deux faits ait été non-seulement constaté par le juge de paix, mais relaté par lui. Si le procès-verbal ou la mention n'est point signifié, ou si la signification est irrégulière, partant nulle, l'ajournement lui-même est nul et, par suite, la prescription n'aura point été interrompue : aussi bien l'article 57 que l'article 65 sont formels sur ce point. C'est en ce sens que s'est prononcée la Cour de cassation, le 26 janvier 1843 (Arrêt de rejet : Dalloz, Prescription, n° 547).

L'article 2245 exige une citation en conciliation : est-ce à dire que la comparution volontaire des parties devant le juge conciliateur ne saurait produire l'effet que la loi attache à la citation ?

Si le texte peut faire naître des doutes, l'esprit de la loi est assez manifeste pour leur ôter toute consistance. L'article 48 du Code de procédure civile met sur la même ligne la citation en conciliation et la comparution volontaire des parties ; on doit leur reconnaître des effets identiques. Ce que la loi impose, c'est non la citation en conciliation, c'est la tentative de conciliation, c'est à elle et non à l'acte destiné à l'amener, que doit appartenir l'effet d'interrompre la prescription.

Or, cette tentative a lieu tout aussi bien en cas de comparution volontaire que dans le cas où la comparution est forcée. Exiger une citation comme condition de l'interruption de prescription, c'eût été obliger les parties à des frais frustratoires et telle n'a pu être la pensée du législateur. La citation n'est utile que si le défendeur refuse de comparaître ; s'il comparaît volontairement, le but de la loi est atteint, à quoi bon une citation qui n'ajoute rien à la tentative de conciliation ?

Ma conclusion est donc que, sous peine de violer ouvertement l'esprit de la loi, on ne saurait s'attacher à la lettre de l'article 2245 pour refuser à la comparution volontaire des parties les effets que peut produire la citation en conciliation, et notamment l'interruption de prescription.

Très souvent la comparution volontaire ou forcée des parties devant le juge de paix est l'occasion d'un compromis, doit-on dans ce cas lui maintenir l'effet que lui reconnaît l'article 2245 ? Ainsi que nous le verrons, le compromis, au moins quand il est exécuté, c'est-à-dire quand les parties introduisent en réalité l'instance devant les arbitres choisis, produit les mêmes effets que l'ajournement puisque, comme ce dernier, il est introductif d'instance : il est donc logique de reconnaître à la comparution qui donne lieu à un compromis l'effet d'interrompre la prescription pourvu que, dans le mois, les parties aient comparu ou se soient, au moins, citées à comparaître devant l'arbitre choisi.

Une dernière question reste à résoudre sur cette matière et ce n'est pas celle qui donne lieu aux moindres difficultés. Certaines demandes sont dispensées du préliminaire de conciliation : si néanmoins le demandeur appelle le défendeur devant le magistrat conciliateur, la prescription sera-t-elle interrompue, alors que la citation est de nature à l'interrompre, c'est-à-dire si elle est suivie, dans le délai légal, d'une demande en justice ?

Cette question n'a pas donné lieu à moins de trois systèmes. Un premier système décide que la citation n'interrompt point la prescription (1). Un second système lui reconnaît, dans tous les cas, l'effet que lui refuse le premier (2). Enfin un troisième ne lui reconnaît cet effet que dans certaines hypothèses, si l'affaire dispensée de conciliation, est susceptible d'être terminée par une transaction (3).

C'est au premier de ces systèmes que je crois devoir me rallier : la citation en conciliation ne peut interrompre la prescription, si la loi ne l'imposait point au demandeur. On proteste au nom de l'équité, mais la question est précisément de savoir si, au nom de l'équité, on peut attribuer l'effet d'interrompre la prescription à un acte auquel la loi ne l'a point attaché. Or c'est la loi, et la loi seule qui détermine quels sont les actes interruptifs de prescription, et, partant, la seule question est de savoir si la loi range parmi eux le préliminaire de conciliation, quand il précède une instance, qui, à raison de son objet, en était dispensée ? La généralité de l'article 2245 semble bien, de prime abord, favorable à l'opinion que je combats. Il n'en est rien. Si la loi décide, en termes absolus, que la citation en conciliation interrompt la prescription, rien n'est plus naturel et plus logique que de croire qu'elle n'entend viser par là que les affaires où doit intervenir cette citation, c'est-à-dire quand il y a lieu à conciliation, et partant la généralité de l'article 2245 n'est nullement concluante, car ce ne peut être qu'un article de renvoi puisque, pour se guider, sur ce point, c'est non au Code civil, mais au Code de procédure civile qu'il faut avoir recours. Or, après avoir posé comme règle que la tentative de conciliation est obligatoire partout où la transaction est possible (art. 48), il énumère, dans l'article 49, un certain nombre d'exceptions à la règle qu'il vient de préciser dans l'article précédent.

Dès lors, ne doit-on pas conclure que, dans ces affaires qu'il

1. Dalloz (Prescription, n° 535) ; Laurent (t. XXXII, n° 105).

2. Mourlon (T. III, n° 1876; Marcadé (T. VIII, p. 137); Aubry et Rau (T. II, n° 18, § 215).

3. Troplong (n° 597) ; Delvincourt (T. II, p. 240)

dispensait de conciliation, le législateur n'a pu songer à attribuer à la citation, faite dans ce but, un effet qu'il n'avait point à lui reconnaître, puisqu'il ne devait pas supposer qu'elle viendrait à se produire, et quand l'article 57, reproduisant en la complétant la disposition de l'article 2245, donne à la citation en conciliation l'effet d'interrompre la prescription, n'est-il pas évident qu'il n'entend parler que de la citation en conciliation, telle qu'elle vient d'être organisée par les articles précédents ?

Cette interprétation de nos textes me paraît, du reste, en parfaite harmonie avec l'esprit même de la loi. Si, en effet, elle a cru devoir attribuer à la citation en conciliation l'effet d'interrompre la prescription, c'est que faisant de la tentative de conciliation le préliminaire obligé de la demande en justice, elle devait prendre soin de la rendre sans danger pour le demandeur puisqu'il y aurait injustice manifeste à ce que celui qui veut faire valoir un droit, se vît imposer des formalités de nature à le mettre dans l'impossibilité de prévenir, en temps utile, l'accomplissement de la prescription. Or, ce motif tombe et par suite la disposition de l'article 2245 ne se justifie plus quand la demande est dispensée de conciliation. Donc, et cette conclusion me paraît logique, on n'a pas à reconnaître à une tentative de conciliation, que la loi n'imposait point, un effet que la loi ne lui attribue que parce qu'elle la rend nécessaire, sans que nous ayons, du reste, à nous préoccuper de la généralité de l'article 2245 qui, nous l'avons vu, n'a rien de décisif.

On nous oppose, c'est l'objection de Mourlon (t. 3, 1876), qu'il n'y a de la part du demandeur qu'une erreur de compétence : c'est dire qu'on doit appliquer l'article 2246. Mais, pour qu'il y ait erreur de compétence, il faut que le demandeur ait saisi un juge de l'objet du litige, il faut qu'il y ait action.

Or, tenter de se concilier ce n'est point agir, c'est, au contraire, chercher à éviter l'action ; la tentative de conciliation est le préliminaire de l'action, ce n'est point l'action elle-même. Dès lors, comment parler d'erreur de compétence, en d'autres termes comment prétendre que le demandeur n'a pas saisi le juge qui devait connaître de l'affaire, alors qu'aucun juge n'est encore saisi ? Sans doute, il peut y avoir une erreur de la part du demandeur, mais ce n'est certainement point une erreur de compétence et, partant, on ne peut invoquer la disposition de l'article 2246.

Ainsi donc, et je crois avoir justifié cette conclusion, on doit refuser tout effet à la tentative de conciliation, à laquelle, de son autorité privée, le demandeur convie le défendeur au lieu de l'assigner directement, comme la loi le lui ordonne, devant le tribunal qui doit prononcer sur sa demande, sans examiner, d'ailleurs, si l'affaire est ou non susceptible de faire l'objet d'une transaction.

Ici je n'hésite point à me séparer du troisième système qui me paraît plus inadmissible encore que le second. Il est, en effet, manifestement contraire à l'article 2245 : ou il faut donner à ce texte la portée absolue que lui reconnaît ce second système ou l'interpréter comme nous l'avons fait nous-même : toute autre interprétation me paraît également arbitraire et extra légale, puisqu'elle introduit dans l'article 2245 des distinctions auxquelles son texte se refuse. Qu'importe que la tentative de conciliation soit utile ou vaine ? Ce n'est point parce qu'elle est susceptible de prévenir un procès que peut se justifier l'effet que lui reconnaît l'article 2245, mais bien parce que, l'imposant à quiconque veut affirmer et faire valoir ses droits méconnus, le législateur était amené, par la logique non moins que par l'équité, à lui attribuer les effets qu'aurait produits la demande dont elle retarde l'introduction.

Au point de vue qui nous occupe, l'utilité de la tentative de conciliation est donc hors de cause, et par suite, pas plus par l'esprit que par le texte de la loi, on ne saurait justifier la distinction présentée par MM. Delvincourt et Troplong (1).

1. Delvincourt (T. II, p. 240); Troplong (n° 597).

SECTION III.

Du commandement.

Aux termes de l'article 2244 : le commandement signifié à celui qu'on veut empêcher de prescrire forme l'interruption civile.

Le commandement est un acte par lequel une personne, agissant par ministère d'huissier, commande à son débiteur d'avoir à exécuter ce qu'un jugement l'a condamné à faire, ou ce à quoi il s'est obligé par un acte exécutoire, en lui déclarant que, en cas de refus, il y sera contraint par la saisie de ses biens.

C'est donc un acte extrajudiciaire, mais c'est un acte tel, que, reconnaissant à l'exercice judiciaire du droit l'effet d'interrompre la prescription, le législateur devait *à fortiori* lui attribuer la même puissance. Et, en effet, par cet acte le créancier affirme son droit bien plus énergiquement encore qu'il ne le fait en l'exerçant en justice, car, alors que l'action ne prouve que la volonté qu'a le créancier de maintenir son droit, le commandement établit en outre qu'il est décidé à en poursuivre l'exécution même par la voie rigoureuse de la saisie, et c'est bien là l'affirmation la plus énergique qui puisse être faite d'un droit.

La loi a fait du commandement le préliminaire obligatoire de la saisie (1) : il n'en résulte nullement que non suivi de la saisie dans un délai déterminé, il cesse d'interrompre la prescription. C'est en effet par lui-même que le commandement est interruptif, puisque la loi le présente formellement comme une cause d'interruption civile. Même non suivi de saisie, il atteste d'une façon assez énergique l'existence du droit établi par le titre que notifie le créancier, en même temps du reste que la volonté sérieuse d'en obtenir l'exécution, pour que l'interruption de prescription reste

1. Voyez les articles 583, 626, 636, 674, 680 du code de procédure civile.

acquise, quand bien même le créancier le laisserait à l'état de simple menace.

Il doit en être de même alors que la saisie par lui pratiquée viendrait à être déclarée nulle ; cette annulation ne veut avoir qu'une conséquence, c'est que la saisie n'aura pu interrompre la prescription qui, depuis la signification du commandement, a recommencé à courir. A la différence de la citation en justice, le commandement ne se périme point. Sans doute, dans le cas au moins où il précède une saisie immobilière, l'article 674 du Code de procédure civile le soumet bien à une péremption de trois mois, mais elle n'a trait qu'à la saisie. Le commandement est périmé, en ce sens que, s'il n'a point procédé à la saisie, dans les trois mois à compter de la date de cet acte, ou si la saisie, par lui pratiquée dans ce délai, a été déclarée nulle, le créancier ne peut en commencer une nouvelle sans la faire précéder d'un nouveau commandement, mais rien n'autorise à attacher à cette péremption spéciale l'effet que l'article 2247 reconnaît à la péremption d'instance.

La seule condition requise pour que le commandement vaille interruption, c'est qu'il soit valable en la forme. Pothier le mettait, à ce point de vue, sur la même ligne que la citation en justice (*Traité des obligations*, n° 697) ; c'est encore la règle qu'on doit suivre aujourd'hui : *Quod nullum est, nullum producit effectum*. La Cour de cassation (1) n'a pas hésité à faire l'application de ce principe aux commandements, que l'administration de l'enregistrement est autorisée à faire signifier aux débiteurs de l'État, dans une hypothèse où ces commandements avaient été faits en vertu d'un titre exécutoire entaché de nullité, nullité qui entâchait par la même les commandements. Fait en vertu d'un titre exécutoire nul, le commandement n'est plus qu'une simple sommation, à laquelle, nous le verrons, on ne peut reconnaître un effet que la loi ne lui attache point.

—— 1. Arrêt de reje t du 8 juin 1841 (Dalloz Prescription n° 486).

Le commandement est le seul des actes extrajudiciaires que la loi range parmi les causes d'interruption civile de la prescription, et, par suite, bien qu'il ne soit pas le seul acte extrajudiciaire, par lequel le créancier puisse manifester sa volonté de maintenir et de faire valoir son droit, on ne peut reconnaître qu'à lui un effet que la loi n'a pas cru devoir attacher à d'autres actes. Toute affirmation d'un droit ne saurait le soustraire à la prescription, il faut une affirmation légalement faite : c'est dire qu'elle doit résulter d'un acte auquel la loi elle-même reconnaît l'effet d'interrompre la prescription.

Le principe est certain : la cour de Cassation l'a proclamé dans un arrêt de rejet du 10 décembre 1827 (Dalloz, prescription, n° 498). C'est ainsi qu'une simple sommation, adressée par le créancier à un débiteur récalcitrant, ne saurait suffire à interrompre la prescription. Telle était déjà la doctrine qui avait prévalu dans notre ancienne jurisprudence, bien que le fondement même qu'elle donnait à l'interruption civile, la survenance de la mauvaise foi, fut bien de nature à faire admettre l'opinion contraire, qui n'était pourtant reçue que dans le ressort du Parlement de Bordeaux. Qnant à la différence faite à ce point de vue entre le commandement et la sommation, on peut la justifier en disant que le débiteur a pu croire ou que la demande n'était pas sérieuse. puisqu'elle n'était pas faite dans la forme requise pour qu'il soit obligé d'y répondre, ou que le demandeur ne l'a pas lui-même cru fondée puisqu'il n'y a point donné suite. Ce sont du moins les raisons que formulait Dunod, et, par conséquent, si elles n'ont point l'autorité de la logique et de l'équité, elles ont du moins celle de la tradition. La véritable raison est que le droit de la société domine ici celui de l'individu : sans doute il ne peut le dominer à ce point qu'il arrive, en quelque sorte, à l'anéantir mais, pour qu'il n'en soit point ainsi, il n'est nullement nécessaire que la prescription soit interrompue par une affirmation quelconque du droit qu'elle est en voie d'éteindre.

Il est toutefois un cas où, au point de vue de l'interruption de prescription, il me semble bien difficile de ne pas mettre la sommation sur la même ligne que le commandement : j'ai en vue la sommation de payer ou de délaisser que doit adresser au tiers détenteur d'un immeuble hypothéqué, trente jours au moins avant de le faire vendre sur lui, le créancier hypothécaire qui veut user de son droit. A s'en tenir à la lettre de la loi, on devrait décider que la prescription de l'action hypothécaire n'est point interrompue, puisque cette sommation n'est point un commandement et que la loi donne au commandement seul l'effet d'interrompre la prescription. On s'accorde néanmoins à admettre l'opinion contraire. Si cette sommation n'est point un commandement, elle a, spécialement ici, un rôle analogue ; comme lui, elle est le préliminaire obligé et la menace d'une saisie et, par suite, il me paraît bien difficile de lui refuser l'effet que la loi accorde au commandement, alors que, comme lui, elle l'impose au créancier qui veut poursuivre l'exécution de son droit. La Cour de cassation s'est prononcée en ce sens, le 27 décembre 1854 (Dalloz, 1855, I, 52) : « Attendu, dit la Cour, que cette sommation bien que non assujettie à la forme particulière du commandement n'en a pas moins à l'égard du tiers détenteur le but et les effets du commandement, puisque c'est à partir de cette sommation que court le délai accordé au nouveau propriétaire par l'article 2183 pour purger les hypothèques, pour demander la discussion du débiteur principal, qu'à partir de cet acte il doit tenir compte des fruits de l'immeuble hypothéqué.... » On ne saurait cependant, au point de vue de l'interruption qu'elle peut produire mettre cette sommation absolument sur la même ligne que le commandement, car, tandis que ce dernier ne se périme point, elle est au contraire soumise à la péremption de trois ans (arg. art. 2176), ce qu'il importe de constater puisque la péremption efface l'interruption qu'avait pu produire l'acte périmé.

Sous la réserve de l'hypothèse que nous venons d'examiner, on doit sans hésiter refuser à la simple sommation l'effet d'interrompre la prescription.

Cet effet, que nous refusons à la sommation, nous devons aussi et, pour identité de motifs, le refuser à la signification par laquelle le cessionnaire d'une créance doit, en vertu de l'article 1690, porter à la connaissance du débiteur cédée la cession consentie à son profit. Bien que, à mon avis, la question ne puisse faire doute, trois systèmes ont cependant été proposés.

Et d'abord Vazeille (*Traité des Prescrip.* t. I, 205) soutient que la signification doit être mise sur la même ligne que la saisie-arrêt puisque, comme cette dernière, elle frappe la créance d'indisponibilité aux mains du tiers saisi, qui ne peut désormais se libérer qu'aux mains du cessionnaire.

Dans un second système, présenté par Troplong (II, 646), on distingue suivant que la signification intervient ou non avant toute saisie-arrêt. Dans le premier cas, il lui refuse l'effet qu'il lui assigne dans le second, en se fondant sur ce que la signification, par cela seul qu'elle s'applique à une créance déjà frappée d'opposition, se joint aux autres saisies-arrêts et prend ainsi un caractère d'exécution qu'on saurait lui reconnaître alors qu'elle a trait à une créance libre de toute opposition.

Je n'hésite point à refuser sans distinction à la signification faite en vertu de l'article 1690, l'effet d'interrompre la prescription.

Ce n'est point une mesure d'exécution, c'est une mesure de publicité ; le cessionnaire de qui elle émane, ne se propose qu'un seul but, c'est d'informer légalement le tiers cédé de la cession. De ce qu'elle porte qu'il est fait défense au tiers cédé de payer en d'autres mains qu'en celles du cessionnaire, il ne résulte nullement, qu'on puisse voir en elle un acte d'exécution, qui, comme

le commandement ou la saisie, oblige celui à qui il s'adresse à protester, s'il se prétend libéré de l'obligation qu'on veut exécuter contre lui. Mais doit-on lui reconnaître ce caractère par cela seul
qu'elle est précédée d'une saisie arrêt pratiquée par un des créanciers du cédant ? La distinction de Troplong ne me paraît pas sou-
tenable. La signification est en effet par ses effets et son but complètement étrangère aux saisies antérieurement pratiquées. Comment
des actes d'exécution, faits à la requête de créanciers qu'aucun lien
ne rattache au cessionnaire, pourraient-ils lui profiter, alors que,
pour interrompre la prescription, il n'a qu'à assigner le tiers cédé,
car si, par suite de l'opposition, il ne peut agir pour obtenir le
paiement de la créance, il le peut certainement à l'effet d'interrompre la prescription ?

Ainsi donc, et, sans distinction possible puisque dans la signification on ne peut pas plus voir une saisie arrêt qu'un commandement, on doit lui refuser l'effet d'interrompre la prescription. La
jurisprudence est en ce sens : c'est notamment ce qu'a jugé la cour
de Paris, le 19 avril 1831 (Dalloz, prescription, 495).

On se demande si la signification d'un titre exécutoire faite en
vertu de l'article 877 à l'héritier du débiteur peut avoir l'effet d'un
commandement ? Pour trancher cette question, il importe de se
fixer sur le caractère et le but de la signification qu'exige l'article
877. Or, lorsqu'elle oblige le créancier héréditaire à signifier à
l'héritier les titres exécutoires qu'il peut avoir contre le défunt, la
pensée de la loi me semble manifeste : elle veut éviter que l'héritier puisse être surpris, à l'improviste, par des mesures d'exécution,
prises en vertu de titres exécutoires, dont il peut ignorer l'existence.

Cette signification n'a donc d'autre but que de placer le créancier à l'égard de l'héritier, dans la situation même où il se trouvait à l'égard du défunt, en d'autres termes de lui donner le droit
de prendre contre l'héritier les mesures qu'il aurait pu prendre

contre le défunt lui-même : ce n'est donc point un commandement, et, partant, on ne peut lui reconnaître l'effet d'interrompre la prescription.

Mais si, par elle-même, la signification ne saurait interrompre la prescription, il va de soi qu'on doit reconnaître l'effet qu'on lui refuse, au commandement qui peut, suivant l'opinion qu'on adopte sur ce point, l'accompagner ou la suivre. On discute, en effet, la question de savoir si on peut joindre un commandement à cette signification, ou si on ne peut l'adresser que huit jours après la signification elle-même, bien que le texte de l'article 877 me paraisse de nature à trancher la controverse en faveur de ce dernier système. S'il en est ainsi, il me paraît bien difficile, dans le cas au moins où le commandement est fait à l'expiration de la huitaine de rigueur, de ne pas faire remonter l'interruption de prescription, qui en résulte, à la date de la signification ; c'est un tempérament qu'imposent des analogies décisives.

Ainsi, sauf ce tempérament, je n'hésite pas à refuser à la signification, faite en vertu de l'article 877, toute influence sur le cours de la prescription. Je dois cependant avouer que la jurisprudence, contrairement du reste à la doctrine, tend à reconnaître à cette signification l'effet que, selon moi, les principes ne permettent point de lui accorder ; c'est notamment ce qui ressort d'un arrêt de la Cour de Toulouse du 27 mars 1835 (Sirey 1835, II, 471) et d'un autre arrêt de la Cour de Riom du 14 janvier 1843 (Sirey, 1843, II, 93).

En général, la prescription extinctive seule est susceptible d'être interrompue par un commandement : il est, en effet, le préliminaire obligé de la saisie, et celle-ci n'est guère pratiquée que contre un débiteur récalcitrant. Il n'est point cependant impossible de trouver des hypothèses dans lesquelles une prescription acquisitive pourra être interrompue par l'effet d'un commandement, puisqu'il a par lui-même, nous l'avons dit, la puissance d'interrompre la prescription. Supposons, en effet, que le propriétaire ne puisse obtenir du possesseur l'exécution volontaire du jugement, qui condamne ce dernier à délaisser, à son profit, l'immeuble indûment occupé, et qu'il soit, par la même, contraint de s'adresser à la force publique il doit, avant d'y recourir, signifier au possesseur un commandement auquel on ne peut refuser l'effet d'interrompre la prescription, qui depuis le jugement a commencé à courir au profit de ce dernier (1).

Section IV.

De la Saisie.

L'article 2244 mentionne une dernière cause d'interruption civile : la saisie signifiée à celui qu'on veut empêcher de prescrire. S'il est d'évidence que le législateur devait reconnaître à la saisie, l'effet qu'il attribuait au commandement, c'est-à-dire à une simple menace d'exécution forcée, il est plus difficile de dégager, de suite, l'intérêt qu'il peut y avoir à lui donner un effet qui résulte déjà de l'acte qui en est le préliminaire obligé. Cet intérêt existe néanmoins et, pour justifier la disposition finale de l'article 2244, il suffit de rappeler que certaines saisies n'ont pas à être précédées du commandement : telles sont la saisie gagerie (819, 2°), la saisie-foraine (822), la saisie revendication (826). Du reste, même dans le cas où la saisie ne peut être pratiquée qu'après un commandement, il était utile de lui attribuer l'effet que lui reconnaît l'article 2244 *in fine*, car c'est effacer, au point de vue de la prescription, tout le laps de temps qui s'est écoulé entre le commandement et la saisie puisque, nous le verrons, du jour du commandement une nouvelle prescription commence à courir.

La loi reconnaît, dans les termes les plus généraux, à la saisie

1. Mourlon (T. III, n° 1878).

l'effet d'interrompre la prescription et, comme l'interprète ne doit pas distinguer quand la loi ne distingue pas, c'est à toute saisie qu'on doit reconnaître cet effet et, par suite, à la saisie arrêt aussi bien qu'à une saisie exécution. Le contraire a cependant été jugé par la Cour de Bordeaux, le 21 mars 1828 (Dalloz, *Effets de commerce* n° 802). Cet arrêt est resté isolé et la jurisprudence est unanime à se prononcer dans le sens opposé. Les principes sur ce point nous paraissent très bien établis par un arrêt de la Cour de Toulouse, du 24 décembre 1842 (Dalloz, *Prescription* n° 493 : « Attendu, dit la Cour, que le caractère interruptif est expressément attribué à la saisie par l'article 2244, qui la comprend parmi les actes qui ont cette vertu : que l'on ne saurait faire entrer, entre les diverses manières indiquées par la loi au créancier pour saisir les biens de son débiteur, des distinctions qu'elle n'a point faite, et qu'il suffit de rappeler que le Code de procédure civile a rangé la saisie arrêt parmi les moyens d'assurer l'exécution forcée des jugements pour conclure avec certitude quelle doit interrompre la préscription par application de l'article 2244 du Code civil. » L'arrêt de la Cour de Bordeaux méconnaissait non-seulement la généralité de l'article 2244 *in fine*, mais encore le véritable caractère de la saisie arrêt : sans doute elle est bien une mesure conservatoire puisqu'elle conserve les droits du créancier, mais elle est aussi un acte d'exécution puisqu'elle aboutit, en définitive, à la dépossession du débiteur saisi.

Reconnaître à la saisie arrêt l'effet interruptif, c'est dire qu'elle produit une double interruption, d'abord, au profit du saisissant, pour sa créance contre le débiteur saisi, puis, au profit de ce dernier, pour la créance sur laquelle porte l'opposition. Toutefois on ne saurait, à mon avis, accorder à la saisie arrêt des effets identiques, suivant qu'elle interrompt l'une ou l'autre de ces deux prescriptions. S'agit-il de l'interruption de prescription de la créance du saisissant contre le débiteur saisi, elle produit des effets analogues à ceux de toute autre saisie, comme de toute autre cause d'interruption civile. Au contraire, quand elle interrompt la prescription de la créance contre le tiers saisi, il n'en doit pas être de même : il ne faut pas, en effet, oublier que si le saisissant exerce les droits de son débiteur, ce n'est nullement dans l'intérêt de celui-ci, mais uniquement et exclusivement dans le sien propre, c'est, par suite, dans les limites de cet intérêt, c'est-à-dire pour le montant de sa créance, que sera interrompue la prescription, qui, pour le surplus, continuera à courir contre le débiteur saisi, puisque dans cette mesure le droit n'est point exercé.

Il est à peine besoin de dire que pour interrompre la prescription la saisie doit être valable en la forme. Sans doute, la loi ne le dit point expressément, comme elle le dit pour la citation en justice, mais, dans le silence de la loi, il faut appliquer le droit commun, et le droit commun est exprimé par la règle : *Quod nullum est nullum producit effectum.*

Nous devons, sur cette cause d'interruption civile, faire une observation analogue à celle que nous présentions à propos de la précédente : elle ne se conçoit guère que dans la prescription extinctive. On peut cependant trouver des cas dans lesquels une saisie est susceptible d'interrompre la prescription acquisitive.

Supposons, en effet, que, par un jugement qui le condamne à délaisser au profit du revendiquant l'immeuble qu'il occupe injustement, le possesseur soit, en outre, condamné à payer 100 francs par jour de retard. Si le possesseur ne délaisse pas, le propriétaire peut lui adresser un commandement et pratiquer une saisie sur ses biens pour obtenir l'exécution de la condamnation accessoire prononcée à son profit : il n'est pas douteux que le commandement d'abord, puis la saisie auront pour effet d'interrompre la prescription qui, du jour du jugement, a commencé à courir au profit du possesseur qui a continué son indue possession (1).

1. Mourlon (T. III, n° 1878).

Section V.

Du compromis.

La force même des choses, disent MM. Aubry et Rau (T. II, n° 37 5215), conduit à reconnaître au compromis l'effet d'interrompre la prescription, bien qu'aucun texte ne le lui attribue. C'est en ce sens que s'est prononcée la Cour de Paris, qui par un arrêt du 9 juin 1826 (Dalloz, prescription, n° 537), décide formellement que le compromis produit des effets analogues à ceux de l'ajournement devant un tribunal, sans exiger, d'ailleurs, qu'il soit exécuté.

Nous ne pouvons accepter une décision aussi absolue que celle de la Cour de Paris, pas plus que les termes dans lesquels les savants annotateurs de Zachariæ présentent leur solution, qui, du reste, paraît être la même que celle de l'arrêt ci-dessus rapporté. Si, en effet, on doit reconnaître au compromis l'effet d'interrompre la prescription, ce n'est point, à notre avis, par une dérogation que justifierait la nature même des choses, mais par application des principes. Le compromis n'est par lui-même, qu'une simple convention par laquelle les parties s'obligent à soumettre à des arbitres la solution d'un débat agité entre elles. Or, il me paraît incontestable qu'on ne peut regarder cette convention elle-même comme une cause d'interruption civile, puisqu'on ne peut considérer comme telle qu'un acte juridique auquel la loi elle-même a reconnu l'effet d'interrompre la prescription.

Mais si les parties exécutent la convention, c'est-à-dire portent l'affaire devant les arbitres choisis, soit en comparaissant devant eux, soit au moins en se citant à comparaître, il n'y a plus une simple convention mais introduction d'une instance, et, une fois l'instance engagée, qu'elle soit arbitrale ou judiciaire, il est bien certain que la prescription ne peut plus éteindre le droit qui en fait l'objet. Ainsi donc, si les principes nous conduisent à refuser au compromis, simple convention, l'effet d'interrompre la prescription, ils nous amènent au contraire à lui reconnaître cet effet dès qu'il est exécuté, en d'autres termes dès que l'instance arbitrale est effectivement engagée.

Section VI

De la reconnaissance.

Si la prescription ne saurait, sans iniquité flagrante, consacrer l'extinction d'un droit, alors que son titulaire demande à en établir judiciairement l'existence ou en réclame l'exécution forcée, c'est-à-dire alors que le droit n'est affirmé que par une prétention qui peut d'ailleurs être contestée, il est manifeste que l'équité serait bien plus ouvertement violée, si la prescription pouvait s'accomplir quand l'existence du droit est prouvée par l'aveu, par la reconnaissance, c'est le terme consacré, de celui-là même qui serait intéressé à se prévaloir de son extinction et, par conséquent, bien plus encore que toutes les causes d'interruption que nous venons successivement d'examiner, la reconnaissance s'imposait comme telle au législateur. De là l'article 2248.

La prescription est interrompue par la reconnaissance que le débiteur ou le possesseur fait du droit de celui contre lequel il prescrivait.

Les termes mêmes de notre article sont là pour en témoigner, la reconnaissance est susceptible d'interrompre la prescription acquisitive tout aussi bien que la prescription extinctive, et, par suite, en tant que cause d'interruption de prescription, son domaine d'application est tout aussi vaste que celui de la citation en justice : comme celle-ci, elle est susceptible d'interrompre une prescription quelconque puisque toute prescription suppose un droit usurpé ou méconnu que peut reconnaître celui qui l'usurpe ou le méconnaît.

Toutefois, dans la prescription acquisitive, elle a une portée qu'elle ne saurait avoir dans la prescription extinctive : la première, en effet, repose sur la possession, c'est-à-dire sur l'exercice, *animo domini*, des différents pouvoirs compris dans le droit usurpé. Il en résulte que l'usurpateur, en même temps et par cela même qu'il reconnaît le droit d'un autre, perd cet *animus domini* et, par suite, la possession elle-même. Ainsi considérée comme cause d'interruption de la prescription, la reconnaissance a-t-elle bien plus d'analogie avec l'interruption naturelle produite par la dépossession matérielle, qu'avec l'interruption civile, qui est la conséquence de l'introduction d'une demande judiciaire par exemple. Et en effet alors que celle-ci ne porte aucune atteinte à la possession du défendeur, la reconnaissance, tout aussi bien qu'une dépossession matérielle, dépouille de sa possession celui dont elle émane, et cette analogie est d'autant plus frappante que ses effets n'ont rien de la relativité de ceux des différentes causes d'interruption civile mentionnées dans nos articles 2244 à 2247 ; bien au contraire, et semblables sur ce point à ceux d'une dépossession matérielle, ils peuvent être invoqués par tous ceux qui ont intérêt à s'en prévaloir.

C'est, du reste, ce qui nous explique comment la reconnaissance du droit usurpé, avait, sans contredit, dans le droit romain classique, l'effet d'arrêter le cours de l'usucapion alors que celle-ci n'admettait point l'interruption civile. Les rédacteurs du Code civil, qui se préoccupent plutôt de donner des décisions équitables que de les coordonner savamment, se sont bornés à attribuer à la reconnaissance l'effet d'interrompre la prescription, sans nous dire s'ils voyaient en elle une cause d'interruption naturelle ou d'interruption civile, question d'ailleurs toute théorique, car, puisque le législateur l'ignore, ce n'est point de sa solution que nous pouvons faire dépendre l'étendue des effets que nous devrons lui reconnaître.

L'article 2248 donne à la reconnaissance l'effet d'interrompre la prescription, sans préciser autrement le sens et la portée de la disposition qu'il édicte. Le laconisme de ce texte, qui se borne à poser le principe, montre manifestement que, sur ce point, le législateur se trouvait en présence de règles admises, auxquelles il entend se référer. Dans notre ancienne jurisprudence, Dunod (1) posait le principe en ces termes : « Toutes les fois qu'il se fait quelque chose entre le créancier et le débiteur, le possesseur et le propriétaire, qui emporte un aveu exprès ou tacite de la dette, du droit ou de la propriété, ce sera une interruption civile conventionnelle ». C'est la traduction d'un passage de d'Argentré : « Quoties actus, tacitam aut expressam, vel præscriptam juris alieni, vel debiti confessionem implicat : toties fit interruptio civilis. »

Dunod appelle la reconnaissance une *interruption civile conventionnelle*. Est-ce à dire qu'il faille exiger un concours de consentements, une convention passée entre les parties ? La négative est certaine, et Dunod lui-même l'admettait puisque nous le voyons citer, comme un exemple de reconnaissance, le fait par le débiteur de donner mandat à un tiers de payer le créancier, alors même que ce mandat est donné arrière du créancier.

En qualifiant ainsi l'interruption produite par la reconnaissance, il entend dire simplement que, d'ordinaire, elle résulte d'une convention ; ce serait à tort exagérer la portée de cette qualification que de l'entendre en ce sens que la reconnaissance ne peut résulter que d'un fait juridique impliquant un concours de volontés, attendu

---

1. Dunod, part. I, ch. IX, p. 58 (*Traité des prescriptions*).

que la reconnaissance n'est qu'un aveu, et l'aveu est manifestement un acte de volonté unilatéral (1). Toutefois, il y a des difficultés spéciales à notre matière. S'il nous paraît incontestable que l'aveu soit un acte simplement unilatéral, c'est à la condition qu'il n'implique point une renonciation, car il est de principe que les renonciations exigent un concours de volontés. Or, ne pourrait-on considérer la reconnaissance comme une renonciation, puisque, en reconnaissant le droit de celui contre lequel il prescrit, le débiteur ou le possesseur renonce à se prévaloir du temps qui a déjà couru en sa faveur ? Ce point de vue ne me paraît nullement exact : la renonciation n'implique nécessairement un concours de volontés, que lorsque celui dont elle émane se dépouille, au profit d'un autre, d'un droit qui lui appartient ; alors seulement elle est un acte de disposition et il est bien certain que de tels actes ne peuvent être l'œuvre d'une seule volonté. Mais telle n'est point la reconnaissance qui interrompt la prescription : c'est le simple aveu d'un fait, à savoir que le débiteur doit, que le possesseur n'est pas propriétaire, est-il possible de voir dans cet acte une véritable renonciation, c'est-à-dire un acte de disposition ?

On s'est placé à un autre point de vue pour exiger le concours des volontés ; on a dit que la reconnaissance était la confirmation du contrat primitif, et, en un certain sens, la formation de ce contrat, puisque, sans l'aveu, le lien serait dissous. Ce point de vue n'est pas plus juridique que le précédent. La convention ne se forme point à nouveau, pas plus qu'elle n'est confirmée par la renonciation du débiteur à se prévaloir du temps pendant lequel a déjà couru la prescription. La convention existe, elle est pleinement obligatoire, seulement le temps pourrait en amener l'extinc-

---

1. La jurisprudence admet que l'aveu, au moins quand il est invoqué comme preuve, ne devient irrévocable que quand il a été accepté (Rejet 9 juin 1863, Dalloz 1864, I, 483). Tous les auteurs, sauf Toullier, réfuté sur ce point par Duvergier, se prononcent dans le sens contraire.

tion ; c'est ce dernier résultat seul que l'aveu du débiteur a pour but et pour effet de prévenir, et c'est dénaturer singulièrement la portée de cet aveu, que de voir en lui la formation d'un nouveau contrat ou la confirmation de l'ancien.

Ainsi donc, à aucun de point de vue, il ne me paraît possible de considérer le concours des volontés comme une condition de la reconnaissance interruptive de prescription, et cette solution, qui, à mon avis, découle formellement des principes a aussi pour elle l'autorité de la tradition, autorité bien puissante, je dirai même décisive, dans une matière traditionnelle, puisque, sur ce point, le législateur n'a pas formulé de règles nouvelles. Telle était, nous l'avons dit déjà, l'opinion de Dunod ; c'était aussi celle de Pothier : « Par quelque acte que le débiteur reconnaisse la dette, nous dit-il dans le § 693 de son traité des Obligations, cet acte interrompt la prescription, soit que cet acte soit passé avec le créancier, soit qu'il soit passé sans lui », et il cite comme un exemple de reconnaissance le fait de comprendre la dette parmi le passif dans l'inventaire des biens du débiteur.

La jurisprudence se prononce dans le sens de la tradition et des principes : c'est notamment ce qu'a jugé la Cour de cassation le 27 janvier 1868 (Dalloz 1068, I, 200) : « Attendu, dit la Cour, que si le concours du créancier et du débiteur est nécessaire pour former le contrat, la même solennité ne saurait être requise, lorsqu'il s'agit d'une simple reconnaissance interruptive de prescription aux termes de l'article 2248. »

Si la reconnaissance peut résulter d'un acte simplement unilatéral, elle peut aussi, et pour les mêmes raisons, être la conséquence d'une convention passée avec un tiers et notamment de déclarations faites au moment du contrat. La tradition est en ce sens ; c'est ainsi que nous avons vu Dunod citer, comme un exemple de reconnaissance de la dette, le mandat donné à un tiers de payer le créancier. Ici, cependant, il y a lieu à une difficulté qu'il importe d'écarter. Il est, en effet, de principe que l'on ne peut invoquer, pour y fonder un droit, un acte où l'on n'a pas été partie : « *res inter alios acta alios neque prodest neque nocet* ; c'est le principe écrit dans l'article 1165. N'est-ce pas s'en écarter que de permettre au créancier ou au propriétaire d'invoquer une déclaration faite dans un acte passé avec un tiers? Il n'en est rien, car ce principe n'a trait qu'aux effets mêmes des conventions, il est étranger à la preuve, en d'autres termes, si, légalement établie, la convention n'est susceptible de produire des effets qu'au profit des parties contractantes et contre elles, ce n'est point à dire qu'elle n'existe qu'au regard de celles-ci, et ce n'est que par suite d'une confusion, qu'on peut étendre à l'existence même du contrat, une règle vraie seulement des effets qu'il peut produire.

Les actes authentiques ou sous-seing privé, rédigés *ad probationem*, font foi à l'égard des parties contractantes elles-mêmes, des faits qui y sont relatés. Or, quand, à l'effet d'interrompre la prescription, le créancier ou le propriétaire invoque la déclaration faite par le possesseur ou le débiteur dans un acte passé avec un tiers, il n'entend pas s'en prévaloir pour établir et prouver sa créance ou sa propriété, c'est le fait même de la reconnaissance et ce fait seul qu'il demande à établir. Dès lors, peu importe qu'il n'ait point été partie à l'acte, il ne s'en prévaut point pour réclamer un droit, il l'invoque simplement pour constater un fait et, dans cette mesure, l'existence même d'un fait juridique n'a rien de relatif. Supposons, en effet, un acte de vente, par lequel le vendeur délègue l'acquéreur à verser le prix entre les mains d'un de ses créanciers, c'est évidemment au vendeur seul qu'il appartient d'invoquer la délégation, consentie par l'acquéreur, à l'effet de le contraindre à l'effectuer ; mais quant à la reconnaissance qu'implique cette délégation, le créancier peut, sans contredit, s'en prévaloir, car ce n'est point d'un effet de cette délégation qu'il se prévaut alors, mais de ce fait seul qu'une délégation est intervenue. Or, par cela même qu'elle est prouvée, la délégation existe aussi bien au regard du créancier qu'au regard du vendeur lui-même et, par suite, permettre au créancier de l'invoquer, ce n'est en rien déroger à la règle de l'article 1165.

Ainsi donc, et nous croyons l'avoir établi, la reconnaissance, à laquelle l'article 2248 reconnaît l'effet d'interrompre la prescription consiste essentiellement donc un acte de volonté, qui, émanant du débiteur ou du possesseur, atteste l'existence du droit qu'il est en voie de prescrire, sans qu'on ait à examiner si, d'une façon quelconque, le propriétaire ou le créancier a été associé à cet acte.

Du moment qu'il s'agit d'un simple acte de volonté et que la loi n'en astreint point la manifestation à des formes spéciales, on doit décider que la reconnaissance peut être expresse ou tacite ; c'est le droit commun pour toute manifestation de volonté. La reconnaissance expresse résulte d'une déclaration formelle, quels que soient du reste ses termes, car on ne saurait l'assujétir à une forme quelconque puisque la loi est muette. Sans doute, il est question, au titre des obligations, des actes récognitifs, actes qui, pour tenir lieu de l'acte primordial, doivent être rédigés dans les formes prescrites par l'article 1337, et il est bien certain que, dans le fait par le débiteur de souscrire un de ces actes il y a une reconnaissance expresse de la dette, reconnaissance qui interrompt la prescription, mais il faudrait se garder de croire que la reconnaissance doive être faite dans les formes rigoureuses que précise ce texte. Autre est la reconnaissance dont parle l'article 2248, autre est l'acte récognitif visé par l'article 1337. Quand il s'agit de l'interruption de prescription, il suffit d'une expression quelconque de la volonté du débiteur de ne point se prévaloir du temps pendant lequel la prescription a couru à son profit, car, puisque nous ne trouvons ici aucune disposition spéciale, il faut bien nous référer au droit commun, et le droit commun répond qu'il n'y a point de formes spé-

ciales et de termes sacramentels pour la validité d'une manifestation expresse de la volonté.

On peut citer, comme un cas fréquent de reconnaissance expresse,
les offres réelles, suivies de consignation ; car il va sans dire
qu'elles impliquent l'existence actuelle de la dette. Bien plus, alors
que toutes les formalités, prescrites dans les articles 1257 et sui-
vants, ne seraient pas remplies et que, par suite, elles ne sauraient
équivaloir à un paiement, il est bien certain qu'on devra voir en
elles une reconnaissance de la dette ; tout ausssi bien que des offres
réelles, suivies de consignation, des offres, même simplement ver-
bales, en attestent l'existence puisqu'elles ne se comprennent jamais
que de la part d'un débiteur qui n'a point encore satisfait à ses
engagements.

Il suit de là que, même révoquées, les offres, réelles ou non, ne
laissent pas moins d'interrompre la prescription, car, si la révoca-
tion peut les anéantir, en ce sens que le créancier, à qui elles étaient
faites, ne peut désormais les accepter, elle est impuissante à effacer
l'aveu qu'elles impliquent et, avec lui, les effets qu'il a pu produire.
La Cour de cassation s'est prononcée en ce sens, le 30 janvier
1865 (Dalloz, 1865, 1, 235). Il est bien vrai que la doctrine
contraire paraît ressortir d'un autre arrêt de cette même Cour, du
4 janvier 1842 (Dalloz, prescription, n°s 486 et 584), mais
la contradiction n'est qu'apparente. En effet, dans l'espèce où
est intervenu cet arrêt du 4 janvier 1842, il s'agissait d'offres con-
ditionnelles retirées avant d'avoir été acceptées. Or, des offres con-
ditionnelles n'existent que du jour où elles sont acceptées, c'est
dire que la condition de l'acceptation affecte non-seulement les
offres elles-mêmes, mais encore l'aveu qu'elles impliquent et, par
suite, si elle vient à défaillir, l'aveu lui-même disparaît et, avec lui,
les effets qui en pouvaient résulter.

La reconnaissance expresse peut encore se faire par une simple
lettre missive : elle peut même être purement verbale. Le principe

est certain : dès qu'on se trouve en présene d'une déclaration, par laquelle le débiteur atteste l'existence de la dette, sans qu'on ait d'ailleurs à se préoccuper de la forme qu'elle revêt, il y a reconnaissance expresse et, partant, interruption de prescription.

Ce n'est point à dire. qu'il ne puisse y avoir, en cette matière, de sérieuses difficultés, mais toutes concernent non le fait juridique de la reconnaissance mais la preuve de ce fait ; nous y reviendrons.

Quant à la reconnaissance tacite, elle résulte de tout acte qui implique nécessairement l'existence de la dette, sans que celle-ci y soit expressément rappelée. C'est ainsi qu'on doit reconnaître à un paiement d'intérêts ou d'arrérages, comme à un paiement fait à titre d'accompte, à une demande de délai pour l'acquittement d'une obligation de même qu'à un mandat de payer donné à un tiers, au fait de donner une caution ou toute autre garantie pour sureté d'une dette préexistante, l'effet d'interrompre la prescription, car tous ces actes supposent nécessairement l'existence actuelle de la dette. Il est inutile de multiplier les exemples, la reconnaissance tacite est, avant tout, une question de fait qu'il appartient aux juges de résoudre et leurs décisions, sur ce point, échappent à la censure de la Cour de cassation· C'est, du reste, ce que celle-ci a reconnu par un arrêt du 2 août 1837 (Dalloz, Prescription n° 595). « Attendu, dit la Cour, qu'en appréciant et interprétant les actes interruptifs de prescription, la cour a pu, dans l'espèce, leur refuser ce caractère sans violer l'article 1337 relatif au titre nouvel et recognitif, ni aucune autre disposition de la loi... »

Deux points nous restent à examiner sur la reconnaissance : il s'agit de déterminer de quelles personnes doit émaner la reconnaissance, et, en second lieu, de préciser les modes de preuve, à l'aide desquels le créancier ou le propriétaire peut et doit établir le fait juridique de la reconnaissance.

Connaissant la nature de la reconnaissance, il nous est facile de voir qu'elle ne peut émaner que de celui-là même qui a commencé à prescrire : c'est en effet à lui seul qu'il peut appartenir de se prévaloir du temps qui a déjà couru, car lui seul pouvait l'invoquer. Le principe est certain, mais les difficultés se présentent dès qu'on se demande si tout débiteur ou tout possesseur peut reconnaître le droit de celui contre lequel il a commencé une prescription.

En ce qui concerne la reconnaissance interruptive de la prescription acquisitive, on s'accorde à décider qu'elle ne peut émaner que d'un possesseur, qui aurait la capacité d'aliéner l'immeuble qu'il occupe, s'il en était propriétaire, en d'autres termes, on applique par analogie la disposition de l'article 2222 (1). Sans doute, l'analogie n'est pas décisive, car c'est seulement lorsqu'elle est achevée que la prescription devient un droit et, par suite, toute autre est la situation du possesseur au profit duquel la prescription s'est accomplie, toute autre celle de celui qui n'a que commencé à prescrire. Cependant si, dans le fait par ce dernier de reconnaître le droit du propriétaire, on ne saurait voir une aliénation, on doit y voir certainement l'abdication d'un effet résultant de la possession ; c'est une renonciation qui, si elle ne porte pas, comme celle que vise l'article 2222, sur un droit acquis, porte au moins sur un droit éventuel et, par suite, on ne peut se refuser à admettre, entre ces deux renonciations, une analogie de nature à permettre, dans le silence de la loi, de leur rendre commune une disposition textuellement écrite pour une seule d'entre elles. Ainsi, à notre avis, la reconnaissance ne peut interrompre la prescription acquisitive, que si elle émane d'un possesseur, ayant la capacité de disposer de ses droits réels immobiliers, ou de celui qui, par suite d'un mandat conventionnel ou légal, peut en disposer au nom du possesseur, à la condition toutefois qu'il observe les formes que lui impose la convention ou la loi dont il tient ses pouvoirs.

1. Laurent (T. XXXII, n° 124) ; Aubry et Rau (T. II, n° 45, § 215).

C'est ainsi que, dans le cas où la possession appartient à un mineur, le tuteur ne pourra valablement consentir une reconnaissance interruptive de la prescription, qui court au profit de son pupille, sans remplir toutes les formalités, auxquelles il doit satisfaire, quand il s'agit pour lui d'acquiescer à une demande immobilière, car il y a bien une analogie décisive entre l'acquiescement, et une reconnaissance interruptive de prescription.

S'agit-il au contraire de la reconnaissance d'une dette, contre laquelle court une prescription extinctive, je doute qu'on doive obéir aux mêmes considérations, bien que certains auteurs, notamment M. Laurent (1), maintiennent la même analogie que dans l'hypothèse précédente et n'hésitent point à déclarer que celui-là seul peut consentir une reconnaissance interruptive de prescription qui pourrait disposer du droit qu'il est en voie de prescrire. Je ne crois pas devoir me ranger à cette opinion, et, à mon avis, quiconque jouit de l'administration d'un patrimoine a, par là même, la capacité de faire une reconnaissance interruptive de la prescription d'une dette de ce patrimoine. Et, en effet, tout administrateur peut et doit payer les intérêts des capitaux ou les arrérages des rentes qui forment le passif du patrimoine qu'il gère, il peut faire un paiement partiel à titre d'a-compte ou demander un délai pour acquiter la dette. Or s'il est incontestable que, par de tels actes, il puisse valablement interrompre la prescription, je ne vois aucune raison pour lui interdire de l'interrompre de toute autre manière et notamment par une reconnaissance expresse. Bien au contraire il y a des motifs, et des motifs sérieux, pour reconnaître à l'administrateur la capacité que nos adversaires lui veulent dénier : elle peut être, en effet, le seul moyen de prévenir des poursuites, auxquelles il ne serait possible de répondre actuellement, qu'au prix de lourds sacrifices, poursuites que le créancier se refuserait certaine-

---

1. Laurent (T. XXXII, n° 124).

ment à différer, s'il n'avait que ce moyen d'arrêter le cours d'une prescription sur le point de s'accomplir.

Aussi, je n'hésite pas à conclure qu'on doit accorder à l'administrateur un pouvoir qu'il importe si fort de lui reconnaître et que les principes ne commandent nullement de lui refuser, puisque la reconnaissance, interruptive de prescription, se rapproche bien plus d'un acte d'administration (dans certaines hypothèses, c'est à proprement un acte de pure administration), que d'un acte de disposition (1).

La jurisprudence est en ce sens : c'est ainsi que par un arrêt du 26 juin 1821, la Cour de cassation a jugé que le tuteur pouvait, par une reconnaissance, interrompre la prescription qui courait au profit de son pupille. C'est aussi la doctrine qui ressort d'un arrêt plus récent de cette même Cour, c'est un arrêt de rejet du 5 février 1872 (Dalloz, 1872, I, 246) (2).

Une dernière question reste à résoudre : comment se fait la preuve de la reconnaissance interruptive de prescription? Par son silence, le Code se réfère évidemment au droit commun. S'il en est ainsi, la preuve testimoniale ne pourra être admise dès que l'objet du litige sera supérieur à 150 francs, à moins, bien entendu, qu'il ne s'agisse d'une dette commerciale, puisque, en matière de commerce, la preuve testimoniale, et, partant, de simples présomptions sont admissibles *in infinitum*. On voit, dès lors, combien il importe de déterminer quel est au juste l'objet du litige quand il porte sur l'existence même de la reconnaissance. La réponse n'est pas douteuse : c'est l'intérêt qu'a le débiteur ou le possesseur à ce que la prescription lui soit acquise, et, par con-

---

1. Aubry et Rau (t. II, n° 46, § 215).

2. Toutefois ce dernier arrêt n'a point la même portée que le précédent : il s'agit en effet d'une reconnaissance émanant d'un mandataire conventionnel Or, en pareil cas, la question est surtout de savoir si l'acte, qui implique la reconnaissance, est ou non compris dans les limites du mandat.

séquent, c'est le montant de la dette, c'est la valeur de la propriété, dont la prescription aura été interrompue si la reconnaissance est prouvée, qu'il faut prendre en considération, ce n'est nullement l'importance pécuniaire du fait constitutif de la reconnaissance ; il est d'évidence, en effet, que ce n'est point ce fait lui-même, c'est surtout et avant tout la reconnaissance que le débiteur ou le possesseur entend contester. Ainsi, dans le cas où le créancier invoque un paiement d'intérêts ou d'arrérages, à l'effet d'établir que la prescription a été interrompue, il faudrait se garder de croire qu'on doive s'attacher au chiffre de ce paiement ; c'est le montant du capital qui devra déterminer si la preuve testimoniale est ou non admissible.

Appliquant à l'administration de la preuve testimoniale, en matière de reconnaissance interruptive de prescription, la règle écrite dans l'article 1341, on est logiquement conduit à en tempérer l'application par les dérogations que, de droit commun, on y doit apporter.

C'est ainsi qu'on doit l'admettre, même au-dessus de 150 francs, s'il y a un commencement de preuve par écrit. L'article 1347 détermine à quelles conditions doit satisfaire un acte pour servir de commencement de preuve par écrit, et il n'est pas douteux que, toutes ces conditions, nous les devrons trouver réunies dans l'acte invoqué, par un créancier, à l'effet de se faire autoriser à établir par témoins, la reconnaissance d'une dette civile supérieure à 150 francs. Il est, par suite, inconstestable qu'on ne saurait voir un commencement de preuve par écrit dans les mentions que peut faire le créancier lui-même dans le registre, où il a coutume d'inscrire les paiements qu'il reçoit. alors que ces paiements seraient tels qu'ils impliquent reconnaissance de la dette. La question a cependant été portée devant la Cour de Cassation, tant est grande la faveur qui s'attache à l'interruption de prescription, lorsqu'elle peut permettre de repousser l'exception de prescription opposée par un débiteur dont la mauvaise foi est manifeste. Mais cette faveur, si justifiée qu'elle soit ne peut permettre de violer les principes, que la Cour de cassation n'a pas hésité à reconnaître (Rejet 11 mai 1842; Dalloz, *Prescription*, n° 608).

D'autre part, il n'est pas douteux qu'on pourra considérer comme constituant un commencement de preuve par écrit une simple lettre missive. Mais faut-il aller plus loin et considérer une simple lettre missive comme une preuve littérale complète? La tradition est en ce sens et il ne me semble point impossible de concilier la tradition, avec les principes de notre droit sur la preuve littérale résultant des actes sous-seing privé. En effet, le Code ne soumet à des formes obligatoires que certaines catégories d'actes sous-seing privé (1325-1326), dans lesquelles ne rentrent certainement pas les actes susceptible de constater une reconnaissance ; c'est dire que ces actes ne sauraient être soumis à d'autres conditions de validité que la signature et, par suite, dès que la lettre est signée, ou du moins dès que la signature est reconnue ou vérifiée, elle doit valoir comme preuve littérale de la reconnaissance. Ce sera donc aux juges du fait de déterminer si la lettre missive constitue une preuve complète ou un simple commencement de preuve par écrit et les décisions qu'ils rendent en cette matière échappent à la censure de la Cour de cassation ; c'est du reste ce qu'elle a reconnu par un arrêt du 21 décembre 1830 (Dalloz, prescription, n° 573) : « Attendu, dit la Cour, que l'exception d'interruption était fondée sur des lettres missives ; qu'il était dans les attributions exclusives de la Cour royale d'apprécier le mérite de ces lettres et leur application à la cause... »

Une seconde exception que, de droit commun, on doit apporter à la règle générale de l'article 1341 résulte de l'article 1348 : c'est le cas où le créancier n'a pas eu la possibilité de se procurer une preuve littérale.

La question est de savoir si cette exception est susceptible de recevoir des applications en notre matière ? S'il s'agit d'une rente, la négative est certaine, puisque l'article 2263 donne au crédirentier un moyen facile de s'assurer toujours une preuve littérale de l'existence actuelle de la rente, en lui permettant de contraindre le débi-rentier à lui fournir un nouveau titre, dès que l'ancien a plus de 28 ans de date (1). S'agit-il d'une créance autre qu'une rente, le créancier peut, tout aussi bien que le crédirentier, obliger son débiteur à passer une reconnaissance écrite de la dette, sauf à en supporter lui-même les frais car c'est seulement le débi-rentier que la loi astreint à l'obligation de fournir plus d'un titre à ses frais et les obligations légales sont de droit strict (2). Dès lors l'exception de l'article 1348 ne me semble pas de nature à être appliquée en notre matière. On a bien parlé d'une impossibilité morale qui résulterait de la pauvreté du créancier, si cette pauvreté est telle qu'elle ne puisse lui permettre les frais, que nécessite la passation d'actes écrits. C'est faire la loi sous couleur de l'interpréter. Il suffit de lire l'article 1348 pour se convaincre que la loi ignore les prétendues impossibilités morales qu'on invoque, et, par suite, l'allégation d'une impossibilité de cette nature

1. De l'article 2263 il faudrait se garder de conclure que le crédi-rentier ne peut prouver l'interruption de prescription que par un titre nouvel : ce serait tourner contre lui une disposition écrite en sa faveur. Ainsi tout aussi bien que le titre nouvel, une contre quittance est susceptible de prouver l'interruption de prescription. Ce que la loi exige, c'est que le crédi-rentier apporte une preuve littérale de la reconnaissance, mais, du moment qu'il en présente une, la loi est satisfaite, car on ne peut songer à proscrire, en se fondant sur l'article 2263, ces actes qui, de droit commun feraient preuve complète du fait qui y est relaté.

2. Il est facile de comprendre la différence faite, à ce point de vue, par la loi, entre une créance ordinaire et une rente ; tandis que le législateur n'avait pas à prévoir le cas, fort exceptionnel, où une créance serait encore due trente ans après son exigibilité, il devait au contraire se préoccuper de l'hypothèse fort normale, où une rente subsisterait encore, 30 ans après le contrat qui lui a donné naissance.

ne doit pas être susceptible d'autoriser l'administration de la preuve testimoniale alors que, étant donné le montant du litige, la preuve littérale est requise.

En résumé, partout où le montant de la dette ou la valeur de la propriété excède 150 francs, le créancier ou le propriétaire, qui prétend la prescription interrompue par la reconnaissance du débiteur ou du possesseur, doit apporter une preuve littérale de la reconnaissance qu'il invoque, à moins qu'il ne se trouve dans une des hypothèses exceptionnelles, où la loi autorise l'admission de la preuve testimoniale, même au-dessus de 150 francs.

Si la preuve littérale lui fait défaut, la seule ressource du créancier ou du propriétaire sera de déférer le serment au débiteur ou au possesseur sur le fait de la reconnaissance, car on ne peut songer à lui refuser cet *ultimum subsidium* en présence de la généralité du texte de l'article 1358. Sans doute on ne peut, à celui qui oppose la prescription, déférer le serment sur le point de savoir si la dette a été effectivement payée ou la propriété réellement acquise, sauf dans les hypothèses exceptionnelles où la loi autorise le créancier à user de cette ressource suprême (2275). Mais ce n'est nullement sur ce point que porte la délation de serment : elle vise uniquement la question de savoir si la prescription a été ou non interrompue, en d'autres termes, on ne met pas en question le point de savoir si la sûreté qui résulte de la prescription est à bon droit assurée au possesseur ou au débiteur qui s'en prévaut, mais si elle lui est d'ores et déjà acquise. Toutes différentes sont donc les deux questions et, dès lors, de ce que la délation de serment ne peut avoir trait à l'une d'elles, on ne peut conclure qu'elle ne saurait porter sur l'autre.

CHAPITRE II

DES EFFETS DE L'INTERRUPTION CIVILE.

Avant de préciser quels sont les effets de l'interruption civile, il importe de déterminer au regard de quelles personnes ces effets se produisent, comme aussi de préciser quels sont aussi, étant donné un acte interruptif, les droits dont il va prévenir l'extinction par prescription. Car c'est seulement alors qu'on connaît ce que j'appellerai la portée tant réelle que personnelle de ces effets qu'il peut être utile de savoir quelle est au juste leur influence sur le cours de la prescription. C'est donc à cette double étude que sera consacrée la première section de ce chapitre, et c'est seulement dans une seconde section que nous nous attacherons à préciser les effets que sont susceptibles de produire les actes, auxquels la loi reconnaît la puissance d'interrompre civilement le cours de la prescription.

SECTION I

De l'étendue réelle et personnelle des effets de l'interruption civile.

Quand on se trouve en présence d'un acte interruptif de prescription, la première question qui se pose, est évidemment celle de savoir à quel droit s'applique cet acte, en d'autres termes, quelle prescription va être interrompue ? La réponse est aisée : elle se résume en un vieil adage : *Non fit interruptio de re ad rem, nec de quantitate ad quantitatem.*

Il n'est pas besoin d'insister sur la règle elle-même : elle ressort de la notion même des actes, susceptibles d'interrompre civilement le cours de la prescription. J'ai deux droits à faire valoir contre Primus, il va de soi que si je n'exerce ou si Primus ne reconnaît qu'un seul d'entre eux, la prescription qui court contre l'autre ne peut être interrompue.

La véritable difficulté est de déterminer les différentes hypothèses, dans lesquelles on doit écarter l'application de cette règle.

Et d'abord, elle ne saurait être appliquée, lorsque, des deux droits qui appartiennent à un créancier contre un même débiteur, l'un n'est que l'accessoire de l'autre, car l'existence d'un de ces droits impliquant nécessairement celle de l'autre, il ne peut s'agir de limiter à celui-là seul, qui en fait l'objet, l'affirmation ou la reconnaissance, qui, pourtant, ne vise expressément qu'un seul d'entre eux. Ainsi, bien que le prêteur à intérêts ait un double droit, le droit au paiement des intérêts, le droit au remboursement du capital, l'un de ces droits au moins n'a pas une existence propre et indépendante, il n'est que l'accessoire de l'autre, ce qui exclut l'application de notre règle. Et, en effet, le créancier ne peut demander et obtenir le paiement des intérêts que si le capital lui est dû et, par suite, la demande relative aux intérêts doit interrompre la prescription du capital. D'autre part, la demande relative au capital doit nécessairement interrompre la prescription des intérêts, car ceux-ci ne sont que l'accessoire de la créance, et l'interruption de prescription conserve toute la créance, c'est-à-dire la créance avec ses accessoires. Ce que nous disons du prêteur à intérêts, nous devons le dire du crédi-rentier, puisque la seule différence qui existe entre eux, vient de ce que le second n'a qu'un droit éventuel au remboursement du capital, mais, tout aussi bien qu'un droit exigible, un droit éventuel peut être légalement affirmé et c'est bien là l'effet d'une demande en paiement d'arrérages, puisqu'ils ne peuvent être dus que si le droit à la rente existe encore.

La même dérogation doit être apportée à notre règle en faveur du créancier hypothécaire, au moins tant que l'immeuble hypothéqué reste aux mains du débiteur personnel, car autre doit être la solution dans le cas où l'immeuble hypothéqué est aux mains d'un tiers détenteur.

On doit, en second lieu, écarter l'application de la règle : *Non fit interruptio de re ad rem, nec de quantitate ad quantitatem*, alors qu'il s'agit d'une de ces actions que d'Argentré appelait des *judicia universalia* : telles sont les actions en pétition d'hérédité en partage d'une succession, en liquidation d'une société. Dès qu'une de ces actions est intentée, on doit déclarer interrompue la prescription de tous les droits que peut réclamer le demandeur en qualité d'héritier, ou qu'il y a lieu de comprendre dans le partage ou dans la liquidation, alors qu'ils ne seraient pas spécialement énumérés et visés par l'exploit introductif d'instance. Ce n'est point, en effet, tel ou tel droit déterminé que réclame le demandeur, c'est l'ensemble des droits auxquels il peut prétendre en vertu de son titre et, par suite, sa demande comprend virtuellement tous les droits qui peuvent exister à son profit, si la justice reconnaît le titre qu'il demande à établir.

La jurisprudence est en ce sens. C'est ainsi que la Cour de cassation a jugé, le 6 décembre 1852 (1), que l'introduction d'une instance en partage interrompt la prescription de tous les droits et actions que le demandeur peut avoir à exercer en qualité de co-pargeant. La Cour de Bordeaux, faisant l'application des mêmes principes, a pareillement reconnu, par un arrêt du 18 juillet 1840 (Dalloz, prescription, n° 672), qu'une demande en liquidation renferme nécessairement la demande de procéder à tous les comptes qui y sont relatifs.

Les raisons mêmes, qui nous permettent de repousser l'applica-

1. Dalloz (1852, I, 50).

tion de notre règle, alors que l'acte interruptif est un *judicium universale*, nous conduisent à admettre qu'une dérogation de même nature doit y être apportée, toutes les fois que l'action intentée comprend virtuellement celle qu'on prétend prescrite, faute d'avoir été exercée, en d'autres termes quand l'existence du droit, que le créancier ou le propriétaire a mis en mouvement, est nécessairement subordonnée à celle d'un autre droit. Dans ce cas, en effet, il va de soi que le créancier ou le propriétaire, bien qu'il ne réclame expressément qu'un seul de ses droits, entend se prévaloir de tous les droits à l'existence desquels est subordonné le succès de sa demande. Ainsi le demandeur demande le délaissement d'un immeuble, possédé en vertu d'une vente, sans d'ailleurs invoquer expressément la nullité de la vente. Est-ce à dire que la prescription de l'action en nullité ne soit point interrompue ? La question ne saurait faire l'objet d'un doute : demander le délaissement d'un immeuble, possédé en vertu d'une vente, c'est demander implicitement, il est vrai, mais néanmoins bien nettement, la nullité de la vente puisque, nanti en vertu d'une vente, un possesseur ne peut être tenu à délaisser que si la vente est nulle. Il en résulte que le possesseur ne peut pas plus invoquer la prescription de l'action en nullité, pour repousser l'action en délaissement, qu'il ne pourrait prétendre cette dernière prescrite alors que le demandeur se serait borné à agir en nullité. C'est ce qu'a reconnu la cour de Cassation par un arrêt de rejet du 23 novembre 1820 (Dalloz, Prescr. n° 657). Mais s'il doit en être ainsi quand l'affirmation expresse d'un droit vaut affirmation virtuelle d'un second droit, la simple connexité de deux droits ne saurait autoriser la même dérogation à notre règle : aussi c'est avec raison, à mon avis, que la cour de Cassation a refusé de voir dans l'action en réduction d'un prix de vente consistant en une rente, une cause d'interruption de la prescription des arrérages de la dite rente.

Sans doute, les deux demandes sont connexes, les deux droits, qui_en font l'objet, dérivent bien d'un même contrat ; mais ils sont, d'autre part, absolument distincts, l'existence de l'un n'implique nullement l'existence actuelle de l'autre et, par suite, il est impossible de prétendre que l'affirmation de l'un puisse interrompre la prescription qui court contre l'autre (1).

Dans les différentes hypothèses où l'interruption de prescription, qui résulte de l'introduction de la demande, peut être étendue à un droit autre que celui-là même que vise textuellement l'exploit d'ajournement, nous avons toujours supposé que ces deux droits avaient à être exercés contre une même personne, car on ne saurait maintenir la même solution quand cette condition n'est pas remplie. C'est ainsi que l'action en résolution ou en nullité, formée contre l'aquéreur, ne saurait interrompre la prescription de l'action en délaissement contre le sous-acquéreur, de même que le demandeur peut agir en délaissement contre le tiers acquéreur, sans que, pour cela, soit interrompue la prescription de l'action en nullité ou en résolution qui lui appartient contre l'acquéreur, mais c'est alors moins la règle : *Non interruptio fit de re ad rem*, qui s'y oppose que celle qu'il nous reste maintenant à examiner.

A la différence de l'interruption naturelle qui résulte d'un fait matériel, l'interruption civile résulte d'un acte judiciaire ou d'une convention. Or tandis qu'un fait matériel existe *erga omnes*, l'acte judiciaire comme la convention n'existent, et, par suite, ne peuvent être invoqués que par ceux qui y figurent comme parties, ou contre eux : *res inter alios acta aliis neque prodest neque nocet.* De là l'axiome qu'on a tiré d'un passage de d'Argentré : *Non fit interruptio civilis de persona ad personam.*

Le principe est certain : tous s'accordent à le reconnaître. Sans doute, nous ne le trouvons point écrit dans un texte formel, mais la loi le suppose bien clairement par les exceptions qu'elle y apporte,

____

1. Cassation 21 avril 1863 (Dalloz 1863, I. 46).

en cas de solidarité ou d'indivisibilité. Au reste, qu'est-il besoin d'un texte qui le consacre, puisqu'il résulte de la notion même des actes susceptibles de produire l'interruption civile ?

Et d'abord, nul doute qu'il ne faille l'appliquer alors que, pour obtenir ce qui lui est dû, le propriétaire ou le créancier doit agir contre deux personnes distinctes par deux actions différentes : c'est, par exemple, une action en résolution qui m'appartient contre l'acquéreur, c'est une action réelle que je dois intenter contre le sous acquéreur, l'action que j'introduis contre l'un ne saurait interrompre la prescription de l'action qui m'appartient contre l'autre.

La même solution s'impose alors qu'un même droit peut être exercé contre plusieurs personnes ou appartient à plusieurs, sans qu'il existe, entre ces différentes personnes, un autre lien que la communauté d'intérêts : il s'agit par exemple de co-propriétaires par indivis, de co-créanciers ou de co-débiteurs simplement conjoints. Il ne serait, en effet, possible d'admettre la solution contraire que si la loi avait placé, à côté des exceptions qu'elle apporte à notre règle, la simple communauté d'intérêts : son silence est décisif, car, dans cette hypothèse, les principes ne permettent point de suppléer au silence de la loi. Ainsi donc, les actes interruptifs, qui émanent de l'un des co-créanciers ou des co-propriétaires, ne peuvent pas plus interrompre la prescription au profit de ceux qui n'y figurent point que, d'autre part, les co-débiteurs ou co-propriétaires ne peuvent se voir opposer, à cette fin, un acte interruptif adressé à un seul d'entre eux.

La doctrine contraire a pourtant été soutenue, au moins quand il y a lieu à interruption de prescription entre cohéritiers avant le partage ou entre coassociés ou coacquéreurs qui possèdent en commun, et quelques arrêts l'ont admise, notamment un arrêt de la Cour de Riom du 29 décembre 1808 et un autre arrêt de la Cour de Bourges du 28 juin 1825 (Dalloz, *Prescription*, n° 631). C'est la tradition qui a entraîné les cours dans cette voie : plusieurs coutumes, entre autres celles du Bourbonnais et du Nivernais avaient formellement attribué des effets absolus à l'interruption civile de la prescription des droits indivis ainsi que des dettes ou créances communes. Domat, sur la loi 5 (C. *De duobus reis*, VIII, 60) n'hésite pas à décider que l'interruption civile, qui s'adresse à un seul des codébiteurs, simplement conjoints, peut être invoquée contre les autres, de même que tous les créanciers peuvent s'en prévaloir alors qu'elle émane d'un seul d'entre eux. Lebrun (*Traité des successions*, l. 4, ch. I, n° 51) soutient la même opinion et Chabrol, sur l'article 218 de la Coutume d'Auvergne, résume sur ce point la tradition, en cherchant à la justifier : « Il en est des héritiers du débiteur, comme des coobligés mêmes, tant que ces héritiers n'ont pas fait le partage. Ils sont censés mandataires les uns des autres à cet égard. Ainsi l'interruption faite contre l'un est réputée faite contre la succession même. Et si, pour un droit appartenant à plusieurs personnes en commun, un seul agissait pour le tout, sa demande interromprait aussi la prescription pour la totalité. Chacun de ceux qui possèdent un droit par indivis est réputé procureur fondé des autres, et il peut agir pour la totalité. »

Il faudrait toutefois se garder de croire que sur ce point la tradition soit unanime. Despeisses (T. II, p. 250) Dunod et Pothier (n° 698. Tr. des Obligations), pour ne citer que les plus autorisés, se prononcent formellement dans le sens des vrais principes. Et, en effet, l'indivision n'empêche nullement que les communistes aient des droits ou des obligations distinctes ; il n'existe entre eux qu'une communauté d'intérêts. C'est là un point sur lequel les controverses, qui s'étaient élevées dans notre ancienne jurisprudence et qui se comprenaient facilement du reste à une époque où plusieurs coutumes consideraient les cohéritiers comme solidairement tenus de toutes les dettes héréditaires, ne sont plus aujourd'hui possibles, en présence du texte des articles 873 et 1222 qui reconnaissent formellement la doctrine, qui, du reste, avait déjà prévalu dans notre ancien droit : la division des dettes comme des créances s'opère *ipso jure*, dès l'instant de la mort du de cujus, entre tous les cohéritiers. Or, s'il en est ainsi, il me paraît impossible de ne point appliquer ici la règle à laquelle on veut déroger. On invoque, il est vrai, un prétendu mandat qu'il y aurait lieu de présumer entre communistes, tant au moins que dure l'indivision. Mais, sans avoir à examiner le bien fondé de cette présomption, nous sommes autorisés à la repousser par cela seul qu'elle est étrangère à nos textes, puisque la présomption légale n'existe que là où une loi spéciale l'attache à certains actes où à certains faits : c'est la disposition de l'article 1350. Le silence de la loi doit donc suffire à faire écarter une présomption d'ailleurs fort contestable même en théorie. Aussi, bien que certains arrêts aient adopté l'opinion que nous combattons, nous devons constater que la jurisprudence s'est prononcée généralement dans le sens des vrais principes ; ce sont ces principes qu'a reconnu la Cour de Paris, le 8 juin 1825 (Dalloz, prescription, 630) :

« Attendu, dit la Cour, que les droits des cohéritiers étant divisibles et indivisés, la prescription a pu être interrompue à l'égard de l'un et par l'un sans l'être à l'égard de ses cohéritiers », et que proclame plus nettement encore, par un arrêt du 8 janvier 1839, la Cour de Limoges : « Attendu, dit-elle, que c'est un principe constant en droit que les actes interruptifs de prescription ne profitent qu'à celui qui les fait, sauf les cas d'indivisibilité ou de solidarité, et que ces exceptions ne sont nullement applicables en matière de succession, où les droits de chaque héritier sont distincts et personnels. »

La règle que nous venons d'établir n'étant point absolue, il nous faut donc déterminer les exceptions qu'on y doit apporter. Examinons d'abord celles que nous trouvons établies par un texte formel. La première résulte de la solidarité : les articles 1206 et 2249-1° repoussent en cas de solidarité passive l'application de la règle dont l'article 1199 décide qu'on doit s'écarter en faveur des cocréanciers solidaires ; ainsi les codébiteurs solidaires ne peuvent se prévaloir de la règle : *Non fit interruptio civilis de persona ad personam,* pas plus que les cocréanciers solidaires ne peuvent se la voir opposer.

L'article 1199 porte que « tout acte qui interrompt la prescription à l'égard de l'un des créanciers solidaires profite aux autres créanciers. » Cette dérogation s'explique par le mandat tacite que se donnent réciproquement les créanciers solidaires de faire les actes utiles à tous ; or, il importe avant tout d'empêcher la prescription, afin de conserver la créance. De là pour eux le droit d'interrompre la prescription pour le tout.

Si l'un des créanciers solidaires vient à mourir laissant plusieurs héritiers, on doit, par analogie, appliquer la disposition de l'article 2249-2° et 3°. Cette disposition ne fait qu'appliquer spécialement à la solidarité passive ce principe que la solidarité ne rend nullement indivisible la dette ou la créance qui en est revêtue. Or, en cas de mort de l'un des créanciers solidaires, la créance se divise entre tous ses héritiers, et, dès qu'il y a division, l'interruption de prescription, émanant de l'un des héritiers, ne peut plus se faire que pour la part qui lui appartient dans la créance.

Arrivons à l'exception qui résulte de la solidarité passive : nous la trouvons indiquée dans l'article 1206 dont l'article 2249 reprend et complète les dispositions. Cette exception apportée à la règle est traditionnelle : nous la trouvons écrite dans un texte de Justinien, la loi 5, C. (De Duobus Reis VIII, 40) et notre ancienne jurisprudence l'avait admise. Pothier la justifiait en ces termes : « Le droit que j'ai contre plusieurs débiteurs solidaires est un seul et même droit personnel, qui réside dans ma personne. C'est pourquoi, en interpellant l'un des débiteurs, j'use de mon droit pour le total et j'interromps le temps de la prescription, non seulement contre le débiteur que j'ai interpellé mais contre les autres, car le droit que j'ai contre eux n'étant pas un droit différent mais précisément le droit même que j'ai contre le débiteur interpellé : en usant pour le total du droit que j'ai contre lui, j'ai usé de celui que j'ai contre eux (1). » Cette argumentation n'est rien moins que concluante, car l'unité de la dette n'empêche nullement que chaque débiteur ne soit tenu par un lien individuel, en d'autres termes, il y a autant de liens qu'il y a de débiteurs, et, par suite, il semblerait logique que la prescription ne fût interrompue au regard de tous que si tous ont été spécialement interpellés. Aussi n'est-ce pas à ce point de vue qu'il faut se placer pour justifier la dérogation écrite dans nos articles 1206 et 2249, dérogation dont on ne peut, à mon avis, rendre raison sans faire intervenir une idée autre que celle de l'unité de la dette : celle de la société que forment les codébiteurs, en s'engageant, en répondant, pour ainsi dire, les uns pour les autres, société qui implique un mandat de conserver la dette dans l'intérêt du créancier, et par suite, en conservant son droit contre l'un d'entre eux, le créancier le conserve nécessairement contre tous les autres, puisque le débiteur interpellé est, à cet effet, le mandataire des autres.

Dans le cas où l'un des codébiteurs vient à mourir laissant plusieurs héritiers, on doit, puisque rien n'autorise une dérogation au grand principe de la division des dettes, décider que chacun d'entre eux n'est tenu solidairement que pour sa part héréditaire. Ce sont du reste, les conséquences de ce principe que l'article 2249, 1° et 3° applique rigoureusement à l'interruption de prescription : adressée à l'un des cohéritiers, l'interpellation n'interrompt pas la prescription au regard des autres, puisqu'il n'existe entre eux aucun autre lien que la communauté d'intérêt, et elle ne l'interrompt, au regard des cohéritiers du *de cujus*, que pour la part dont est tenu

_____

1. Pothier, *Traité des obligations*, n° 698).

l'héritier interpellé, puisque c'est dans cette mesure seulement que l'héritier a succédé au mandat donné à son auteur.

L'art 1206 n'avait parlé que de l'interpellation judiciaire, l'article 2249 met sur la même ligne la reconnaissance de la dette. Il va de soi qu'on ne peut lui reconnaître des effets identiques à ceux de l'interpellation que si elle est consentie avant que soient achevés les délais de la prescription. Intervenant alors que la prescription est acquise, ce n'est plus une interruption de la prescription, ce n'est peut être qu'une renonciation aux effets de celle-ci, renonciation dont les effets doivent, bien entendu, être limités à celui dont elle émane, car il ne peut s'agir d'invoquer la solidarité alors qu'il n'y a plus de dette.

Une seconde observation doit être faite sur la reconnaissance souscrite par l'un des codébiteurs d'une dette solidaire. C'est, nous l'avons dit, par un mandat tacite, donné de codébiteur à codébiteur, que nous avons justifié la dérogation apportée à notre règle et, par suite. ce sont les limites de ce mandat qui doivent nous permettre de préciser l'étendue de cette dérogation. Or les débiteurs ne se donnent mandat que pour conserver la dette ; c'est, pour employer les termes consacrés, un mandat *ad perpetuandam non ad augendam obligationem.*

Il en résulte une conséquence importante dans le cas du moins ou la reconnaissance émanant de l'un des codébiteurs a pour effet, non seulement d'interrompre, mais d'intervertir la prescription, car, nous le verrons, tel peut être l'effet d'une reconnaissance interruptive d'une courte prescription : c'est que si, par suite de cette reconnaissance, la prescription est interrompue au regard de tous, elle n'est intervertie qu'à l'égard de son auteur. La Cour de Rouen a cependant jugé le contraire, le 5 mars 1842 (Dalloz, prescription, 623). C'est à mon avis, méconnaître les termes du mandat, qui, seul, peut justifier la dérogation apportée à la règle : *Non fit interruptio civilis de persona ad personam*, en matière de solidarité.

La seconde exception, que le législateur apporte à notre règle, résulte de l'indivisibilité du droit et de la créance dont la prescription est interrompue. Cette seconde exception est écrite dans les articles 709 et 2249, 2° du Code civil. Examinons successivement ces deux dispositions. L'article 709 est relatif aux servitudes : de ce que celles-ci sont indivisibles, c'est-à-dire ne peuvent pas plus exister au profit qu'à la charge d'une part indivise d'un fonds, le législateur conclut que tout acte, de nature à interrompre la prescription au profit de l'un des propriétaires du fonds dominant, doit l'interrompre au profit de tous, puisque le droit n'est pas susceptible d'être conservé pour parties. Bien plus, la généralité du texte de l'article 709 conduit à donner la même solution alors qu'il s'agirait d'une servitude divisible. Sans doute, la décision de l'article 709 s'explique et se justifie par l'indivisibilité du droit sujet à la prescription, mais il n'importe, puisque le texte vise non point les servitudes indivisibles mais toutes les servitudes, et partant l'interprète n'a pas à distinguer là où la loi ne distingue pas. C'est en ce sens du moins que se prononcent la majorité des auteurs (1), bien que, d'autre part, on soutienne que, nonobstant la généralité du texte, la distinction doit être faite puisqu'elle est commandée par les principes (2).

L'article 2249 reproduit, en l'étendant à tout autre droit indivisible, l'exception que l'article 709 établit en faveur des servitudes réelles. Il est bien vrai que la loi ne vise textuellement que les actes interruptifs adressés à l'un des codébiteurs d'un droit indivisible, mais ce n'est point à dire que nous devions, au profit des cocréanciers d'un droit de cette nature, dénier aux actes inter-

1. Demante (T. II, n° 568, bis) ; Demolombe (t. XII, n°s 997 et 993).
2. Laurent (T. VIII, n° 323).

ruptifs de prescription, les effets absolus que la loi leur attribue expressément à l'encontre des codébiteurs, alors qu'ils ne s'adressent qu'à l'un d'entre eux, pas plus du reste que nous ne devons limiter l'exception écrite dans l'article 709 aux actes d'interruption, émanant de l'un des copropriétaires du fonds dominant, sans prétexte que la loi ne l'étend point aux actes interruptifs dans lesquels ne figure qu'un seul des copropriétaires du fonds servant. Sur ce dernier point, d'ailleurs, l'article 710 me paraît fournir un argument concluant ; car il y a bien un *a fortiori* légitime à étendre à l'interruption de prescription la solution donnée pour la suspension. Mais l'argument capital et décisif c'est la généralité même des motifs, qui, lorsqu'il s'agit d'un droit indivisible, expliquent la dérogation apportée à la règle : *Non fit interruptio civilis de persona ad personam.* Si, en effet, le créancier qui agit contre l'un de plusieurs codébiteurs d'une même obligation, interrompt la prescription du droit au regard de tous, par cela seul que, l'objet de cette obligation n'étant pas susceptible de parts, son action s'applique au droit tout entier, il est impossible que l'action, par laquelle l'un de plusieurs créanciers réclame l'exécution d'un droit de cette nature, n'ait pas pour conséquence de maintenir le droit au regard de tout autre, puisque pas plus la pluralité des créanciers que celle des débiteurs ne peut rendre possible l'exercice partiel du droit.

Est-ce à dire que ces motifs soient tels qu'ils justifient la dérogation apportée a notre règle ? Sur ce point je n'hésite pas à répondre négativement. C'est par une confusion entre l'indivisibilité et la solidarité que le législateur a été conduit à établir une exception que l'indivisibilité de l'obligation n'était pas de nature à justifier. Sans doute, quand il s'agit d'une dette indivisible, le créancier peut agir, il est même contraint d'agir pour le tout, sans que la pluralité des créanciers ou des débiteurs puisse l'obliger à diviser son action, il n'en résulte nullement que ce qui est fait par l'un puisse être réputé fait contre tous. S'il en est ainsi, en cas de solidarité, c'est par suite du mandat qui existe entre co-créanciers ou co-débiteurs : ils sont associés et mandataires pour conserver la dette et, par suite, maintenue au regard de l'un, elle doit l'être au regard de tous. Mais entre co-créanciers ou co-débiteurs d'une dette indivisible, il n'y a ni société ni mandat, et, partant, il ne peut s'agit de mettre sur la même ligne la dette solidaire et la dette indivisible en ce qui concerne les effets absolus donnés aux actes interruptif de prescription. Ainsi donc, à mon avis, l'assimilation faite par le legislateur ne peut se justifier par les principes ; elle s'explique par la tradition. C'est ainsi que nous trouvons déjà faite par Pothier, le guide habituel des rédacteurs du Code civil, la confusion que nous reprochons à ces derniers, confusion à laquelle le grand jurisconsulte était, du reste, fatalement amené par le point de vue où il se plaçait, bien à tort suivant moi, pour justifier l'exception admise en cas de solidarité. Si, en effet, on la justifie par cette considération que, lors même qu'un seul des co-créanciers agit où un seul des co-débiteurs est poursuivi, c'est néanmoins le droit tout entier qui est exercé, on est logiquement amené à l'étendre au cas où, par suite de l'indivisibilité de son objet, le droit est nécessairement exercé pour le tout, alors quil n'est réclamé que par un seul de ceux auquels il appartient ou contre un seul de ceux qui y sont soumis.

Mais de ce qu'une chose ne peut être due en partie, il n'est. à mon avis, nullement nécessaire de conclure que, dès qu'elle est due par un débiteur ou à un créancier, elle est par la même due à tous ou par tous. Du rester la loi elle-même a su parfois s'affranchir de la prétendue nécessité, à laquelle elle a cru devoir obéir en ce qui concerne l'interruption de prescription. Ainsi, quand un des créanciers d'une dette indivisible fait remise de la créance, on aurait pu dire qu'il fait remise de toute la dette puisque celle-ci n'est pas susceptible de parts et que, par suite, la remise s'applique nécessairement à la dett toute entière. Néanmoins la loi dans l'article 1224 repousse cette exagération du principe de l'indivisibilité et c'est avec raison, car l'impossibilité de l'extinction partielle d'un droit indivisible n'entraîne nullement celle de ne faire jouir le débiteur de la remise à lui consentie que pour la part du créancier qui l'a faite. Rien n'eût empêché d'admettre une solution analogue en ce qui concerne l'interruption de prescription, en d'autres termes de diviser le bénéfice qui résulte de la prescription ; c'eût été satisfaire aux principes d'où découle la règle à laquelle déroge l'article 2249, 2°, sans d'ailleurs porter atteinte aux conséquences de l'indivisibilité. C'est ainsi que, émanant d'un seul des créanciers, l'interpellation, qui ne peut avoir trait qu'à la totalité de la dette, aurait interrompu la prescription pour le tout au profit de son auteur, sauf à lui d'indemniser le débiteur de la valeur du droit que les autres créanciers auraient perdu par la prescription : de même adressée à un seul des débiteurs, elle eût conservé pour le tout la dette à son égard, mais à la charge par le créancier de lui tenir compte des parts que les autres débiteurs eussent dû supporter dans la dette, s'ils n'eussent été libérés par la prescription.

La solution écrite dans l'article 2249, 1° ne se justifiant point par les principes, il en résulte que nous devons strictement l'appliquer, et, par suite, nous ne devrons pas l'étendre aux obligations qui, pour nous servir des termes consacrés, sont indivisibles *solutione tantum*. En effet, dans le langage du Code, ces obligations ne sont nullement indivisibles : l'article 1221 me paraît formel sur ce point : dès lors, l'article 2249, 2° visant seulement les obligations indivisibles, rien ne s'oppose à ce que nous adoptions ici la solution qui, à notre avis, découle les principes. Interrompue à l'égard de l'un des co-débiteurs, la prescription est bien interrompue pour le tout à l'égard de ce dernier, mais elle ne l'est point au regard des autres co-débiteurs : seulement, comme la loi ne permet point de condamner un seul des codébiteurs pour le tout que sous le bénéfice d'un recours contre les autres, le créancier devra lui tenir compte de la part que devaient supporter dans la dette ceux des co-débiteurs au regard desquels son droit est prescrit : rien n'est plus juste, du reste, puisque c'est par la négligence du créancier que le débiteur est privé de son recours (1).

Une troisième exception est écrite dans l'article 2250 : « L'interpellation faite au débiteur principal, ou sa reconnaissance, interrompt la prescription contre la caution. » La solution donnée par notre article tranche une controverse qui existait sur ce point dans l'ancien droit : les rédacteurs du Code civil se sont rangés à l'opinion de Pothier. Or, à mon avis, les adversaires de ce dernier (2) avaient pour eux l'autorité des principes. Vainement Pothier prétend-il que la dette de la caution est identique avec celle du débiteur principal, de même que la dette des divers co-débiteurs solidaires est une seule et même dette. Il n'en est rien, et la preuve c'est que la dette se divise entre plusieurs cautions, tandis qu'elle ne se divise jamais entre plusieurs co-débiteurs solidaires. Pothier ajoute que le contrat est un contrat purement accessoire : « Les fidéjusseurs, dit-il, ne font autre chose par ce contrat qu'accéder à la dette du débiteur principal. Ce contrat ne forme pas proprement une nouvelle créance : la créance que le créancier a contre eux est la même créance qu'il a contre le débiteur principal (3).

Sans doute, la créance contre la caution a le même objet, la même étendue que la créance principale, mais cela n'empêche nullement que la créance soit distincte, qu'elle ne naisse d'un contrat différent et surtout ne doive être exercée contre une personne autre que le débiteur, autant de motifs pour appliquer ici la règle : *Non fit interruptio civilis de persona ad personam.* Le texte

---

1. Voyez en ce sens M. Colmet de Santerre, (t, V, n° 161 bis III) et M. Laurent (T. XVII, n° 423).

2. D'Argentré (art. 266, ch. III, p. 1040) Dunod (part. I, ch. p. 65).

3. Pothier : des obligations, n° 699.

de l'article 2250 tranche le débat, mais il importe d'y insister car il peut nous servir à vider une question sur laquelle le Code ne s'est point expliqué : celle de savoir si l'interpellation faite à la caution interrompt la prescription contre le débiteur principal. En théorie, la solution n'est pour nous pas douteuse : nous l'avons indiquée en réfutant les arguments que Pothier apportait à l'appui de la doctrine contraire. Reste à savoir si la solution qui découle des principes est bien celle du législateur. La plupart des auteurs n'hésitent pas à profiter du silence de la loi, pour appliquer les principes qui doivent reprendre leur empire par cela seul que le législateur n'y a point textuellement dérogé. Je ne crois pas devoir me ranger à cette opinion. La question n'est pas, en effet, de savoir quelle est la solution qui découle des principes mais celle qu'a consacrée le législateur. Or il ne me paraît pas douteux que, en reproduisant l'exception admise par Pothier, le législateur a, par là même, consacré le principe en vertu duquel Pothier avait été amené à l'admettre. Or ce principe, nous l'avons vu, c'est que la créance contre la caution est la même que celle que le créancier a contre le débiteur principal, ce qui nous conduit logiquement à étendre à l'interpellation, adressée à la caution, l'exception de l'article 2250, bien que ce dernier vise seulement l'interpellation adressée au débiteur principal. Ce n'est point à l'interprète de corriger les erreurs de théorie commises par le législateur (1).

Ces trois catégories d'exceptions sont les seules qui soient textuellement apportées à la règle : *Non fit interruptio civilis de persona ad personam.* Tous les auteurs s'accordent à reconnaître qu'elle admet d'autres exceptions, des exceptions virtuelles. Je n'hésite pas à me ranger à l'opinion générale. Et en effet la règle par nous admise, par cela même qu'elle n'est point écrite dans un texte, n'a pour elle que l'autorité des principes, c'est-à-dire une autorité

1. Voyez en ce sens Troplong (n° 635). En sens contraire Aubry et Rau (T. II, n° 66, § 215). Mourlon (T. III, n° 1891); Laurent T. XXXII, n° 152).

purement doctrinale, qui, comme telle, ne saurait prévaloir partout où les dispositions de la loi sont de nature à exiger, même virtuellement, une dérogation analogue à celle que consacrent les articles 2249 et 2250.

Une première hypothèse, dans laquelle il me paraît impossible de ne point déroger à notre règle, c'est l'hypothèse où un possesseur, en voie de prescrire, reconnaît le droit de celui contre lequel il prescrivait. En effet, par suite de cette reconnaissance, il cesse de posséder et devient un simple détenteur. Or, la possession, sur laquelle est fondée la prescription acquisitive, est une condition absolue, requise *erga omnes*, en un mot c'est un fait qui, pour n'être point exclusivement matériel, n'a cependant rien de la relativité des actes judiciaires ou des conventions, il existe ou il n'existe pas et, par suite, le possesseur ne peut être au regard de l'un un simple détenteur, tandis que, au regard des autres, il continuerait à posséder à titre de propriétaire. On objecte que la reconnaissance résulte d'un contrat et que ceux-là seuls qui figurent à un contrat peuvent se prévaloir des effets qu'il est susceptible de produire. Mais ce n'est nullement d'un effet de la convention que se prévaut le tiers qui prétend la prescription interrompue par le fait de la reconnaissance, puisqu'il l'invoque seulement en tant qu'elle constate un fait, l'abdication de l'*animus domini* et partant la perte de la possession.

Or, à cet effet, les contrats, par cela seul qu'ils sont prouvés, existent tout aussi bien à l'égard des tiers qu'au regard des parties contractantes. C'est l'opinion générale des auteurs : on l'exprime ordinairement en disant que la précarité est un vice absolu.

Ainsi donc, la perte de possession, qu'entraîne la reconnaissance, peut être invoquée par toute personne intéressée à s'en prévaloir : c'est dire qu'il y a là une exception à notre règle.

Dans une autre hypothèse, il s'agit toujours de prescription acquisitive, l'application de notre règle peut être sérieusement contéstée. Il faut supposer qu'un fonds, grevé d'usufruit, a été vendu *a non domino.* S'il va sans dire que l'usufruitier et le nu-propriétaire auront simultanément le droit d'agir contre le possesseur, et, en interrompant ainsi la prescription que le dernier est en voie d'accomplir, de sauvegarder leurs droits respectifs, on peut, au contraire, agiter la question de savoir si l'usufruitier peut invoquer les actes par lesquels la prescription a pu être interrompue au regard du nu-propriétaire et réciproquement.

Et d'abord, l'usufruitier peut-il invoquer l'interruption de prescription qu'a pu produire la revendication du nu-propriétaire? Proudhon (1) se prononce pour l'affirmative : c'est avec raison. Le possesseur contre lequel agit le nu-propriétaire possède en qualité de propriétaire : le troubler dans sa propriété, c'est, par suite, le troubler dans sa jouissance, puisque cette jouissance n'est pour lui que l'exercice de sa propriété, d'autant plus que, en revendiquant contre lui, le nu-propriétaire n'a pas à restreindre son action à la nue-propriété, car il est d'évidence que le possesseur ne peut lui opposer qu'il n'a pas l'usufruit, ce serait exciper du droit d'un tiers. Ainsi, bien qu'elle n'émane que du nu-propriétaire seul, l'interruption de prescription a nécessairement trait à la propriété pleine et entière; nous devons en conclure que l'usufruitier aura le droit de s'en prévaloir, puisque le possesseur ne pourrait repousser son action que s'il avait prescrit la propriété, ce qu'on ne peut supposer, étant donnée l'action du nu-propriétaire.

Mais le nu-propriétaire peut-il invoquer l'interruption de prescription qui résulte de l'action de l'usufruitier ? Ici la question est plus douteuse, car l'usufruitier ne peut, même au regard des tiers, se prévaloir de la propriété et prendre le rôle du propriétaire. On doit pourtant, à mon avis, maintenir la même solution. Et, en effet, c'est à la propriété pleine et entière que prétend le possesseur : pour lui, la jouissance n'est que l'exercice de son droit, contester sa jouissance, c'est, par là même, contester son droit et,

1. Poudhon, *De l'usufruit* t. I, n°° 1160-2163.

par suite, l'action de l'usufruitier doit le troubler aussi bien pour la nue-propriété que pour l'usufruit, puisque, à son égard, il n'y a qu'un seul et même droit. D'ailleurs, si l'usufruitier ne peut agir comme propriétaire, il peut, il doit même conserver les droits du propriétaire, puisqu'il est garant des prescriptions qui s'accomplissent au préjudice de ce dernier ; c'est bien là un intérêt de nature à lui donner le droit d'agir pour la propriété entière. En résumé, ici, ce n'est pas seulement la prescription de l'usufruit, pas plus que dans l'hypothèse précédente ce n'est celle de la nue-propriété seule, qui est interrompue, c'est celle du droit que le possesseur était en voie de proscrire, c'est-à-dire celle de la propriété pleine et entière.

Des considérations analogues à celles qui me paraissent justifier l'exception que, dans l'hypothèse précédente, nous apportons à notre règle, doivent nous amener à permettre au propriétaire de l'objet donné en nantissement, d'invoquer l'interruption faite par le créancier gagiste ou antichrésiste. Et, en effet, entre ce créancier et le propriétaire, il y a vraiment identité de droit, en ce sens que le droit du créancier implique nécessairement le droit de propriété du constituant, puisque pour que le gage soit valable, il faut que le constituant soit propriétaire et, pour qu'il en soit ainsi, il faut que la prescription qui courait contre lui ait été interrompue. La nécessité de rendre utile au créancier l'interruption de prescription qu'il a faite, conduit donc à déclarer que cette interruption doit s'étendre à la propriété et peut, par suite, être invoquée par le propriétaire.

On admet que du jour où elle leur devient commune, la saisie immobilière interrompt la prescription au regard de tous les créanciers inscrits : mais ce n'est point à dire qu'on puisse voir là une exception à notre règle. C'est, en effet, seulement du jour où elle leur est devenue commune que les créanciers non saisissants peuvent invoquer la saisie, mais, à partir de ce moment, ils ne sont plus étrangers à la saisie, ils sont liés à la procédure et, par suite, il ne peut s'agir de déroger en leur faveur à une règle qui ne peut leur être opposée.

La seule difficulté est de déterminer à partir de quel moment la saisie leur devient commune. Ce point est controversé.

D'après Merlin, c'est seulement à partir de la signification faite aux créanciers inscrits, conformément aux articles 695 et 696 du Code de procédure civile, signification qui, depuis la loi du 21 mai 1858, a été remplacée par la mention faite en vertu du nouvel article 693. En effet, c'est à partir de ce moment, mais de ce moment là seulement que les créanciers non saisissants peuvent être considérés comme liés à la procédure puisque ce n'est qu'à ce jour qu'il devient impossible sans qu'ils y consentent d'arrêter le cours des poursuites commencées. Troplong a bien prétendu qu'on devait faire remonter ce moment, au jour où la saisie est dénoncée au débiteur, puisque, dès ce moment, les fruits sont immobilisés pour être distribués, par ordre d'hypothèque, à tous les créanciers avec le prix de l'immeuble. Il me paraît néanmoins impossible de considérer les créanciers comme associés à des poursuites dont le saisissant est encore le maître absolu, pas plus du reste qu'on ne peut voir en lui le *negotiorum gestor* des autres créanciers inscrits, puisque, en abandonnant son droit, c'est-à-dire en donnant main levée de la saisie, il peut réduire à néant le droit qui résulterait, dit-on, au profit de ses cocréanciers, des poursuites par lui commencées.

C'est en ce sens que s'est prononcée la Cour de Grenoble, le 2 juin 1831. Par ce même arrêt la Cour tranche une autre difficulté à laquelle peut aussi donner lieu la saisie immobilière : celle de savoir si, du jour où elle prend cette qualité au regard des créanciers inscrits, la saisie devient aussi commune aux créanciers dispensés d'inscription et non inscrits, et, par suite, interrompt la prescription qui peut courir contre eux ? La Cour répond affirmativement ; c'est avec raison. Il n'est pas, en effet, possible de regarder ces créanciers comme étrangers à la procédure de saisie, puisque tant qu'elle n'est point terminée, c'est-à-dire tant que la distribution des deniers n'est point définitivement arrêtée, ils sont admis à en profiter, en se faisant colloquer au rang de leur hypothèque.

On se demande enfin si l'interruption faite par l'héritier apparent ou contre lui profite à l'héritier véritable ou peut lui être opposée. M. Laurent est, à ma connaissance, le seul auteur, qui n'hésite point à appliquer ici la solution rigoureuse que semblent imposer les principes. L'héritier apparent n'est pas le véritable créancier et, par suite, on n'a pas à tenir compte de son action : il n'est pas le véritable débiteur et, partant, l'action des créanciers ne peut être utilement exercée contre lui. Mais ce qui me paraît tout dominer ici, c'est une question de fait, de nécessités pratiques devant laquelle la loi elle-même a fait fléchir la rigueur des principes en décidant que le payement fait de bonne foi à l'héritier apparent est opposable au véritable héritier (1240). Or si la loi prend soin de sauvegarder les droits et les intérêts des débiteurs héréditaires en leur permettant de se prévaloir d'un payement fait à l'héritier apparent, on peut bien *a fortiori* en conclure que l'héritier véritable peut, dans le cas au moins où ils valent reconnaissance de la dette (ce sont des payements partiels, des payements d'intérêts), les invoquer à l'effet de voir en eux des causes d'interruption des prescriptions qui peuvent courir contre lui : c'est dire que l'héritier véritable peut se prévaloir d'une reconnaissance tacite faite au profit de l'héritier apparent.

Dès lors pourquoi ne pas lui permettre d'invoquer une reconnaissance expresse et, s'il peut se prévaloir de l'interruption de prescription qui résulte d'une reconnaissance, il serait bien peu logique de ne pas lui permettre d'invoquer l'interruption qui résulte de poursuites judiciaires, commencées par l'héritier apparent, puisque la loi met toujours sur la même ligne l'interruption qui résulte de la reconnaissance et celle qui résulte de l'interpellation judiciaire.

D'autre part, ce serait une injustice criante que de refuser d'étendre au véritable héritier l'effet des actes interruptifs de prescription qui s'adressent à l'héritier apparent : *error communis facit jus*. En fait, l'héritier apparent, tant qu'il reste tel, représente la succession au regard des intéressés et, par suite, les créanciers héréditaires ne peuvent songer à former leur action contre un autre que contre celui que tous considèrent comme le représentant légal du *de cujus*. Dès lors refuser tout effet à leurs poursuites, quand elles ne s'adressent point au véritable héritier, dont nul peut-être ne soupçonne l'existence, ce serait trop souvent les mettre dans l'impossibilité de prévenir l'extinction de leurs droits par prescription.

Section II

Des effets de l'interruption civile.

L'effet essentiel de tout acte susceptible d'interrompre la prescription, est d'effacer le temps qui a couru, en mettant le débiteur ou le possesseur qui a intérêt à apposer la prescription, dans l'impossibilité de le faire entrer désormais en ligne de compte dans le calcul du délai légalement exigé. C'est là précisément la différence, entre l'interruption et la suspension de prescription ; cette dernière laisse subsister le temps qui déjà s'est écoulé, elle n'a effet que sur l'avenir, tandis que, et là encore s'affirme une nouvelle divergence entre les deux institutions, l'interruption n'empêche nullement une nouvelle prescription de commencer. S'il en est ainsi, deux questions se présentent tout naturellement : à quel moment précis la prescription interrompue recommence-t-elle à courir? l'interruption ne peut-elle avoir aucune influence sur cette nouvelle prescription? Ce sont ces deux questions que nous allons successivement examiner.

Et d'abord à quel moment précis la prescription interrompue recommence-t-elle à courir? C'est là une question à laquelle il est impossible de répondre sans distinguer entre les divers actes d'où peut résulter l'interruption civile de la prescription.

Supposons d'abord la prescription interrompue par une citation en justice. Il est de principe que l'effet interruptif de la citation en justice se prolonge tant que se continue l'instance introduite par cette citation : *Actiones quæ tempore pereunt semel inclusæ judicio salvæ permanent.* Pour qu'il en soit ainsi, point n'est besoin que les parties aient exposé l'affaire devant le juge compétent ou qu'il y ait eu, tout au moins, comparution du défendeur, il suffit que l'assignation ait été lancée : car notre droit ne connaît plus la contestation en cause (1) que la tradition romaine avait déjà été impuissante à maintenir dans notre ancienne jurisprudence.

Sur ce point, l'article 2274 me paraît de nature à rendre toute controverse impossible : le législateur pourrait-il parler d'une citation en justice périmée, si cette citation ne pouvait suffire en engager l'instance. Ainsi donc, l'instance est liée par le seul effet de l'ajournement et par cela seul que ce dernier est lancé, il y a instance. Or, c'est, en réalité, l'instance elle-même qui est interruptive de la prescription : si c'est la citation en justice, que nos articles semblent considérer comme la cause de l'interruption civile le seul motif en est qu'elle marque le début de l'instance. Dès lors, tant que dure cette dernière, et quelque longue qu'elle soit, la prescription ne peut s'accomplir, quelque courte d'ailleurs qu'on la suppose, car il va de soi que l'effet doit se perpétuer tant que se continue la

1. Voyez cependant Rauter : *Revue de législation* (1836. — V, p. 133).

cause, et, par suite, l'interruption de prescription ne peut cesser que lorsque l'instance elle-même aura pris fin.

Normalement, l'instance se termine par un jugement.

Dans ce cas, en principe du moins, il n'y a plus à se préoccuper de l'ancienne prescription et partant de l'interruption qui en avait arrêté le cours : c'est le jugement qui règle le sort du droit en cause. Il repousse les prétentions du demandeur et alors il ne peut s'agir de prescription puisqu'il n'y a plus de droit à éteindre ; il les consacre et alors c'est seulement le droit qui nait du jugement, qu'il peut être question de prescrire.

Enfin, il se peut que le jugement n'accueille pas la demande, sans d'ailleurs se prononcer sur le fonds même du droit ; c'est alors le cas d'appliquer l'article 2247 : la citation en justice est non avenue et avec elle sont rétroactivement anéantis les effets qu'elle avait pu produire. En résumé, dès que l'instance est terminée par un jugement, il n'y a désormais plus à se préoccuper de l'interruption de prescription qui avait pu être la conséquence de son introduction.

Bien que le jugement soit l'issue normale de l'instance, ce n'est nullement à dire qu'elle ne puisse se terminer autrement que par un jugement : c'est ainsi que, comme lui, la péremption demandée et obtenue met fin à l'instance qu'elle efface rétroactivement avec les effets produits par elle. Il en est de même du désistement, que la loi, dans l'article 2247, met du reste sur la même ligne que la péremption et le rejet de la demande.

Mais pour que l'instance se termine par un jugement, il faut que les parties suivent la demande ; quant au désistement, il nécessite un accord entre les parties et, en cas de discontinuité de poursuites, pour que la péremption puisse mettre fin à l'instance, il faut que le défendeur s'en prévale et l'obtienne. Doit-on en conclure que, si les parties ne suivent point la demande, sans que, d'ailleurs, intervienne un désistement ou que la péremption soit demandée et obtenue, l'instance puisse, en restant indéfiniment pendante, arrêter indéfiniment le cours de la prescription ? C'est là, à mon avis, une conclusion inadmissible, car ce serait, dans une certaine mesure au moins, rendre imprescriptible les droits qu'on aurait fait valoir en justice. Sans doute, l'interruption de prescription, qui résulte de l'instance, doit durer autant que cette instance elle-même, mais celle-ci ne se continue pas et ne peut, par suite, perpétuer l'interruption que si elle est effectivement suivie : sinon, comme la loi n'a point dérogé sur ce point à la règle générale de l'article 2263, on doit décider que, de même que tout autre droit, le droit de continuer l'instance, se prescrit par 30 ans à compter du jour où a commencé l'inaction du demandeur.

C'est en ce sens, nous l'avons vu, que se prononcent la jurisprudence et la majorité des auteurs. Après trente années d'inaction, l'instance ne peut plus être utilement reprise, elle est prescrite. Quant à la question de savoir si le droit est prescrit, elle est absolument distincte de la première, puisque la prescription de l'instance ne se confond nullement avec celle du droit, qui en était l'objet. La tradition est, sur ce point, conforme aux principes, ainsi que le prouvent deux arrêts rapportés par Merlin (1), l'un du parlement de Besançon, du 4 septembre 1703, l'autre du parlement de Flandre, du 7 juillet 1738. Or si, d'une part, l'interruption, dont la citation en justice marque le point de départ, se prolonge autant que l'instance elle-même, et si, d'autre part, quand la péremption n'est point demandée, l'instance ne peut être éteinte que par une continuation de poursuites prolongée pendant trente ans, on est amené à conclure que ce n'est qu'à ce moment que la prescription du droit peut recommencer à courir, puisque c'est à ce jour seulement qu'aura disparu l'obstacle qui s'opposait à son accomplissement. De plus, et cette conclusion découle logiquement de ce

____

1. Merlin (Répertoire — Prescription. Sect. III, § 8, 2).

qui précède, ce n'est que du jour où la prescription de l'instance est acquise que pourra se calculer le délai de prescription du droit lui-même, car, si l'instance est éteinte, elle n'est point rétroactivement anéantie (tel n'est point l'effet de la prescription), et partant il ne peut s'agir, comme au cas de péremption, de la regarder comme non avenue, et de ne tenir désormais aucun compte des effets qu'elle avait pu produire.

Ainsi donc, dans le cas où l'interruption de prescription résulte d'une citation en justice, la prescription ne peut recommencer à courir tant que reste pendante l'instance, c'est-à-dire tant que ne s'est pas produit un événement susceptible de l'éteindre, ou que 30 années ne se sont point écoulées depuis le dernier acte de poursuite (1).

La citation en justice, donnée devant un juge incompétent, interrompt la prescription ; telle est, nous l'avons vu, la décision formelle de l'article 2246. Il importe donc de déterminer à partir de quel moment la prescription, ainsi interrompue, peut recommencer à courir. Ici, comme dans l'hypothèse précédente, l'interruption de prescription résulte de l'introduction d'une instance, et, par suite, la prescription ne peut recommencer à courir

---

1. Si, en principe, cette solution me semble certaine, il me paraît non moins incontestable qu'on y doit déroger quand il s'agit d'une action visée par l'article 189 du Code de commerce, d'abord en réduisant à 5 ans à compter du dernier acte de procédure le délai que le droit commun fixe à 30 années, puis en reconnaissant à l'expiration de ce délai l'effet d'éteindre non-seulement l'instance mais l'action elle-même. Le texte de l'article 189 me semble assez formel pour qu'on n'hésite point à admettre cette double dérogation au droit commun, qui se justifie, du reste, par la nécessité d'assurer la sécurité des transactions commerciales. La Cour de cassation s'est formellement prononcée en ce sens par un arrêt du 24 décembre 1860 (Dalloz 1861, I, 27). La question est cependant controversée : MM. Bravard et Demangeat, notamment, se prononcent contre la doctrine de la Cour de cassation, et maintiennent la maxime : *Actiones semel inclux judicio salvæ permanent* (T. III, p. 363, note 1).

que du jour où l'instance s'est terminée par un désistement ou un jugement déclarant l'incompétence, car c'est seulement à ce jour que disparaît l'obstacle qui arrêtait la prescription. Sans doute, l'instance est irrégulière, mais puisque la loi n'a pas tenu compte de cette irrégularité, pour refuser à l'instance l'effet d'interrompre la prescription, on doit décider qu'elle interrompt la prescription comme une instance régulière.

La Cour de Cassation s'est prononcée en ce sens, le 17 décembre 1849 (Dalloz 1850,1,80). Dans l'espèce, à propos de laquelle est intervenu cet arrêt, on se prévalait en outre de la règle : *Paria sunt non esse et non significari.* La Cour répond que c'est là une règle qui ne concerne que l'exécution des jugements. On ne peut, dès lors, prétendre que c'est seulement du jour de la signification du jugement d'incompétence que la prescription a pu reprendre son cours. Du jour où l'incompétence a été conventionnellement ou judiciairement reconnue, le demandeur doit former une demande nouvelle et, s'il reste dans l'inaction, on ne voit point ce qui pourrait encore arrêter le cours de la prescription.

A la différence de la citation en justice, le commandement n'est point introductif d'instance, c'est un acte isolé, qui se parfait *uno momento*, et qui, par cela même qu'il ne se prolonge point, ne peut perpétuer les effets qu'il est susceptible de produire Il en résulte, en ce qui concerne l'interruption de prescription, que le commandement ne peut avoir effet que sur le passé, c'est-à-dire que, s'il efface le temps qui a couru jusqu'au jour où il est signifié à celui qu'on veut empêcher de prescrire, il ne saurait s'opposer à ce que le point de départ d'une nouvelle prescription se place au moment même où il a interrompu le cours de l'ancienne. De ce que le commandement consiste en un seul et même acte, qui produit tout son effet du jour où il est signifié au débiteur en voie de prescrire, il en résulte que, à la différence de l'instance, il ne se périme point.

Il est bien vrai que l'article 674 du Code de procédure civile parle d'une péremption de 3 mois applicable au commandement ; mais c'est là une péremption spéciale qui n'a trait qu'à la saisie. Le commandement est périmé par 3 mois, en ce sens seulement que le créancier ne peut, pour procéder à une saisie immobilière, se prévaloir d'un commandement qu'il a laissé pendant plus de 90 jours à l'état de simple menace. En résumé entre le commandement et la citation en justice considérés comme causes d'interruption civile de la prescription, on peut constater une double différence : le commandement n'a jamais effet sur l'avenir, mais, pas contre, les effets qu'il produit, dans le passé, sont, dès à présent, irrévocablement acquis au créancier ; nous avons vu que, sur ces deux points, il en est autrement de la citation en justice.

Si du commandement nous passons à la saisie, il nous est facile de voir que l'interruption à laquelle elle donne lieu, présente de bien plus grandes analogies avec l'interruption résultant d'une citation en justice qu'avec celle que produit l'acte qui en est le préliminaire obligé. Comme l'instance, elle se compose non d'un acte unique et isolé, mais d'une série d'actes, qui se succèdent jusqu'au moment où ils aboutisssent à une distribution de deniers aux créanciers, et, par suite, comme elle, elle est de nature à perpétuer l'interruption qui en est la conséquence, aussi longtemps que la procédure à laquelle elle donne lieu. C'est ce qu'a jugé la Cour de Riom dans un arrêt rapporté par Dalloz (1852, II, 285) : « Considérant, dit la Cour, que la saisie-arrêt et la demande en validité qui en est la conséquence sont une véritable contestation en cause et que d'après la maxime : *Actiones semel inclusæ judicio salvæ permanent*, l'interruption de prescription qui naît de l'instance, dure autant que l'instance elle-même... »

Ce que dit la Cour de Riom d'une saisie arrêt, on doit le dire de toute autre saisie, car si, à la différence de la saisie arrêt, la saisie exécution ne donne pas lieu à une véritable instance, à une contestation en cause, elle se compose, comme l'instance, d'une série d'actes concourant à un même but, la distribution des deniers provenant de la vente des biens du débiteur. Or, tant que subsiste la cause, doit subsister l'effet et, par conséquent, c'est seulement du jour où s'est terminée la procédure de saisie, que la prescription peut recommencer à courir contre les créanciers qui ne se sont point trouvés en rang utile ou n'ont reçu qu'un dividende : pour ceux-là seuls, en effet, il peut encore s'agir de prescription.

C'est une question fort délicate que celle de préciser, quels sont au juste, parmi les différentes procédures d'exécution, celles que peut éteindre la péremption, et, à mon avis, on peut mettre sérieusement en doute son admission ailleurs que dans la saisie arrêt et la saisie des rentes, qui, donnant lieu à une véritable instance, y sont par là même incontestablement exposées. Quoi qu'il en soit, nous n'avons ici qu'à montrer l'intérêt de la controverse au point de vue de l'interruption de prescription. Or cet intérêt est manifeste. Si la saisie est susceptible de péremption, on devra appliquer l'article 2247, car la péremption efface rétroactivement l'acte qui en est l'objet : l'interruption résultant de la saisie est non avenue et, partant, la prescription aura valablement couru du jour du commandement. Si, au contraire, la péremption n'est point applicable, ou si elle n'est point demandée, la prescription ne pourra courir que du jour où le saisissant aura perdu le droit de continuer la saisie, c'est-à-dire 30 ans après le dernier acte de procédure, sauf dans le cas où la loi elle-même a cru devoir fixer un plus court délai.

Arrivons à la reconnaissance. C'est, nous l'avons dit, un aveu émanant de celui qui est en voie de prescrire. Or, en principe, l'aveu se manifeste par un fait analogue à l'acte de volonté qu'il exprime, c'est-à-dire par un fait unique et isolé, qui par cela même qu'il se parfait *uno momento*, n'est pas de nature à perpétuer l'interruption de prescription qu'il est susceptible de produire.

En principe, on doit donc décider que la reconnaissance ne

saurait empêcher une nouvelle prescription de commencer au jour même où elle arrête le cours de l'ancienne. Vraie en principe, cette règle n'est pas toutefois sans exception, et la reconnaissance peut avoir pour effet de perpétuer l'interruption, en s'opposant à ce qu'une nouvelle prescription puisse commencer et même en rendant désormais impossible, au profit de son auteur, la prescription qu'elle a une fois interrompue. C'est ainsi que dans le cas où la reconnaissance consiste dans la dation d'un gage, affecté à la sûreté d'une dette préexistante, la prescription ne peut recommencer à courir au profit du constituant, tant que l'objet, remis en gage, reste aux mains du créancier gagiste, puisque la reconnaissance est, pour ainsi dire, continuée par le fait même de la détention de l'objet engagé et qu'il ne peut s'agir de prescription tant que la dette est reconnue. La prescription restera donc interrompue tant que le créancier sera nanti du gage. Bien plus, avons-nous dit, toute prescription peut devenir impossible : c'est quand, émanant d'un possesseur, elle a pour effet de transformer sa possession *animo domini*, en possession précaire, en simple détention, reconnaissance qui met son auteur dans l'impossibilité de prescrire, tant au moins que, conformément à l'article 2238, il n'aura point interverti son titre.

Nous venons de répondre à la première des deux questions que nous nous posions au début de cette section : A quel moment précis peut recommencer à courir la prescription interrompue ? Il nous reste à examiner la seconde : l'interruption ne peut-elle avoir aucune influence sur la prescription nouvelle que doit commencer celui auquel elle s'est adressée, en un mot ne peut-elle modifier les conditions de l'ancienne prescription ?

Bien que l'opinion contraire ait certainement prévalu dans notre ancienne jurisprudence, nous n'hésitons point à répondre que, en principe du moins, l'interruption civile ne peut modifier en rien les conditions de la prescription.

Le temps est la condition essentielle de toute prescription, mais il varie d'une prescription à l'autre, les unes s'accomplissent par trente ans, d'autres par dix ans ou même par l'expiration de plus courts délais. Or, en principe et sauf les prescriptions spéciales pour lesquelles le législateur a formellement admis la doctrine contraire, l'interruption civile ne peut changer la durée du temps requis pour l'accomplissement de la prescription interrompue, et notamment, c'est la seule question qui se puisse poser, substituer la prescription trentenaire à la prescription plus courte, qui était en voie de s'accomplir, au moment où l'interruption s'est produite. A mon avis, et bien que la loi soit muette, la question ne peut faire doute. Si, en effet, dans certaines hypothèses, le législateur croit devoir abréger le délai de droit commun, c'est en raison de la nature même des créances. Or l'interruption de prescription n'a rien de commun avec la nature des créances; elle efface le temps qui a couru d'une prescription, mais l'acte, dont elle est la conséquence, n'affecte nullement le droit ou le titre du créancier et partant la nature de la créance reste la même. Dès lors, la créance conservant la nature à raison de laquelle la loi l'a soumise à une courte prescription, on ne conçoit pas la substitution d'une prescription à une autre, substitution, qui ne se comprendrait que si l'acte interruptif était susceptible de modifier le droit ou le titre du créancier et telles ne sont évidemment pas la citation en justice, pas plus, du reste, que le commandement ou la saisie (1).

Ces principes, qui ne nous paraissent pas douteux ont, été cependant méconnus par la Cour de Toulouse, le 20 mars 1835 (Dalloz, prescription, n° 679).

---

1. Quand nous refusons à la saisie l'effet d'intervertir la prescription, il va de soi que nous réservons le cas, où, contestée par le débiteur, la demande en collocation formée par le créancier a été admise par jugement: dans ce cas, en effet, le titre de la créance étant changé, ce n'est plus l'ancienne créance qu'il s'agit de prescrire, mais le droit qui naît du jugement.

La Cour invoque l'autorité de la tradition : elle cite notamment des passages de Bourjon, Despeisses et Dunod : « Non seulement la reconnaissance de la dette par cédule ou obligation, dit ce dernier dans un passage rapporté par l'arrêt, mais encore le simple commandement, ou requisition extrajudiciaire interrompt la prescription : l'action est perpétuée et étendue jusqu'à 30 ans par tous ces moyens pour tout ce qui n'est pas prescrit, quand ils ont été employés parce qu'ils font cesser la prescription de 5 ans (1). »

Il est bien vrai, nous l'avons déjà constaté, que la tradition justifie la doctrine de cet arrêt : reste à savoir si la tradition doit prévaloir sur l'autorité des principes reconnus par le Code civil et, sur ce point, la réponse n'est pas douteuse. Aussi l'arrêt de la Cour de Toulouse n'a-t-il pas fait jurisprudence et les Cours s'accordent à se prononcer dans le sens des vrais principes, que nous trouvons parfaitement établis par plusieurs arrêts, notamment par un arrêt de la Cour de Caen, du 3 juillet 1827 (2), et par un arrêt de la Cour de Grenoble, du 6 mai 1854 (Dalloz 1856, II, 124).

Devons-nous maintenir cette solution alors que l'interruption de prescription résulte d'une reconnaissance? Par cela seul que la loi met la reconnaissance sur la même ligne que les autres actes interruptifs de prescription, sans lui attribuer d'ailleurs des effets différents, il nous paraît hors de doute que nous devons, comme à tout autre acte interruptif de prescription, lui dénier la puissance de

1. Dunod p. 2, ch. VII, p. 171. Voyez dans le même sens Bourjon (T. II, p. 571) et Despeisses (T. I, p. IV, titre 4, n° 15).

2. « Considérant, dit la Cour, qu'aux termes de l'article 2244, le commandement signifié à celui qu'on veut empêcher de prescrire ne forme qu'une interruption à la prescription et qu'il n'en résulte aucun changement ou novation dans la nature de la créance, qui puisse avoir l'effet de modifier les règles d'après lesquelles doit se calculer le temps de cette même prescription, d'où il suit que si la prescription s'arrête quand il y a commandement, elle recommence du jour de la date de cet acte pour s'accomplir suivant les mêmes principes qu'auparavant. »

changer la durée de la prescription, à moins que les principes généraux du droit, qui, en l'absence de textes contraires, ont une autorité décisive, ne conduisent, dans certaines hypothèses au moins, à donner une solution contraire.

Or, s'il est certain que, en principe, nous devons, quand bien même l'interruption est le fait d'une reconnaissance, maintenir la solution par nous admise alors que l'interruption résulte de tout autre acte de nature à la produire, il est, à mon avis, non moins incontestable que la reconnaissance peut avoir pour effet de substituer la prescription trentenaire à une courte prescription.

Si, en effet, nous refusons aux actes interruptifs, la puissance de changer la durée de la prescription dont ils interrompent le cours, c'est qu'ils ne sont pas susceptibles de changer la nature de la créance. Or, tel peut être précisément l'effet d'une reconnaissance, qui peut parfois transformer la nature du droit auquel elle s'applique, en un mot constituer une novation ; c'est dire que, dans ces hypothèses, il ne peut s'agir de maintenir notre solution, puisque les motifs mêmes qui nous l'ont fait adopter nous obligent alors à nous en écarter. Ainsi donc, si la reconnaissance implique novation, l'ancienne créance étant éteinte et remplacée par une nouvelle de nature toute différente, la prescription ne pourra désormais être acquise au débiteur, que par l'expiration d'un délai de 30 ans du jour de la reconnaissance. De là la question de savoir quand une reconnaissance implique ou non novation ? C'est à cette question que répond, d'une façon aussi nette que formelle, l'article 1273 du Code civil : La novation ne se présume pas, il faut que la volonté de l'opérer résulte clairement de l'acte. Il n'y a donc pas de novation possible, sans volonté de nover : les tribunaux ne le doivent point oublier et, par suite, n'admettre la novation que s'ils ont pu dégager cette volonté soit des déclarations du défendeur, soit des faits de la cause.

Si le temps est la condition essentielle de toute prescription, il n'en est pas, au moins pour certaines prescriptions, a condition unique : c'est ainsi que l'usucapion de 10 à 20 ans exige la bonne foi.

A ce point de vue les actes interruptifs de prescription ne peuvent-ils influer sur la prescription nouvelle que doit commencer le possesseur après l'interruption ? La négative me paraît certaine, elle est écrite dans le texte de l'article 2269. Troplong s'est pourtant prononcé pour l'opinion contraire : le savant magistrat, disent MM. Aubry et Rau (1), paraît avoir oublié que l'article 2269 n'exige la bonne foi que lors de l'acquisition.

Outre la bonne foi, l'usucapion de dix à vingt ans, comme toute prescription acquisitive du reste, exige la possession *animo domini*, c'est-à-dire une possession à titre de propriétaire, et, dès lors, il est facile de voir que, à ce point de vue, la reconnaissance, par ecla seul qu'elle peut transformer en simple détention la possession de son auteur, ne saurait être mise sur la même ligne que les autres actes susceptibles d'interrompre civilement la prescription ; elle peut même être de nature à rendre toute prescription désormais impossible avant que le possesseur ait interverti son titre dans les termes de l'article 2238. Dans ce cas, la possession que commence l'ex-possesseur n'a plus aucun rapport avec l'ancienne, et partant, il ne pourra prescrire par 10 ou 20 ans que si sa nouvelle possession réunit les qualités requises par l'article 2265.

Si, en principe, et nous croyons l'avoir établi, on doit refuser aux différentes causes d'interruption civile, la puissance d'intervertir la prescription dont elles arrêtent le cours, c'est là une règle dont le législateur lui-même a cru devoir se départir pour certaines prescriptions, je veux parler des courtes prescriptions établies par les articles 2270 à 2273 du Code civil.

Ces prescriptions cessent de courir, dit l'article 2274, 2°, lors-

---

1. Aubry et Rau (t. II, n° 78, § 215).

qu'il y a eu compte arrêté, cédule ou obligation, ou citation en justice non périmée.

Les causes d'interruption, prévues par ce texte ne sont autres que celles qui, de droit commun, arrêtent le cours de la prescription ; c'est d'abord la citation en justice pourvu qu'elle ne soit pas périmée et ici la loi ne fait que reproduire les dispositions des articles 2244 et 2247 ; c'est en second lieu la reconnaissauce, car la cédule ou obligation, dont parle l'article 2247, n'est autre chose qu'un engagement de payer souscrit par le débiteur, engagement qui, non moins que le fait d'arrêter un compte implique l'existence actuelle de là dette et, par là même, en vaut reconnaissance.

Mais si, à ce point de vue, le législateur ne fait qu'appliquer le droit commun, il me paraît manifeste qu'il s'en est au contraire écarté en ce qui concerne les effets que, spécialement en cette matière, il a voulu attacher aux actes qu'il mentionne. Les courtes prescriptions cessent de courir, dit l'article 2274, 2°. Ces expressions sont décisives, surtout quand on le rapproche de l'ordonnance de 1679 (Titre 1), qui, après avoir organisé dans ses articles 7 et 8 les prescriptions de nos articles 2271 à 2273, ajoutait dans son article 9 : « Voulons le contenu ès deux articles ci-dessus avoir lieu encore qu'il y eut continuation de fourniture ou d'ouvrage si ce n'est qu'avant l'année ou les six mois il n'y eut un compte arrêté, sommation ou interpellation judiciaire, cédule, obligation ou contrat. » De ce texte on concluait, et il était logique de conclure que si, avant l'accomplissement du délai de la courte prescription, il intervenait un compte, une reconnaissance ou une citation en justice, il n'y avait plus lieu à la courte prescription mais à la prescription trentenaire. Or notre article 2274 ne fait que reproduire cet article 9 de l'ordonnance de 1673 et, dès lors, on ne peut songer à lui contester la portée que, dans notre ancienne jurisprudence, on reconnaissait à ce texte.

Si les termes de la loi me semblent formels, son esprit me paraît plus manifeste encore. Les courtes prescriptions, organisées dans les articles 2271 à 2273 sont fondées sur une présomption de paiement. En effet, les créances auxquelles s'appliquent ces prescriptions, sont de telle nature que le créancier ne peut avoir ou, du moins, n'a que fort rarement un titre qui les constate (1), et, dès lors, il est bien naturel de présumer qu'il exigera un paiement immédiat ou fort rapproché du moment où est née la dette, sans que, d'ailleurs, le débiteur songe à exiger une preuve écrite de sa libération, alors que le créancier n'a en mains aucun titre sur lequel il puisse plus tard fonder une réclamation relative à cette dette. Or, telle n'est plus la situation quand, au cours de la prescription, le débiteur vient à fournir au créancier un écrit qui reconnaît l'existence de la dette : alors il ne peut s'agir de présumer qu'un paiement immédiat a dû éteindre la dette, puisque, d'une part, le créancier qui a désormais un titre pour établir sa créance n'a plus les mêmes raisons de contraindre le débiteur à se libérer promptement et que, d'autre part, la prudence la plus élémentaire fait désormais un devoir au débiteur d'exiger une preuve écrite de sa libération ou au moins de ne pas laisser aux mains du créancier le titre qui établit sa dette, en un mot, dès qu'est intervenue une reconnaissance, toutes les considérations, qui peuvent justifier la présomption qui explique nos articles, cessent de militer en sa faveur et, par suite, comme le texte ne nous maintient pas dans l'exception, il faut revenir au droit commun et le droit commun c'est la prescription trentenaire ou du moins la prescription à laquelle serait soumise la créance si les articles 2271 à 2273 ne l'y avaient soustraite.

Le législateur met, en cette matière, la citation en justice sur la même ligne que la reconnaissance ; comme cette dernière elle a ici

---

1. Quand au moment où le contrat se forme la dette est constatée par écrit, tous les auteurs s'accordent à repousser l'application des articles 2271 à 2273.

non-seulement pour effet d'interrompre la prescription mais de l'intervertir. En effet, il ne peut s'agir de présumer un paiement quand l'action du créancier proteste énergiquement contre cette présomption, car, s'il s'adresse à la justice, c'est évidemment qu'il n'a pu obtenir un paiement immédiat et, comme l'introduction de l'instance lui sert de titre à l'effet d'établir que, contrairement aux présomptions légales, le débiteur ne s'est point libéré de suite, il n'a plus à se presser d'agir. A quoi bon maintenir une présomption légale de paiement en faveur du débiteur, puisque cette présomption se justifiait alors seulement que, par suite de l'absence de titre aux mains du créancier, le débiteur n'avait point à songer à se procurer une preuve écrite de sa libération ? Or, il est bien certain que désormais il ne paiera pas, ou du moins il y aura, de sa part, une impardonnable négligence à payer sans avoir retiré une quittance. On doit donc sans hésiter, le texte et l'esprit de la loi étant manifestes en ce sens, reconnaître aux actes interruptifs de ces courtes prescriptions l'effet qu'on ne doit attribuer, dans les autres prescriptions, qu'à la reconnaissance qui implique novation ; partout ailleurs on doit refuser aux actes interruptifs la puissance de changer ou de modifier les conditions de la prescription dont ils arrêtent le cours.

POSITIONS

DROIT ROMAIN

I. — La *justa causa traditionis* consiste essentiellement dans la volonté du *tradens* d'abdiquer la propriété, jointe à celle de l'acquérir existant chez l'*accipiens*.

II. — C'est à la qualité du fonds dominant qu'on doit s'attacher pour déterminer si une servitude est rurale ou urbaine.

III. — Les Romains n'ont point connu le système de notre saisine héréditaire alors même que le défunt laissait des héritiers nécessaires.

IV. — L'action *præscriptis verbis* est une *in jus actio* ; c'est aussi une action de bonne foi.

DROIT FRANÇAIS

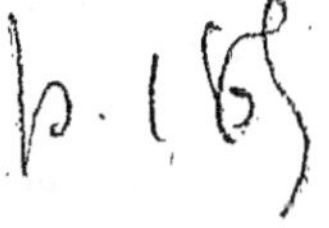

I. — Dans le cas où l'usufruitier a vendu, donné ou loué son droit, le seul fait par lui de jouir des intérêts du prix de vente, ou des arrérages de la rente consentie comme charge de la donation, comme aussi de toucher les loyers ne peut être considéré comme un fait interruptif du non-usage.

II. — La citation en conciliation, quand elle intervient dans une affaire que la loi a dispensée du préliminaire de conciliation n'interrompt nullement la prescription.

III. — L'effet interruptif de la citation en justice se prolonge
pendant toute la durée de l'instance, et celle-ci, quand
la péremption n'est pas demandée, n'est éteinte qu'après
une discontinuation de poursuites prolongée pendant
trente ans.

IV. — La reconnaissance, interruptive de prescription, n'exige
nullement l'accord des volontés du propriétaire et du
possesseur, ou du créancier et du débiteur.

V. — L'assignation en référé n'interrompt point la prescription.

DROIT CRIMINEL

I. — L'action civile qui naît d'une infraction ne peut plus être
exercée quand l'action publique est éteinte par la prescription ; il en est autrement si elle est éteinte par l'effet
de l'autorité de la chose jugée, par l'amnistie, ou même le
décès du prévenu.

II. — Les poursuites criminelles interrompent la prescription de
l'action en responsabilité civile, née de l'infraction ;
mais les actes posés au civil, ne peuvent pas plus l'interrompre qu'ils ne peuvent arrêter la prescription de l'action publique.

DROIT INTERNATIONAL PRIVÉ

I. — La femme étrangère ne peut se prévaloir de l'article 2121
pour réclamer une hypothèque légale sur les biens de
son mari situés en France.

II. — Les tribunaux français, chargés de rendre exécutoire les

jugements émanés d'une judiriction étrangère et de leur
faire produire hypothèque en France, ne peuvent les
réviser quant au fonds.

DROIT PUBLIC

I. — Le décret du 19 septembre 1870, abolitif de l'article 75 de
la Constitution de l'an VIII, n'a modifié en rien les
régles de la prise en partie, organisée par les articles
505 à 516 du Code de procédure civile.

Vu par le Président de la thèse,
J. LABBÉ.

Vu par le Doyen,
CH. BEUDANT.

Vu et permis d'imprimer,
Le Vice-Recteur de l'Académie de Paris,
GRÉARD.

TABLE DES MATIÈRES

Préliminaires.   5

DROIT ROMAIN

Introduction.   9

Première partie. — De l'interruption naturelle. . .   15

Chapitre I. — De l'interruption naturelle des prescriptions qui reposent sur l'exercice du droit de propriété. .   16

Section I. — Des faits interruptifs.   16

Sous-section I. — Perte de la possession que nous exerçons par nous-mêmes.   19

Sous-section II. — Perte de la possession que nous exerçons par l'intermédiaire d'un représentant . .   50

Chapitre II. — Des effets de l'interruption naturelle . .   75

Chapitre III. — De l'interruption naturelle des prescriptions admises en matière de servitudes.   110

Deuxième partie. — De l'interruption civile   128

Chapitre I. — Domaine de l'interruption civile. . . .   129

Chapitre II. — Des actes interruptifs.   147

Chapitre III. — Des effets de l'interruption.   164

DROIT FRANÇAIS

Première partie. — De l'interruption naturelle et de ses effets   186

Chapitre I. — De l'interruption naturelle de la prescription
    acquisitive. 188
Chapitre II. — De l'interruption naturelle de la prescription
    extinctive. 197
Deuxième partie. — De l'interruption civile 202
Chapitre I. — De quels actes peut résulter l'interruption
    civile 205
    Section I. — De la citation en justice. 209
    Section II. — De la citation en conciliation. 225
    Section III. — Du commandement. 232
    Section IV. — De la saisie. 239
    Section V. — Du compromis. 242
    Section VI. — De la reconnaissance. 243
Chapitre II. — Des effets de l'interruption civile. . . . 259
    Section I. — De l'étendue réelle et personnelle des
    effets de l'interruption civile. 259
    Section II. — Des effets de l'interruption 281

Imp. A. Derenne, Mayenne. — Paris, boul. Saint-Michel, 52.

www.ingramcontent.com/pod-product-compliance
Lightning Source LLC
LaVergne TN
LVHW021141050726
842519LV00002B/456